产业园区

经济高质量发展新引擎

兴业研究课题组 —————— 著

人民日报出版社

北京

产业园区

经济高质量发展新引擎

兴业研究课题组 ———————— 著

人民日报出版社

北京

图书在版编目（CIP）数据

产业园区：经济高质量发展新引擎 / 兴业研究课题
组著 . -- 北京：人民日报出版社，2023.3
ISBN 978-7-5115-7638-5

Ⅰ . ①产⋯ Ⅱ . ①兴⋯ Ⅲ . ①工业园区－产业发展－
研究－中国 Ⅳ . ① F424

中国版本图书馆 CIP 数据核字（2022）第 257227 号

书　　名：产业园区：经济高质量发展新引擎
　　　　　CHANYE YUANQU: JINGJI GAOZHILIANG FAZHAN XINYINQING
著　　者：兴业研究课题组

出 版 人：刘华新
责任编辑：蒋菊平　徐　澜
版式设计：九章文化

出版发行：人民日报出版社
社　　址：北京金台西路 2 号
邮政编码：100733
发行热线：(010) 65369509　65369527　65369846　65363528
邮购热线：(010) 65369530　65363527
编辑热线：(010) 65369528
网　　址：www.peopledailypress.com
经　　销：新华书店
印　　刷：大厂回族自治县彩虹印刷有限公司
法律顾问：北京科宇律师事务所　010-83622312

开　　本：710mm×1000mm　1/16
字　　数：318 千字
印　　张：21.5
版次印次：2023 年 10 月第 1 版　　2023 年 10 月第 1 次印刷

书　　号：ISBN 978-7-5115-7638-5
定　　价：56.00 元

课题组成员

鲁政委 郑仁福 艾潇潇 陈　昊 陈　建
陈姝婷 程子龙 方　琦 郭于玮 胡晓莉
蒋冬英 李腾辉 梁　博 刘　晗 钱立华
钱炜武 屈　昳 史玉琢 王广举 王嘉庆
王　猛 王一杰 汪亚安 王正成 臧运慧
张　文 邹　刚

作为工业大国，我国制造业规模全球居首，全产业链优势突出。我国工业的快速发展，离不开产业园区这一重要载体。当前百年未有之大变局加速演进，国内产业升级与低碳转型迈向纵深，我国经济由高速增长转向高质量发展，新发展格局正加速形成。党的二十大报告要求，我们必须"提升国际循环质量和水平，加快建设现代化经济体系，着力提高全要素生产率，着力提升产业链供应链韧性和安全水平"，"坚持把发展经济的着力点放在实体经济上，推进新型工业化"。

理论和经验研究均表明，园区是实体经济高质量发展的"增长极"，产业的"集聚区"，科创的"孵化器"，绿色转型的"领跑者"，城投转型的好方向，强链补链的"根据地"，汇聚新市民的"引力场"，保障性租赁房盈利的"核心区"，地方政府资产盘活的"聚宝盆"。一句话，园区之中聚集了锐意进取的企业、勤劳奋斗的市民，是实体经济极具活力之所在，也是金融服务经济高质量发展的重要"接口"。展望未来，我国将从制造大国变为制造强国，更多优质企业将脱颖而出；城镇化水平将进一步提高，更多新市民将在城市安家置业。汇聚了好企业与新市民的产业园区将继续欣欣向荣，园区金融发展空间广阔。

在当前环境下，园区金融服务落地也面临着一些挑战：一是园区与地方政府隐性债务有千丝万缕的联系，需要精确把握好政策边界；二是园区与房地产密不可分，常常被不准确地混同归类为房地产业务，房地产市场的波动和调控常常令其受到波及；三是不同层级和不同地方的政府、不同的园区、园区里的不同类型物业，其政策要求和导向各不相同，由此很难做到一个模板即可放之四海皆准，更多地需要一地一策，乃至一园一策的研究；四是园区业务覆盖范围广、涉及主体多样，要求金融机构突破传统的条线架构，采取柔性敏捷的综合服务模式。

以上每个方面，都需要细致研究、精准施策。正因如此，我们特意撰成此书，以期帮助读者更好地了解园区和园区金融的概念、模式、业务机会以及落地方法。

本书具体分为三章。

第1章为园区与产业发展。通过对园区的基本定义、主要类型、运作模式、在经济金融中的地位、产业集群与强链补链等的分析，让读者对我国园区的发展情况和产业影响有个清晰直观的认识。园区一般是指一个国家或地区通过划定一片特定区域，通过税收、土地等政策优惠来吸引资金，发展特定产业的集聚区。当前，产业园区已成为我国经济金融的重要载体。2020年，国家级高新技术产业开发区和国家级经济开发区生产总值占我国国内生产总值比重高达24.8%。2020年，国家级高新技术开发区研发支出占全国研发支出规模高达54.1%。

第2章探讨园区与财政转型，介绍园区财政管理体制和城投平台向园区运营商、开发商转型的相关经验。园区是我国经济的重要载体，也是政府税收的重要来源。从园区的财政管理体制来看，园区预算收支均纳入相应层级政府的预算。从财政资金支持来看，不同层级政府可以用专项资金支持园区建设，也可发行专项债作为项目资本金或债务性资金参与园区建设。城投公司传统资产主要是土地，主要业务是代建。城投公司的职能特性非常适合向园区开发商、运营商转型。目前，城投转型较成熟的模式包括：城市综合运营商、产业投资公司和"房地产+园区运营"等。在对2044家城投公司进行对比分析后，我们发现园区城投虽然普遍公益性资产占比更高，但有付息能力的主体占比要显著高于样本整体，显示出了更加稳健的经营业绩。

同时，经过近三十年的发展，我国产业园区积累了大量的存量资产，涵盖园区办公、工业厂房、仓储物流、公用设施等资产类型。园区存量资产盘活方法包括公募REITs、ABS、PPP、改扩建等。不同的盘活方法，其适用的相关政策和业务规则、适用资产类型、会计处理方法也有所差异。金融机构可针对不同的盘活方法，选取不同的方式参与其中。

第3章探讨园区金融的发展模式。在金融服务内容方面，园区金融面向园区开发方可提供融资+融智服务，为园区提供融资支持、前瞻规划帮助。面向运营方，可助其化解债务包袱、盘活存量资产、提供融资支持。对于驻园企业，除为其提供多样化的融资、投资、期货和保险等产品外，还可适度介入，通过引导企业运营打造新型"主办银行"模式。对于园区居民，除了将金融服务场景化嵌入居民住房、生活、投资等多方面外，还可探索以企金服务切入批量获取零售客户。

随着园区转型升级的推进，其对于科创金融、绿色金融的需求也在持续上升。在科创金融方面，科创金融包括贷款、债券、融资租赁、保险、股权投资等多种业务模式。其要求针对科技型企业固定资产少，无形资产估值难等特点进行产品设计，支持科技企业融资。产业园区主体既有能力，又有意愿推动科创金融落地。在实践中，苏州工业园区、中关村租赁和张江高科等都在科创金融领域有重要的探索。在绿色金融方面，我国工业园区二氧化碳排放总量占比近3成，其绿色化发展成为我国绿色发展的重要内容。工业园区绿色化发展主要涉及三大重点领域：工业园区的能源低碳转型与节能，工业园区的资源循环高效利用，工业园区的污染集中治理。针对前述发展领域，我们探讨了金融支持园区绿色低碳转型的具体模式。

事实上，关于园区功能和影响、园区规划的思路和园区金融模式等，已经有许多的学者分别从不同的视角给出自己的理解和观点。我们在此向他们致以敬意，本书是在他们研究基础上的再前进。随着数字技术的不断发展，园区的业务形态、承载的功能内涵也在不断变化、拓展和延伸，要求我们不断调整和提升对园区的研究和认知。这为我们的研究带来挑战的同时，也给研究人员带来巨大的收获和思考。从这个意义上说，本书不是终点，而是我们通过研究引导金融更好服务于园区、服务于我国实体经济再出发的开端。我们将研究成果凝结成此书，希望借由此书，能够为读者研究产业园区、园区金融提供参考。本书未尽之处，亦望读者批评指正。

目录

第 1 章

园 区 与 产 业 发 展

园区：分类与考核管理

　　我国产业园区在发展中不断走向成熟和规范，在此过程中，分类趋向细化，管理机制也在不断完善。**了解产业园区的发展历程、分类情况以及对应的考核管理机制，对于我们认识、筛选园区大有裨益。**本章将就上述问题进行分析。

一、产业园区发展历程

　　产业园区是一个国家或地区划定一片特定区域，通过税收、土地等政策优惠来吸引资金，发展特定产业的集聚区。产业园区的规划需要结合国家和区域战略、地区要素禀赋、产业发展基础等综合确定。产业园区的形成既需要行政性政策的推动，也需要市场性竞争的引导。根据联合国工业发展组织（UNIDO，2019）的定义，工业园区是指根据综合规划开发并分为若干地块的一片土地，提供道路、交通和公用事业服务，有时还提供公共设施，以供制造商群体使用。其特征包括：

- 开发较大面积的土地；
- 大面积土地上有多个建筑物、工厂以及各种公共设施和娱乐设施；
- 限制常驻公司、土地利用率和建筑物类型；
- 详细的区域规划为园区环境提供执行标准和限制条件；
- 制定园区长期发展规划：入驻企业的要求、协议、履约等。

我国产业园区的发展经历了从无到有，从粗放发展到精细管理的转变。

园区的发展史也是我国园区管理的改革史。

（一）培育期：1978—1991年

1978年，我国在深圳蛇口创办了全国第一个出口工业区，通过政策优惠吸引外资，以市场换技术。1979年，我国又率先将广东省深圳市、广东省珠海市、福建省厦门市、广东省汕头市四地设立为"经济特区"，加大了政策探索的步伐。经济特区模式可以看成我国园区经济模式的雏形。

1984年，中共中央、国务院颁布了《沿海部分城市座谈会纪要》，进一步开放了包括辽宁省大连市、山东省青岛市、浙江省宁波市、广东省广州市等在内的14个沿海港口城市，同时提出："这些城市，有些可以划定一个有明确地域界线的区域，兴办经济技术开发区。"在1984—1991年间，我国陆续在全国重点城市设立了经济技术开发区、高新技术开发区、台商投资区等一系列国家级开发区。

在开发区发展初期，受传统观念制约，地方政府开放力度相对有限，开发区所在地多位于郊区，交通区位较差，基础设施相对落后，资金建设缺口较大。外资对于我国对外开放政策仍存在疑虑，资金投入相对有限。加之，我国自身产业基础薄弱。开发区发展早期数量少、企业规模小、技术含量低，产业以食品、服装等劳动密集型产业为主。

（二）高速发展期：1992—2002年

1992年，邓小平南方谈话，进一步加快全国对外开放、引进外资的步伐。产业园区作为对外开放的重要窗口，在这一阶段也得到了更多重视和政策支持。仅1992年，国务院就设立了浙江省温州市、江苏省苏州市昆山市、山东省威海市等地的6个国家级经开区，辽宁省大连市、广东省广州市、江苏省苏州市张家港市等地的9个保税区，批准了江苏省苏州市、江苏省无锡市、江苏省常州市等地的25个高新区。此后，我国还陆续设立了出口加工区、金融贸易区、边境经济合作区等多种新型园区。

这一阶段，全国各级产业园区数量快速增长，国家级产业园区的分布由东部沿海地区向中西部内陆地区推进。在产业布局方面，除传统劳动密集型产业之外，高新技术产业、服务业也得到了长足发展。同时，我国经济的长足发展也吸引越来越多的跨国公司、外资机构进驻我国，入驻产业园区。但是这一阶段，各地园区快速扩张，也带来了园区乱占耕地、浪费土地、效率低下等问题。

（三）整顿调整期：2003—2008 年

在高速发展阶段，地方政府新设大量产业园区，但部分产业园区缺乏明确土地供应规划、产业发展规划，处于无序发展、无序竞争的状态。2003 年，国务院先后下发了《关于暂停审批各类开发区的紧急通知》《关于清理整顿各类开发区加强建设用地管理的通知》《清理整顿现有各类开发区的具体标准和政策界限》等一系列文件，要求对全国各级开发区进行清理整顿，对于不符合要求的开发区根据规定采取"撤销、核减、整合"等措施。在 2003—2008 年间，我国国家级经开区无新增，国家级高新区仅新增 1 个。

（四）稳步发展期：2009 年至今

经过上一阶段的清理整顿，我国产业园区重新进入稳步发展的轨道当中。与之前相比，这一阶段我国产业园区在土地规划、用地审批、园区考核、管理体制等方面都逐步走向成熟，产业园区设立发展更为稳健。同时，国家级开发区的扩容、新设与国家战略的结合更加紧密，成为国家整体战略规划的重要一环，承担区域经济发展、产业转型的任务更重。

2016 年，国务院办公厅发布了《关于完善国家级经济技术开发区考核制度促进创新驱动发展的指导意见》（以下简称《指导意见》），明确了经济技术开发区的考核与升降制度，更好地指导了国家级经济技术开发区的发展。这一政策的发布对于省级、市县级开发区的考核管理提供了重要参考。当前，各地均针对不同类型园区设立了与之相匹配的考核体系，我们将在后文详细展开。

未来，产业园区的发展更强调"贵精不贵多"，强调产业园区的产业引领、技术创新带头作用，通过优化园区及特色产业的布局，来实现地区经济结构平衡优化和产业优势互补。在建设用地趋紧的背景下，产业园区优化整合，园区集约节约的发展趋势将逐步加强。在工业企业入园的大趋势下，园区对于工业企业考核管理的重要性将进一步显现。

二、产业园区分类

不同的产业园区，其行政级别、功能、产业定位均有所不同，其园区认定标准、准入门槛、审批权限、考核要求各有差异。因此，明确产业园区的分类有助于我们理解产业园区的管理体制。

（一）行政级别分类

根据产业园区行政级别的不同，可以将其分为国家级产业园区、省级产业园区、市县级产业园区。

国家级产业园区是指由国务院批准在城市规划区内设立的国家级经济技术开发区、国家级高新技术产业开发区、国家级旅游度假区、国家级保税区等实行国家特定优惠政策的各类开发区。

省级产业园区是指经省人民政府批准设立的经济开发区、高新技术产业开发区，以及省政府明确纳入开发区管理的特别政策区。

市县级产业园区则是指经各市县人民政府批准设立的基层园区，具体包括工业园区、农业园区等园区在内。其规模相对较小，更具地方特色。

（二）园区功能分类

2018版《中国开发区审核公告目录》中，罗列了全国国家级产业园区、省级产业园区的名单。根据产业园区功能的不同，可以将其分为经济技术开发区、高新技术开发区、出口加工区、保税区和自由贸易区等。

经济技术开发区是指在城市中划出特定区域，集中力量建设完善的基础设施，创建符合国际水准的投资环境，通过实施税收减免等优惠政策吸收利用外资，引入先进产业、技术、管理经验的集中区域。

高新技术开发区是指以智力密集和开放环境条件为依托，主要依靠国内科技和经济实力，充分吸收和借鉴国外先进科技资源、资金和管理手段，通过实施高新技术产业的优惠政策和各项改革措施，实现软硬环境的局部优化，最大限度地把科技成果转化为现实生产力而建立起来的集中区域。

保税区又称保税仓库区，是指一国海关设置的或经海关批准注册、受海关监督和管理的可以较长时间存储商品的区域。1990年，我国在上海外高桥设立了第一个保税区。运入保税区的货物可以进行储存、改装、分类、混合、展览，以及加工制造。外国货物可以在保税区与境外之间自由进出，但如果要进入关境就需交纳关税。

出口加工区是指经国家批准设立，由海关监管的特殊封闭区域；货物从境内区外进出加工区视同进出口，海关按进出口货物进行监管；出口加工区必须设立符合海关监管要求的隔离设施和有效的监控系统；海关在出口加工区内设立专门的监管机构。

保税港区是指经国务院批准设立的，在港口作业区和与之相连的特定区域内，集港口作业、物流和加工于一体，具有口岸功能的海关特殊监管区域。保税港区比保税区多了码头和港口的功能。此外，保税港区还整合了原来保税区、保税物流园区、出口加工区等多种外向型功能区的所有功能，包括：国际物流功能、国际贸易功能、出口加工功能、商品展示功能等。

综合保税区是指在基本不突破原规划面积的前提下，逐步将现有出口加工区、保税物流园区、跨境工业区、保税港区及符合条件的保税区整合为综合保税区。2012年11月2日，中国政府网公布了《国务院关于促进海关特殊监管区域科学发展的指导意见》，该指导意见提出要稳步推进特殊监管区域整合优化，新设立的特殊监管区域，原则上统一命名为"综合保税区"。

自由贸易区简称自贸区，是指在我国境内关外设立的，以优惠税收和海关特殊监管政策为主要手段，以贸易自由化、便利化为主要目的的多功能经济性特区。自贸区的生产、贸易和投资活动适用的关税、审批和管理政策灵活，是对现有保税区的全面升级。

（三）园区产业分类

根据园区主导产业的不同，可以将其划分为工业园区、农业园区、文化园区、物流园区、旅游园区等。由于不同的园区产业结构不同，在园区认定和园区考核指标方面也存在差异。

工业园区是指通过行政手段划出一块区域，聚集各种生产要素，在一定空间范围内进行科学整合，以原材料、能源、加工业等制造业为主要产业，提高工业化的集约程度的生产区。

农业园区是现代农业在空间地域上的聚集区，在具有一定资源、产业和区位等优势的农区内划定一定的地域范围优先发展现代农业，由政府引导、企业运作，用工业园区的理念建设和管理，实施集约化生产和企业化管理的农业园区，以推进农业现代化进程、增加农民收入为目标。

文化园区是指通过划定一定的行政区域，集中文化创意产业企业为社会公众提供文化产品及相关文化服务的生产区。

物流园区是指对物流组织管理节点进行相对集中建设与发展的，具有经济开发性质的城市物流功能区域。其依托相关物流服务设施共享，降低物流运营成本，提高效率，改善企业服务质量。

旅游园区是指为发展旅游业而选定的特定建设区域。设立旅游园区要求该区域具备较为丰富的自然、人文景观和较强的观赏性或文化价值。

三、产业园区考核管理

早期，各地对产业园区的管理较为粗放，重量不重质。此后，随着我国对产业园区整顿清理的深入，常态化、精细化的产业园区考核、管理机制也逐渐成熟。

（一）考核指标

由于产业园区的功能、主导产业等存在区别，不同园区适用的考核指标也有所差异。同时，园区的行政等级不同，经济体量不同，考核指标的门槛也有所差异。

（1）不同功能产业园区的考核指标

不同功能的园区，其园区发展主要的目标有所差异，承担的社会责任有所不同，相应的考核指标也会有所变化。

以经开区和高新区为例，商务部2021年11月印发了《国家级经济技术开发区综合发展水平考核评价办法（2021年版）》（以下简称《办法》），明确了国家级开发区，以及拟新设或申请升级为国家级开发区的园区考核评价指标体系。

考核评价指标具体包括对外开放（30%）、发展质量（30%）、科技创新（15%）、绿色发展（15%）、统筹协调（10%）5个一级指标，分别对应不同权重。5个一级指标共对应30个二级指标。同时，为了兼顾国家级经开区的发展阶段和区域发展水平差异，商务部对各项指标可以设置差异化权重，并分东中西部地区进行排名，以保障考核结果公平性。

科技部在2021年4月发布了《国家高新技术产业开发区综合评价指标体系》，共设置有结构优化和产业价值链（20%）、创新能力和创业活跃度（20%）、绿色发展和宜居包容性（15%）、综合质效和持续创新力（30%）、开放创新和国际竞争力（15%）5项一级指标，共对应46个二级指标。

从考核指标的差异可以看出，国家级经开区更强调对外开放和园区经济发展质量。高新区因其园区定位、产业导向的问题，在评价指标设置方面更加强调科技创新，对于园区科创企业、技术创收、科技人才等要素考察更精更细。

不过，土地集约节约统一利用是各级园区的共性要求。我国定期对国家级开发区的土地集约利用情况进行监测通报，主要从土地利用程度、土地利用强度、土地利用潜力、用地结构和效益4个部分进行监测。自然资源部在2021年1月发布的《关于2020年度国家级开发区土地集约利用监测统计情况的通报》中明确，要求积极探索监测统计成果与年度建设用地计划安排、自然资源节约集约示范县（市）创建、土地征收成片开发等相衔接的工作机制

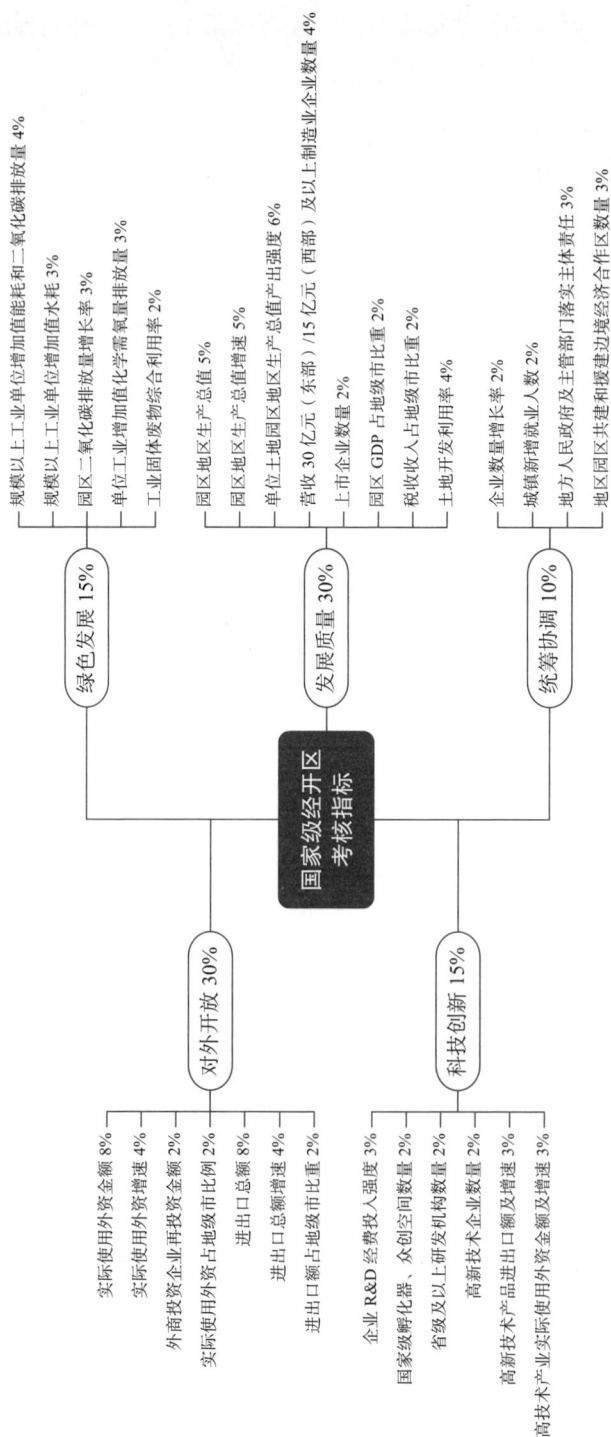

图1-1 国家级经开区考核指标

注：图中数值为各项指标权重

资料来源：《国家级经济技术开发区综合发展水平考核评价办法（2021年版）》，兴业研究

国家级经开区考核指标

绿色发展 15%
- 规模以上工业单位增加值能耗和二氧化碳排放量 4%
- 规模以上工业单位增加值水耗 3%
- 园区二氧化碳排放量增长率 3%
- 单位工业增加值化学需氧量排放量 2%
- 工业固体废物综合利用率 2%

发展质量 30%
- 园区地区生产总值 5%
- 园区地区生产总值增速 5%
- 单位土地园区地区生产总值产出强度 6%
- 营收30亿元（东部）/15亿元（西部）及以上制造业企业数量 4%
- 上市企业数量 2%
- 园区GDP占地级市比重 2%
- 税收收入占地级市比重 2%
- 土地开发利用率 4%

统筹协调 10%
- 企业数量增长率 2%
- 城镇新增就业人数 2%
- 地方人民政府及主管部门落实主体责任 3%
- 地区园区共建和缓建边境经济合作区数量 3%

对外开放 30%
- 实际使用外资金额 8%
- 实际使用外资金额增速 4%
- 外商投资企业再投资金额 2%
- 实际使用外资占地级市比例 2%
- 进出口总额 8%
- 进出口总额增速 4%
- 进出口额占地级市比重 2%

科技创新 15%
- 企业R&D经费投入强度 3%
- 国家级孵化器、众创空间数量 2%
- 省级及以上研发机构数量 2%
- 高新技术企业数量 2%
- 高新技术产品进出口额及增速 3%
- 高技术产业实际使用外资金额及增速 3%

国家级高新区考核指标

绿色发展 15% 宜居包容性
- 单位增加值综合能耗
- 园区二氧化碳排放量增长率
- 园区总绿地率
- 园区各级医院和各类学校数
- 当年净增从业人员数
- 单位增加值中从业人员平均月工资性收入占比
- 从业人员平均月工资性收入与当地每平方米房价的比例
- 园区管委会当年可支配财力
- 园区促进产城融合、生态环保、绿色发展、引领示范作用评价

综合质效 30% 持续创新力
- 园区全口径增加值占所在城市 GDP 比例
- 全员劳动生产率
- 内部研发投入强度达 5% 企业的营业收入合计占营业收入比例
- 营业收入中数字产业相关企业营业收入合计占比
- 营业收入中数字产业相关企业营业收入合计占比
- 当年新晋高成长（瞪羚企业）企业数
- 当年在境内外上市（不含新三板）企业数
- 内部研发投入强度达 5% 且营业收入超 5 亿元的企业数
- 拥有国家级研发机构的企业数
- 园区统计工作的及时性、准确性

开放创新 15% 国际竞争力
- 设立境外研发机构（含境外孵化器）的内资控股企业数
- 企业技术引进：境内外产学研合作经费支出占营业收入比重
- 当年获得境外注册商标或通过国际标准的内资控股企业数
- 当年新增主导制定国际标准的内资控股企业数
- 出口总额中技术服务出口总额占比
- 营业收入中高新技术企业出口额占比
- 从业人员中外籍常驻人员和留学归国人员占比

结构优化 20% 产业价值链
- 营业收入中高技术服务业营收占比
- 从业人员中本科及以上学历人员占比
- 人均技术合同成交额
- 当年净增营业收入
- 企业利润率
- 当年净增高新技术企业数
- 当年净增商风险投资的注册商标数
- 当年获得发明专利所含有效发明专利数和注册商标数
- 企业每百亿元营业收入所含有效发明专利数和注册商标数
- 企业增加值率
- 园区推动产业技术创新，保证供应链自主可控的措施及评价

创新能力 20% 创业活跃度
- 国家级和省级研发机构数
- 从业人员中研发人员全时当量数占比
- 研发经费支出内部占当年营业收入比例
- 每万人当年发明专利授权数
- 当年每千万元研发经费支出的发明专利申请数
- 国家级创业服务机构数
- 当年新注册企业数
- 当年新注册的科技型中小企业数
- 当年登记注册信息集的发明专利申请数
- 当年孵化器、加速器和大学科技园内新增在孵企业数
- 园区管委会营造创新创业环境及发展导向评价

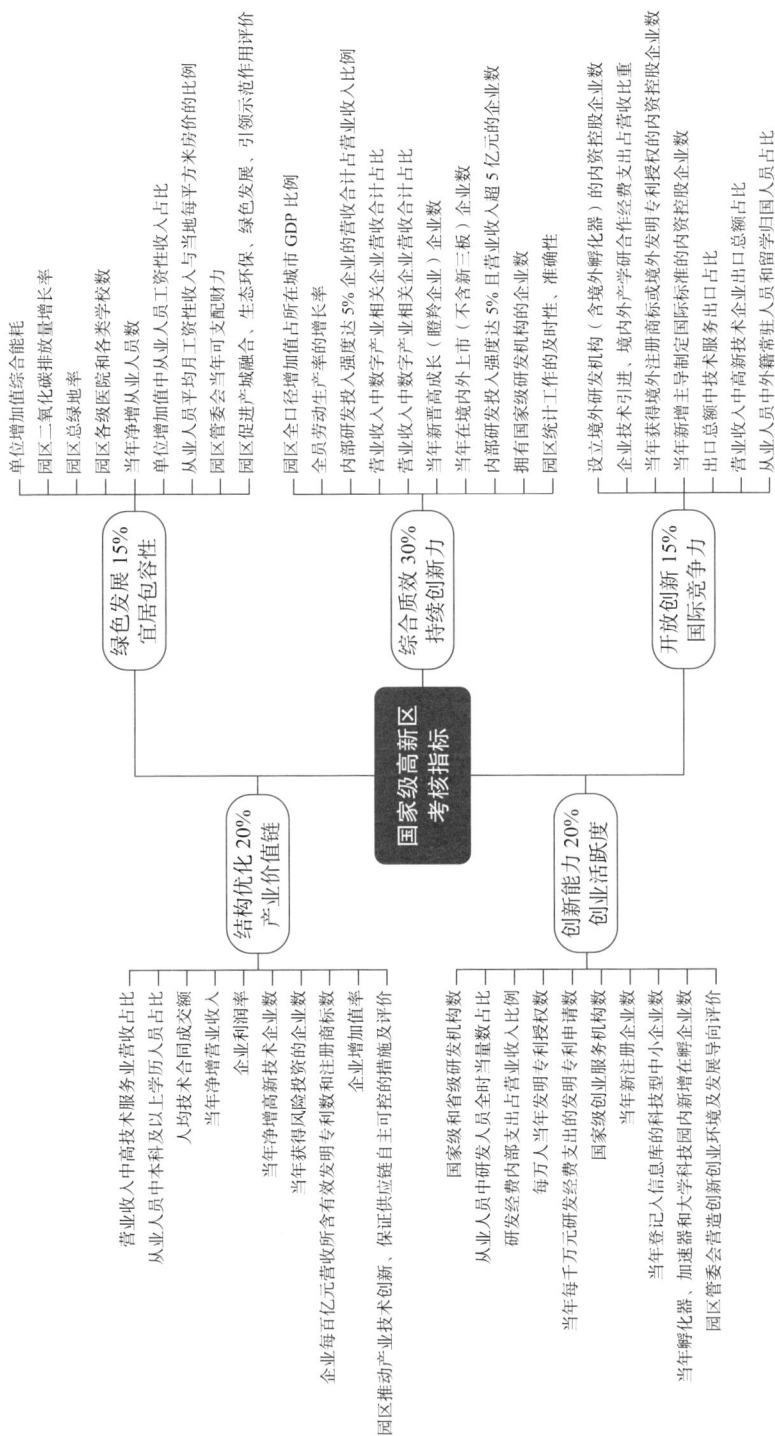

图 1-2 国家级高新区考核指标

注：图中数值为各项指标权重
资料来源：《国家高新技术产业开发区综合评价指标体系》（2021 年），兴业研究

等。集约节约统一利用水平越高的开发区在扩容扩区方面能够拥有越多的土地要素倾斜。

（2）基于产业园区产业差异的考核指标

园区主导产业不同，园区的考核指标也会存在明显的差异。因此，园区管理机构需要根据产业特性，选取考核指标并赋权，以保证考核的有效性。

工业园区更强调工业企业入驻，投资项目落地，以及由此带来的GDP、税收和就业。因此，新增企业数量、新增企业投资、总产值、工业总产值增速、新增就业、税收总额及增速等成为主要的考核指标。

农业园区在强调农业产业发展之外，还强调农业增收、土地流转、农业科技投入转化等相关要素的发展。以广东省为例，其在2018年发布的《广东省现代农业产业园绩效评价办法（试行）》中列出了现代农业产业园建设绩效评价指标表。其中具有农业特色的二级指标包括：

- 农业龙头企业和农民专业合作社示范社数量；
- 农民增收：产业园区内农民收入高于全县平均水平比例；
- 联农带农情况：园区农业经营主体与农户的合作情况；
- 土地流转：园区土地流转率高于全省平均水平情况。

文化产业园区要求兼顾社会文化价值导向与文化产品服务，除需确保园区经营效益，还需要兼顾园区的社会效益、园区运营特色等相应指标。以天津市为例，其在2017年发布的《天津市文化产业示范园区和示范基地评估考核办法（试行）》中，社会效益、经济效益和管理规范的权重比例分别为0.33、0.40和0.27。其中，具有文化产业园区特色的指标包括：

- 价值导向：内容质量审核管理制度及执行情况；
- 行业影响和社会评价：拥有注册商标和驰名商标数量；
- 履行社会责任：企业是否存在侵权、盗版等行为。

（3）基于产业园区能级差异的考核指标

园区的行政等级越高、能级越高，指标要求也就越高。不同园区所在区位、自身禀赋均有不同，园区的行政等级、经济规模也存在差异。与之对应，产业园区的考核要求也不同。

以贵州省为例，其将省内重点园区根据不同规模进行分组后开展综合考评，并进行园区的级别调整。

贵州省在2013年发布的《贵州省工业园区管理暂行办法》中，将全省工业园区根据面积、产值、税收、投资强度等，分为一、二、三类进行管理。其中一、二类工业园区由省政府的主管部门进行组织考核，三类工业园区则由工业园区所在地市主管部门进行考核。

表1-1 贵州省一、二、三类园区要求情况

园区分类	已开发面积	上一年完成情况			单位投资强度	平均产值	工业用地容积率
		工业总产值	税收规模	新增投资额			
单位	平方公里	亿元	亿元	亿元	万元/公顷	万元/公顷	—
一类	2	80	4.0	10	2000	2500	0.8
二类	1	50	2.0	5	1500	1800	0.8
三类	—	10	0.3	—	1000	1200	0.8

资料来源:《贵州省工业园区管理暂行办法》（2013年），兴业研究

2018年，贵州省发布了《推进产业园区工业高质量发展综合考评办法》，对产业园区的考评办法进行调整。将省一级的考评范围调整为纳入省级调度的产业园区，并且将其分为重点园区和成长园区两类，分别进行考核。

重点园区：上年度综合考评前50名的园区或工业总产值在50亿元以上的园区；

成长园区：上年度综合考评50名之后或工业总产值在50亿元以下的园区。

对重点园区前30名、成长园区前10名、单项工作表现突出的园区给予相关政策倾斜和专项资金奖励。

（二）等级调整

随着我国产业园区管理机制的完善，产业园区行政级别的动态调整机制已初步形成。

（1）国家级产业园区

《指导意见》中要求，"商务部要改革完善国家级经开区发展水平考核评

价制度，对发展水平滞后的国家级经开区予以警告和通报，对连续两次考核处于最后5名的，按程序报国务院批准后降为省级经济开发区"。

2020年甘肃省酒泉市经开区、2021年宁夏回族自治区石嘴山市经开区均因为连续2年排名在后5名而降级为省级开发区。

（2）省级产业园区

省级产业园区若想升级为国家级产业园区，《指导意见》给出了明确的升级路径。根据《指导意见》，对申请新设立或升级为国家级经开区的，给予2年培育期，待培育期满后对其进行实地考察，经综合评价其各项指标在被培育的省级经济开发区中位居前列的，启动新设或升级办理程序。省级产业园在兼顾自身发展的同时，仍需要在省级经开区的横向比较中脱颖而出，方能晋升为国家级产业园区。但是，根据商务部2021年11月印发的《办法》，国家级经开区降级退出自公布之日起2年内，所在省市原则上不得推荐省级开发区升级。

近年来，省级产业园区考核方案中也逐步引入末位淘汰机制，连续排名末位的产业园区面临着核减园区面积、降级、撤销等惩罚措施。而对于指标完成情况较好的开发区，其能够得到通报奖励，在项目、资金、土地要素方面可以得到更多政策支持。

表1-2 部分省市省级园区升降机制

省份	考核情况	惩罚措施
山西	综合考核不合格	通报和督促整改
	连续2年综合考核不合格	黄牌警告
	连续3年综合考核不合格	取消省级开发区资格
安徽	综合排名前30名	通报并给予奖励 提供项目、资金、土地倾斜
	排名后5名	警告、限期整改 整改不力的，予以核减面积、降级、撤销等处分
云南	连续2年排名后10名	取消省级开发区资格

续表

省份	考核情况	惩罚措施
贵州	重点园区后 3 名	下一年度纳入成长园区
	成长园区前 3 名	下一年度纳入重点园区
浙江（高新区）	连续 2 年排名后 3 名	摘牌或取消创建资格
江苏	年度考核后 5 名 或重点指标排名后 3 名	约谈开发区主要负责人，责成整改
	年度考核后 5 名	通报
	3 年考核中，有 2 年排名后 3 名	报请省政府予以摘牌

资料来源：各地政府官网，兴业研究

（3）地市级产业园区

排名末位的省级产业园区存在降级风险，而符合要求的市县级产业园区亦可以申请认定为省级产业园区。不同类型、不同地区的园区认定标准有所不同，需参考各地相关规则确定。

以认定管理办法披露相对详细的省级高新区为例，不同省市认定标准在大的思路和方向上较为一致，但是细节方面存在一定差异。

从申报省级高新区的企业范围来看，海南省的遴选范围为全省行政区域内的产业园区、产业集聚区；广东省的遴选范围则是各类省级园区，以及地市级创立满 2 年且基础较好的产业园区；湖南省的遴选范围则收窄至非高新类的省级产业园区。

从申报条件来看，各省份的申报要求大方向上趋于一致。可以看到，海南、广东、湖南三省高新区的申报要求均从产业基础、创新能力和支持保障三个方面出发。

- 产业基础：强调园区高新技术产业的发展增速、占比，高新技术产业链的完整性，高新技术企业数量等。
- 创新能力：主要从研发强度、研发成果、配套科技服务机构、产学研合作情况等维度考察。

- 支持保障：地方政府对园区的规划情况，优惠政策支持力度，园区管理机构配置情况等。

但是不同省份的申报要求存在差异。比如，广东要求省级高新区的研发投入强度，即研发投入费用占园区生产总值的比重要高于所在地全市平均水平的两倍以上；而海南、湖南则要求研发投入强度高于全省园区平均水平。在科技服务机构方面，海南、广东仅要求设置有相应的科技孵化器等科技服务机构，而湖南则要求园区拥有省级以上的科技孵化器、众创空间等科技服务机构2家以上。

表 1–3　部分省份省级高新区申请要求

省份	海南	湖南	广东
产业基础	满足至少 5 项	上年度园区技工贸总收入不低于 100 亿元	产业主要指标增速高于全省平均水平
	主导产业营收≥ 20 亿元	有 1—2 个特色主导高新技术产业，产业链完整	万元工业增加值能耗低于全省平均水平
	高新技术驱动产业投资占比≥ 25%	上年度高新技术产业营收增速高于省级产业园区平均水平	高新技术产业和战略性新兴产业工业增加值占园区比重 50% 以上
	高新技术驱动产业产值占比≥ 40%	上年度园区规模以上工业企业和服务业企业≥ 30 家	科技型企业数量占园区企业总数的 50% 以上
	R&D 占园区生产总值强度≥ 1.5%	高新技术企业≥ 15 家	高新技术企业占比持续提高
	高新技术企业占比≥ 10%	登记入库的科技型中小企业≥ 20 家	
	新注册企业中技术型企业占比≥ 30%	近 3 年新引进了重大项目或"三类 500 强"项目	
	大专以上学历研发人员占用工人数比≥ 30%		
创新能力	研发经费投入强度、研发人员密度高于全省园区平均水平	研发强度高于省级产业园区平均水平	研究投入强度为全市平均水平两倍以上

省份	海南	湖南	广东
创新能力	园区专利申请数、技术成果等高于全省园区平均水平	万人新增授权专利数、人均技术合同交易额高于省级产业园区平均水平	专利申请数及授权数增速不低于全省平均水平
	配备有科技服务机构	配备有科技服务机构，拥有省级孵化器等2家以上	配备有科技服务机构
	产学研合作基础好	产学研合作基础好，省级以上研发平台3家以上	产学研合作基础好
	有扶持科技创新的专项经费	每万人中本科以上学历人数高于省级产业园区平均水平	
支持保障	地方规划明确，政策保障到位		
	管理机构机制完善		

资料来源：地方政府官网，兴业研究

（三）园区申报审批

在建设用地减量供应的趋势下，园区的整合、提效、增质成为产业园区政策的重点。各地对于园区的新设、扩容都更为谨慎，尤其是省级、国家级园区的审批扩容，都需要遵照一定的程序规范进行。

（1）市县级产业园区

对于市县级产业园区而言，其在出让竞拍相应地块前，会给地块设定相应的土地控制指标，包括未来园区的产业导向、地块的投入产出强度、亩均税收规模等。竞买人在拍地时要求提交相应的园区建设规划方案以及可行性报告。拿地完成后，产业园区运营主体可拿到园区资格认定，并在建设完成后对外展开招商工作以及后续的考核工作。

不过随着产业园区管理的精细化，部分地区的园区管理趋严。以上海市为例，上海市虹口区2020年发布的《虹口区产业园区认定和考核工作细则》提出了"预核准+正式认定"的园区认定规则。

园区认定要求包括：

- 园区产业导入应聚焦于重点产业，保留不低于10%的面积用于支持相关重点产业发展；给予区内推荐的优质功能性机构和企业3年以上50%房租优惠。

- 园区面积原则上不低于5000平方米，商业及配套服务设施面积不超过总建筑面积的20%。

- 园区产业集聚度和税收落地率均超过70%，园区入驻企业的单位面积贡献应达到周边同类园区平均水平。

产业运营方提交《产业园区建设可行性研究报告》以及其他相关申请材料，发展改革委、科委、规划、市场、消防等部门同街道会商后出具预核准意见。

在预核准阶段，运营主体接受试运营考核，原则上不超过3年。试运营期间，园区可按照有关规定开展园区建设及对外招租，其租赁协议的签订原则上不得超过3年。试运营期满未兑现发展承诺的园区，不予认定为产业园区，暂停其以产业园区名义对外招商的权利。符合要求的，则认定为正式园区，但是批复有效期原则上为5年，到期的园区需重新开展园区认定。对于园区主体而言，产业运营将从短跑变长跑。

（2）省级产业园区

市县级产业园区申请升级为省级产业园区，一般要求符合省级产业园区的申请条件。由市县级政府提交相关材料，具体包括：

- 申请书、园区战略发展规划、产业发展规划，总体规划、土地建设的控制性详细规划，规划环境影响报告书及其审查意见。

- 园区符合所在地国土空间规划的证明及四至范围坐标图件。

- 园区的批准或同意设立文件，管理机构设置、产业发展、科技创新等相关材料。

- 所在地政府对园区的支持措施及政策。

由省级政府部门组织专家进行考察调研，审核材料，审核通过后报请省级政府审定，启动升级程序，调整相应的优惠政策。

（3）国家级产业园区

省级开发区升级为国家级开发区的，一般要求各省根据国家级开发区的考核评价指标对省内重点园区进行考核，并选取经济基础好，增长潜力大，规划较为完备的开发区向国务院提交升级的申请。商务部、科技部、农业部等相关部委再依据考核评价办法对各省提交的省级开发区组织全国的集中考核排名。

部分国家级开发区的升级需要经过一定的考察期。比如《指导意见》要求升级为国家级经开区需要经过 2 年的培育期后进行实地考察确认。相关部委考核结束后，进一步择优提交升级建议名单，并启动升级程序。

附录：文中涉及产业园区管理改革政策文件汇总

表1-4　产业园区管理改革政策文件清单

时间	部委/省/市/区	文件名称
2021/11	商务部	《国家级经济技术开发区综合发展水平考核评价办法（2021年版）》
2021/05	科技部	《国家高新技术产业开发区综合评价指标体系》
2020/07	科技部	《国家农业科技园区管理办法》
2019/05	国务院	《国务院关于推进国家级经济技术开发区创新提升打造改革开放新高地的意见》
2017/01	国务院	《国务院办公厅关于促进开发区改革和创新发展的若干意见》
2016/03	国务院	《国务院办公厅关于完善国家级经济技术开发区考核制度促进创新驱动发展的指导意见》
2003/12	国务院	《清理整顿现有各类开发区的具体标准和政策界限》
2003/07	国务院	《关于暂停审批各类开发区的紧急通知》
2003/07	国务院	《关于清理整顿各类开发区加强建设用地管理的通知》
2019/08	广东	《关于印发广东省省级高新技术产业开发区管理办法的通知》
2018/11	广东	《广东省现代农业产业园绩效评价办法（试行）》
2018/01	广东	《关于印发广东省产业园建设发展绩效评价办法的通知》
2018/11	贵州	《推进产业园区工业高质量发展综合考评办法》
2013/04	贵州	《贵州省工业园区管理暂行办法》
2020/12	海南	《海南省产业园区管理暂行办法》

续表

时间	部委/省/市/区	文件名称
2017/03	海南	《海南省省级高新技术产业开发区认定管理办法》
2021/10	湖南	《湖南省省级高新技术产业开发区认定和管理办法》
2021/11	内蒙古	《关于印发内蒙古自治区工业园区综合发展水平考核评价办法的通知》
2020/03	上海	《虹口区产业园区认定和考核工作细则》
2017/10	天津	《天津市文化产业示范园区和示范基地评估考核办法（试行）》
2022/12	浙江	《浙江省高新技术产业开发区（园区）评价办法》
2003/12	国务院	《清理整顿现有各类开发区的具体标准和政策界限》
2003/07	国务院	《关于暂停审批各类开发区的紧急通知》
2003/07	国务院	《关于清理整顿各类开发区加强建设用地管理的通知》

资料来源：各地政府官网，兴业研究

产业园区的经济金融地位分析

产业园区已成为我国经济增长、对外开放、创新发展的高地。结合数据可得性，本文以**国家级经济技术开发区**和**国家级高新技术产业开发区**为重点，观察产业园区在我国的经济金融地位。

○ ○ ○ ●

一、产业园区：我国经济增长的"助推器"

自1984年首批国家级经济技术开发区成立以来，各类开发区已成为我国经济增长的"助推器"。具体表现在：

第一，园区生产总值占国内生产总值比重上升。2009年以来，国家级高新技术产业开发区和国家级经济开发区生产总值占国内总值的比重趋势上升。其中，国家级高新技术产业开发区生产总值占国内生产总值比重由2009年的6.6%上升至2020年的13.4%；国家级经济开发区生产总值占国内生产总值比重由2014年的11.2%上升至2020年的11.4%。此外，根据中国标准化研究院资源环境研究分院发布的《我国生态绿色园区评价指标比较分析》，2017年省级以上开发区GDP占比已超过50%。[①]

分行业看，产业园区呈现出"服务化"特征，即产业园区第三产业占全国第三产业的比重上升。在早期发展阶段，产业园区主要为满足制造业、仓

---

① 资料来源：中国标准化研究院资源环境研究分院.我国生态绿色园区评价指标比较分析［EB/OL］.（2019-10-29）［2022-06-17］.https://www.cnis.ac.cn/bydt/kydt/201910/t20191029_47573.html.

储物流业发展需求；而随着研发工业园、创意工业园、基金小镇等的出现，工业园"服务化"特征凸显。以国家级经济开发区为例，其第三产业产出占国内第三产业产出比重由 2014 年的 6.1% 上升至 2020 年的 8.2%，同期第二产业产出占国内第二产业产出比重则由 2014 年的 20.1% 下降至 2020 年的 18.2%。

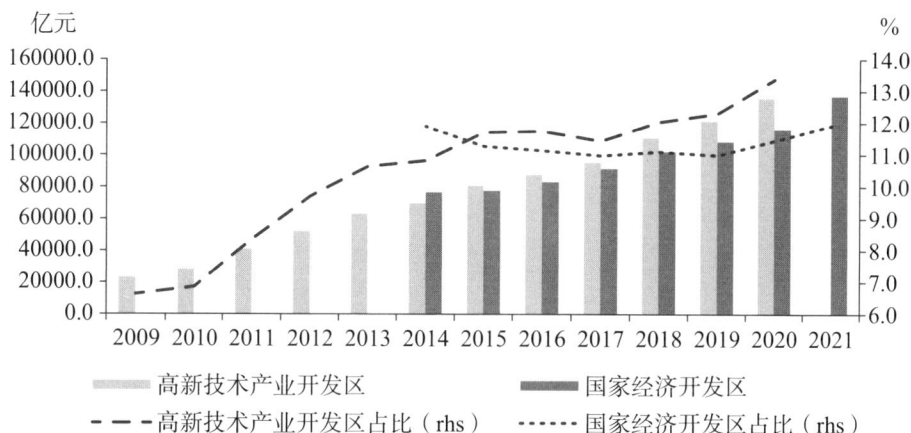

图 1-3　国家级经济开发区和国家级高新技术开发区生产总值及其占国内生产总值的比重

注：2014—2019 年国家级经济开发区数量为 219 家，2020 年为 217 家，2021 年为 231 家
资料来源：商务部，火炬计划统计网站，科学技术部，兴业研究

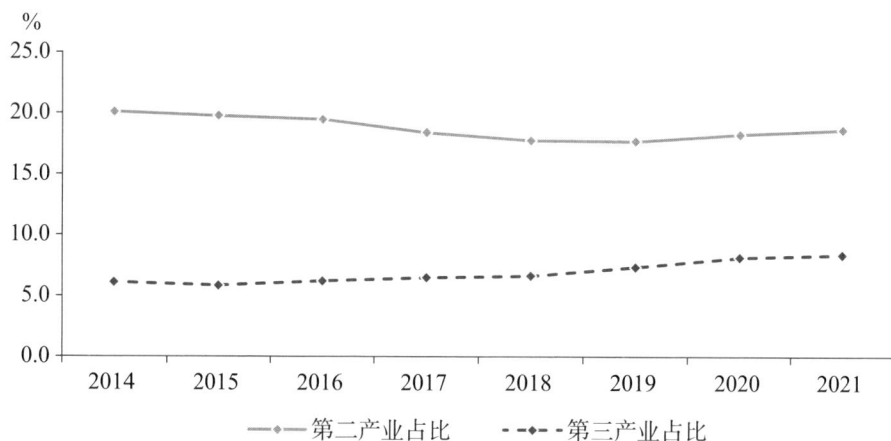

图 1-4　国家级经济开发区第二、三产业产出占全国第二、三产业产出比重

注：2014—2019 年国家级经济开发区数量为 219 家，2020 年为 217 家，2021 年为 231 家
资料来源：商务部，火炬计划统计网站，科学技术部，兴业研究

第二，园区经济对我国经济增长的拉动上升。当前，我国经济正由高速发展向高质量发展阶段转变，经济增速下台阶。此时，园区经济对我国经济增长的拉动不降反升，是我国经济增长的"助推器"。2020年，国家级高新技术产业开发区和国家级经济开发区分别拉动我国名义生产总值同比增长1.4个百分点和0.8个百分点，较2019年分别上升0.3个百分点和0.1个百分点。

百分点

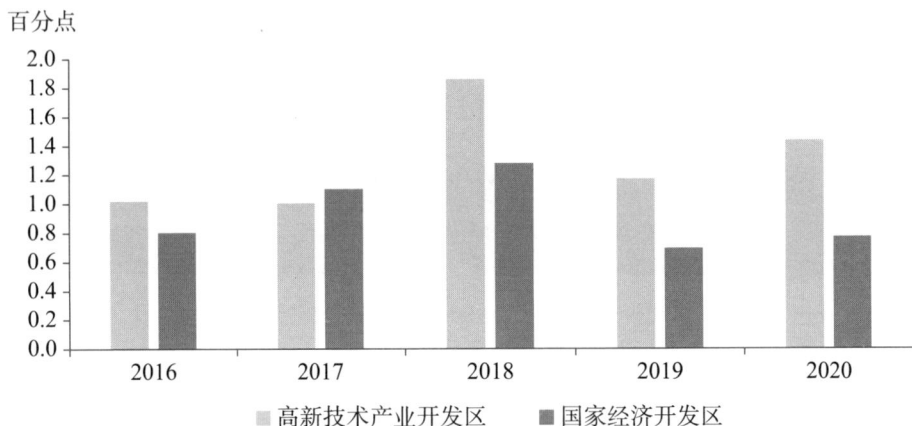

图1-5　国家级经济开发区和国家级高新技术开发区对国内名义生产总值的拉动

注：2014—2019年国家级经济开发区数量为219家，2020年为217家，2021年为231家

资料来源：商务部，火炬计划统计网站，科学技术部，兴业研究

第三，产业园区对全国税收收入贡献上升。其中，国家级高新技术产业开发区税收收入占全国税收收入比重由2010年的10.6%上升至2020年的20.3%，国家级经济开发区占全国税收收入比重则由2014年的16.0%上升至2020年的20.7%。结合国家级高新技术产业开发区和国家级经济开发区生产总值占国内生产总值的比值看，产业园区每一单位的生产总值贡献的税收显著高于全国平均水平。

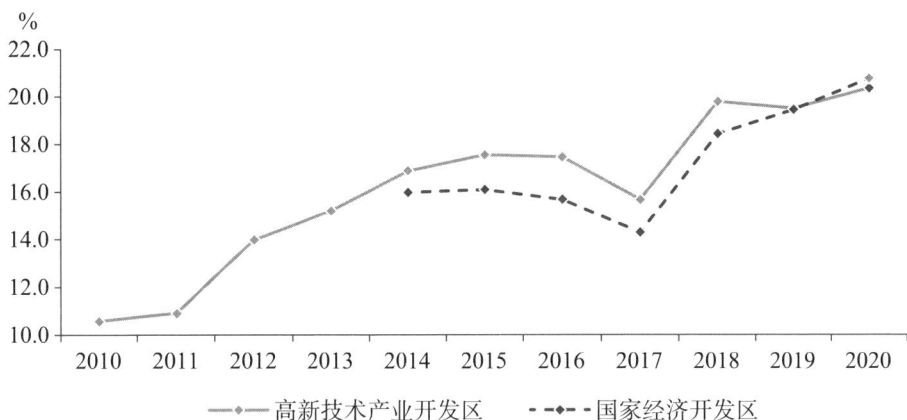

图1-6　国家级经济开发区和国家级高新技术开发区税收收入占全国税收收入比重

注：2014—2019年国家级经济开发区数量为219家，2020年为217家，2021年为231家

资料来源：商务部，火炬计划统计网站，科学技术部，兴业研究

二、产业园区：我国对外开放的"桥头堡"

20世纪70年代末，蛇口工业园区正式设立，成为我国第一个对外开放的工业园区。2000年4月27日，我国发展批准设立出口加工区，将出口加工区设在已建成的开发区内并选择若干地区进行试点。此后，产业园区成为我国对外开放的"试验田"，是我国出口和利用外资的主要阵地。

从出口情况看，国家级高新技术产业开发区和国家级经济开发区出口规模占我国出口总值比重不断上升。其中，国家级高新技术产业开发区出口占全国出口总值比重由1995年的2.0%上升至2020年的25.0%，国家级经济开发区出口占全国出口总值比重则由2014年的19.4%上升至2020年的21.8%。

从实际利用外资的情况看，早期产业园区凭借着对外资的税收优惠政策、良好的配套设施等，成为外商直接投资的首选。具体从国家级经济开发区实际利用外资情况看，国家级经济开发区实际利用外资规模占全国实际利用外资规模的"半壁江山"，此后伴随着内外资企业税制全面统一，国家级经济开发区实际利用外资占比有所下降但仍保持在40%左右，2020年这一比值为42.3%。

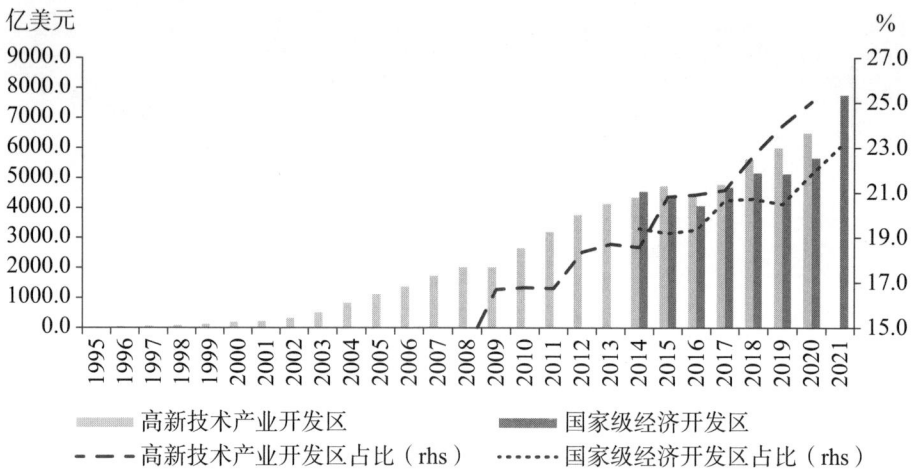

图1-7　国家级高新技术产业开发区和国家级经济开发区出口占全国出口比重

注：2014—2019年国家级经济开发区数量为219家，2020年为217家，2021年为231家

资料来源：商务部，火炬计划统计网站，科学技术部，兴业研究

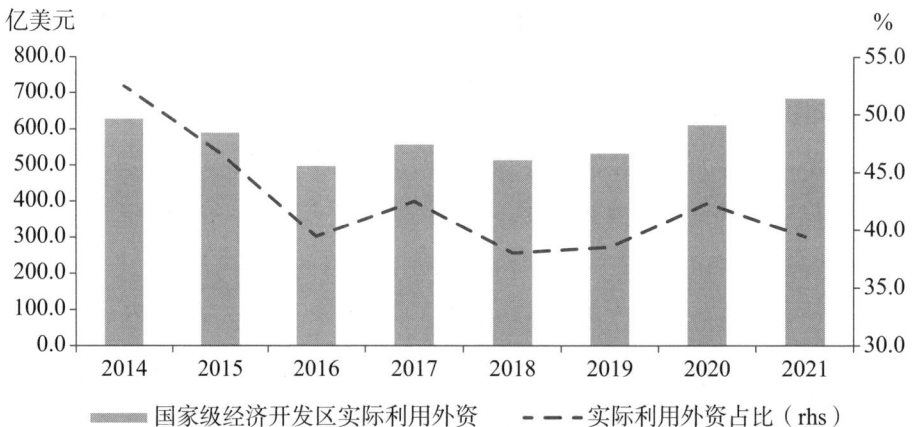

图1-8　国家级经济开发区实际利用外资占全国实际利用外资的比重

注：2014—2019年国家级经济开发区数量为219家，2020年为217家，2021年为231家

资料来源：商务部，火炬计划统计网站，科学技术部，兴业研究

从国际合作看，产业园区是我国国际合作的典范。以苏州工业园区为代表，其全称为中国—新加坡苏州工业园区，是我国和新加坡政府间的国际合

作项目。早期，双方合作以联合招商、合作开发为主；到中后期，双方合作
领域逐步向科技创新、金融开放和服务贸易等领域拓展。

三、产业园区：我国科技创新的"策源地"

1998年8月，科学技术部（原国家科委）组织实施火炬计划，并设立了
高新技术产业开发区，从此开启了我国高科技技术产业化之路。具体表现在
以下几个方面：

第一，产业园区是我国高新技术企业的聚集地。以国家级高新技术产业
开发区为例，2020年国家级高新技术产业开发区制造业共计有20578个企业
入统，其中约有71.2%的企业为高新技术企业；分行业看，航空、航天器及
设备制造业中高新技术企业占比高达79.0%，随后依次为医疗仪器设备及仪
器仪表制造业、电子及通信设备制造业等。从国家级高新技术产业开发区服
务业看，2020年高新技术产业开发区服务业共计有69554个企业入统，其中
高新技术企业占比为66.7%；分行业看，环境监测及治理服务、检验检测服
务、信息服务高新技术企业占比均在70.2%以上。

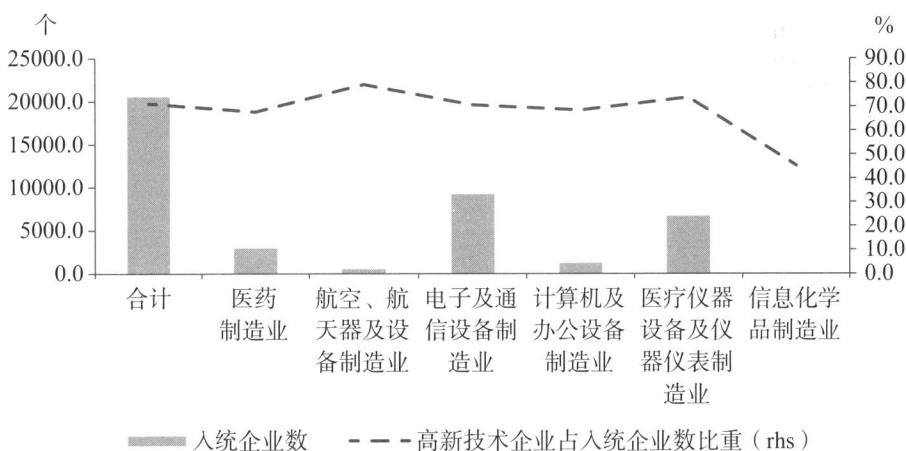

图1-9　2020年国家级高新技术产业开发区制造业入统企业数及高新技术企业占比

资料来源：商务部，火炬计划统计网站，科学技术部，兴业研究

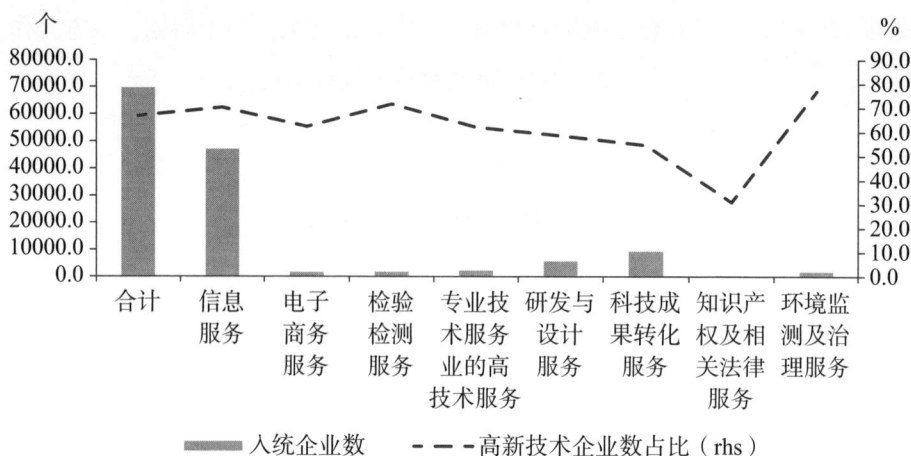

图1-10　2020年国家级高新技术产业开发区服务业入统企业数及高新技术企业占比

资料来源：商务部，火炬计划统计网站，科学技术部，兴业研究

　　第二，产业园区是我国科技研发的"策源地"。从研发支出看，2020年，国家级高新技术产业开发区R&D经费内部支出规模为8259.2亿元，占全国R&D经费支出规模比重的54.1%。2018年，高新区R&D人员为264.1万人，占全国R&D人员比重的55.0%。

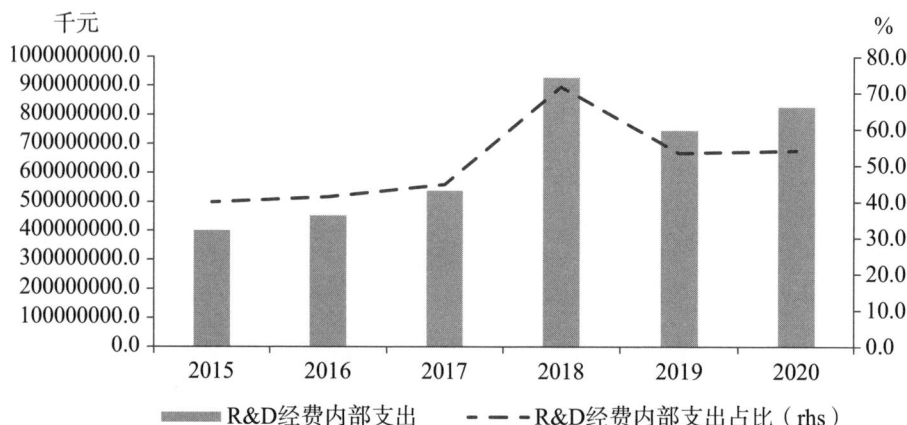

图1-11　国家级高新技术产业开发区研发支出规模及其占全国比重

资料来源：商务部，火炬计划统计网站，科学技术部，兴业研究

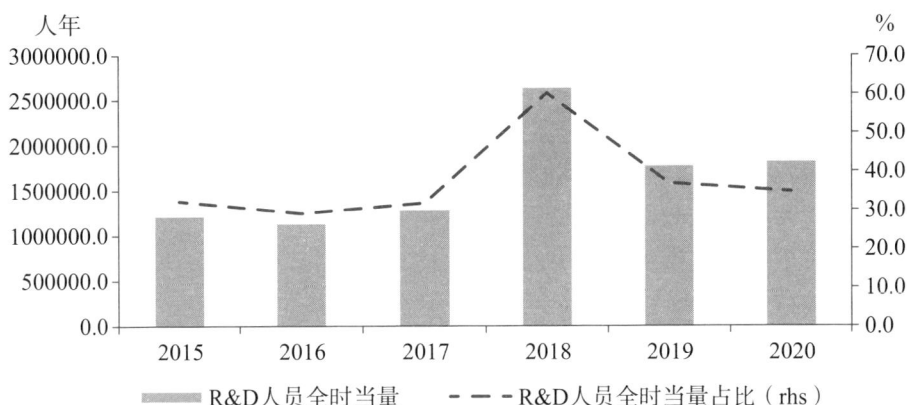

图1-12 国家级高新技术产业开发区研发人员全时当量及其占全国比重

资料来源：商务部，火炬计划统计网站，科学技术部，兴业研究

在产业集聚和创新的加持下，产业园区企业经济效益远高于全国平均水平，国家级高新技术产业开发区人均营业收入始终高于规模以上工业企业人均营业收入水平。2020年，国家级高新技术产业开发区人均营业收入规模为179.6万元，为同期规模以上工业企业人均营业收入水平的1.2倍。

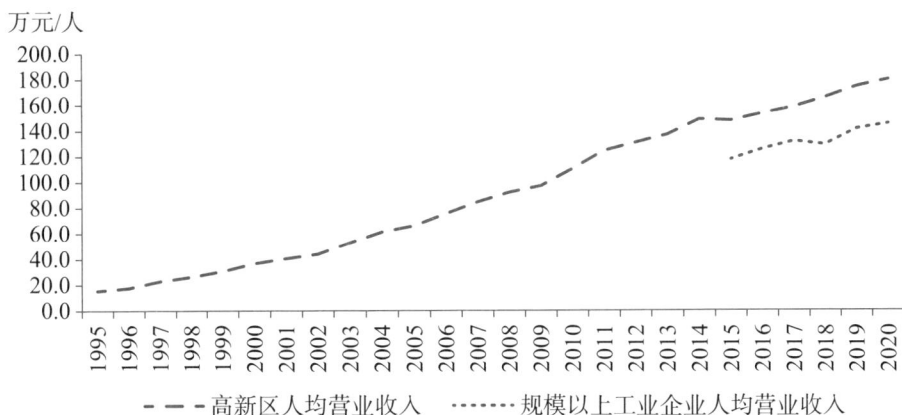

图1-13 高新区和规模以上工业企业人均营业收入

资料来源：商务部，火炬计划统计网站，科学技术部，兴业研究

四、产业园区：我国金融创新的"新高地"

在产业园区初创期，产业园区入驻企业以工业生产型企业为主。进入中后期，产业园区发展逐渐"服务化"，科技研发、金融保险等服务业快速发展。苏州工业园区作为我国头部园区，园区金融发展走在全国前列。在此，本文以苏州工业园区为例，观察园区金融在我国金融业中的地位。

从机构分布看，为促进金融科技发展，2019年5月10日苏州工业园区管理委员会发布《苏州工业园区关于促进金融科技发展的实施意见》，鼓励持牌金融机构引进金融科技项目，并给予1亿—10亿元不等的财政存款倾斜；同时支持央行、银保、证券监管机构、协会以及下属公司在园区设立监管、测试等金融科技机构，每年给予不超过300万元运营补贴，持续3年等。截至2021年，苏州全市有超过90%的银行分行和70%的保险主体分布在工业园区；到2022年3月23日，苏州工业园区各类金融机构、准金融机构数量已超过1320家。

从金融业务看，依托于园区企业群，园区企业投融资活动活跃。从股权融资看，2021年苏州工业园区共计有55家境内外上市企业，上市企业总数占全市比重约为25%。其中，仅2021年便新增12家上市企业。从债权融资看，2015—2018年园区企业通过苏科贷、科技贷、园科贷、扎根贷、知识贷等合作融资担保产品融资68.7亿元，其中扎根贷供给融资31.2亿元。同时，2015—2018年，与园区合作的35家金融机构共放款100.05亿元。

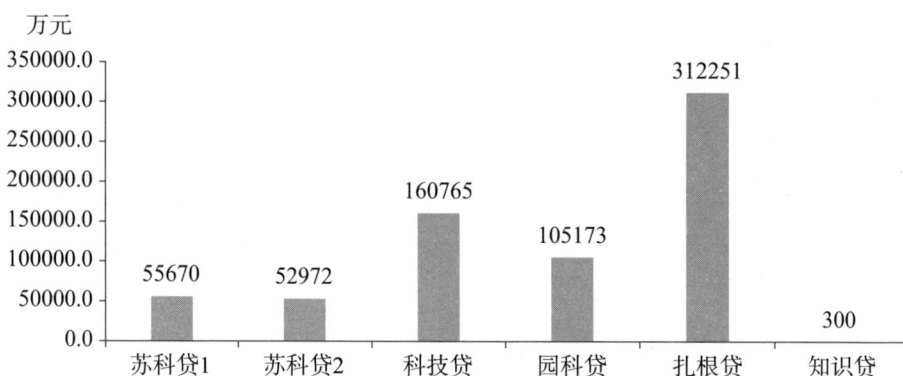

图1-14　2015—2018年苏州工业园科技型中小企业债权融资产品分布

资料来源：《产业园区战略地位与未来发展——基于园区金融的思考》，兴业研究

农业银行 163809.40
浦发银行 130961.06
建设银行 106195.36
中国银行 100510.47
苏州银行 93335.30
宁波银行 77496.00
融风科贷 60978.00
中信银行 59760.00
江苏银行 58090.00
交通银行 43532.69
招商银行 40135.97
其他 40038.90
南京银行 23331.00
光大银行 13812.00
上海银行 11390.00
兴业银行 10614.00
工商银行 7200.00
苏州金租 3425.00

0.0　　50000.0　　100000.0　　150000.0　　200000.0

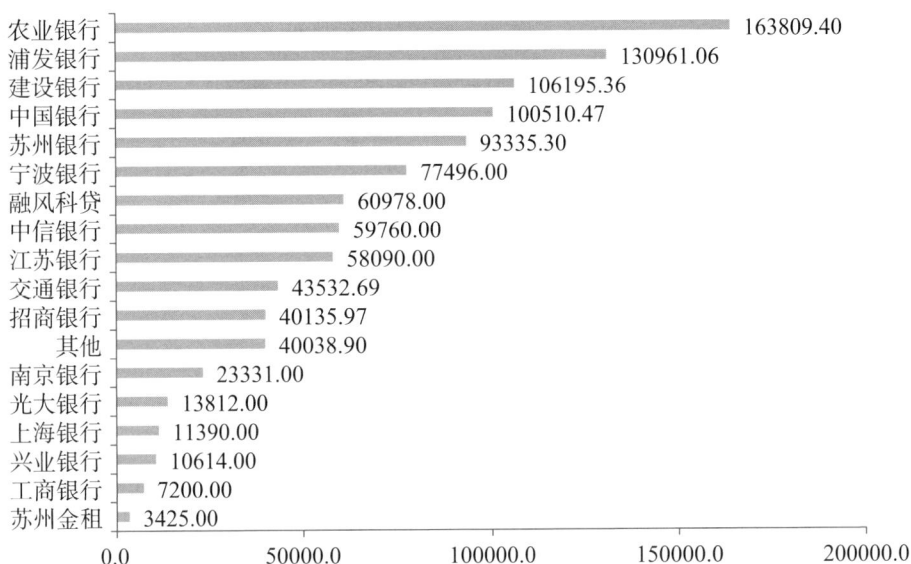

图1-15　2015—2018年与苏州产业园区合作银行的放款金额

资料来源:《产业园区战略地位与未来发展——基于园区金融的思考》,兴业研究

从政策支持看,苏州工业园区金融扶持政策繁多且力度居前,包括国家级、江苏省级、江苏省苏州市级和园区本级。

表1-5　苏州工业园区金融扶持政策

政策文件	主要内容
《苏州工业园区关于进一步优化创新科技金融服务的实施办法》	领军直投基金:领军人才企业不超过1000万元,非领军成长期科技型企业不超过300万元
	政策性科技小额贷款:对单户企业提供最高不超过500万元小额贷款支持
《关于推进苏州工业园区科技型中小企业债权融资的实施办法》	降低企业融资成本:对科技型企业、政策性科技小额贷款公司支付的债务融资成本,给予系列支持。单个企业各类单项费用补贴不超过10万元

续表

政策文件	主要内容
《苏州工业园区新兴产业融资风险补偿专项资金管理暂行办法》	新兴产业风险补偿资金：通过贷款损失补偿或风险分担的模式，对金融机构在科技型企业债权融资方面给予系列支持。补贴总额不超过200万元
《苏州工业园区关于进一步优化创新科技金融服务的实施办法》	鼓励金融机构支持企业创新发展：对金融机构在开发金融创新产品、做大科技型企业融资规模方面，给予系列支持。奖励额度不超过100万元
《关于开展苏州工业园区创业投资引导基金风险补贴类项目申报的通知》	创投企业风险补贴：引导基金的风险补贴比例不高于创投企业首轮投资额10%，单笔风险补贴金额不超过100万元，年度补贴累计不超过500万元

资料来源：《产业园区战略地位与未来发展——基于园区金融的思考》，兴业研究

产业园区运营模式与退出机制解析

产业园区作为产业调整升级的重要空间载体，是区域经济发展的重要推手。产业园区的开发运营商，是产业园区招商、运营、服务的践行者，对园区产业发展和升级至关重要。本节将重点研究产业园区的开发运营模式与退出机制，并针对商业银行参与产业园区的投资模式选择给出建议。

一、盈利模式

产业园区投资主体在开发、运营过程中，存在多种盈利模式，根据盈利的业务来源，可将盈利模式划分为三大类：开发运营收益、产业增值收益和资产退出收益。园区开发运营商，往往会采用多种盈利模式组合，提升企业盈利能力、分散经营风险。

（一）开发运营收益

开发运营收益是园区开发的传统盈利模式，也是园区开发主体的主要收入来源。开发运营收益是指园区开发运营商通过园区投资和建设形成特定物业资产（厂房、办公楼宇、公寓及配套商业等），通过销售或出租的方式将物业资产提供给入驻园区的企业使用，并提供园区运营管理服务，获取销售收入和租金、物业费收入。开发运营收益可细分为一级开发收益、二级开发销售收益和自持运营收益。

1.土地一级开发收益和二级开发销售收益

园区开发模式与传统住宅开发相近，包括土地一级开发和二级开发。一级开发和二级开发是土地开发的两个阶段，具有不同的盈利方式。部分开发企业会利用一级开发的契机参与甚至主导二级开发（一二级联动）。二级开发销售的模式具有较强的房地产属性，盈利能力较强，但如果园区的出售占比过大而造成产权过于分散，可能会造成园区产业聚集效应降低。

表1-6　产业园区一、二级开发对比

类别	土地一级开发	土地二级开发
定义	政府委托企业按照规划指标要求，对土地进行统一征地、拆迁、安置、补偿，并通过市政配套建设，使该地块达到可直接出让或转让的条件（如七通一平等）。	土地使用者将达到规定可以转让的土地通过流通领域进行交易的过程，以产业园区为例，园区开发商经过投资、开发建设，将新建成的园区物业资产出售、出租等。
盈利来源	1.按投入成本获取利润；2.按土地整理后出让土地款溢价部分获取分成利润。	物业资产销售、出租的收入和利润。
主要参与企业类型	以国企开发平台公司为主，如张江高科等；依托政策和资源优势，更容易获得一级开发机会。	各类产业园区开发运营商均可参与。

资料来源：兴业研究

2.自持运营收益

自持运营收益主要包括物业出租和物业管理服务获得的租金、物业费，收益情况是园区运营商综合运营能力的体现。相对于物业销售收入，自持收入具有长期性，是存量市场的可靠收入来源。以租金为例，通过招商、运营能力的提升，提高园区入驻率和租金水平，获取稳定租金收益，回收前期资金投入。

（二）产业增值收益

产业增值收益依托园区产业和企业，通过提供产业服务或直接进行企业股权投资，获取增值收益。主要包括产业投资收益和产业服务收益两部分。

1.产业投资收益

产业投资收益是指园区开发运营商通过旗下产业投资机构（PE、VC、天使基金等）直接对园区内高成长性企业开展股权投资或项目投资，随企业成长可获得长期收益。园区运营商通过投资园区企业和产业项目，往往对被投资企业有较强话语权，便于打造产业集群、形成产业IP，对园区产业引入和产业链打造更具优势。

2.产业服务收益

产业服务收益是指园区运营商通过建立服务平台或引进中介服务机构，为园区入驻企业提供工商注册、融资、人力资源、技术支持、法律咨询等产业服务，并从中收取服务费、佣金的收益模式。

对于国有园区平台公司，依托资源和资金优势，可自建公共服务平台，为园区企业和人才提供政府和市场全方位的综合服务。

对于民营或规模较小的园区运营商，往往倾向于从外部引进中介服务机构，满足园区企业的个性化服务需求。

（三）资产退出收益

部分园区运营主体在园区运营一定时间后，会选择资产退出，实现资产盘活和前期投入资金的回流。资产退出的收益主要来自资产的增值，通过高效的招商、运营管理提升园区的租金收益水平，进而提高资产的退出估值，实现资产增值收益。资产退出的方式通常包括：股权转让、发行公募REITs等。详见后文"退出机制"章节内容。

（四）盈利模式对比

将三大类、六小类盈利模式进行对比，包括回报周期、回报率、体量，并作出综合盈利能力的判断。二级开发销售收益、产业投资收益和资产退出收益模式具有较强的综合盈利能力；产业服务目前并未发展成熟，且运营商往往通过降低服务费用甚至无偿服务的方式来提升客户体验和园区入驻率，盈利能力暂时较弱；自持运营回报周期较长，回报率相对较低，要求运营商具有较好的运营能力，综合盈利能力较弱。

表1-7　产业园区盈利模式对比

盈利模式		收入来源	回报周期	回报率	体量	综合盈利能力
开发运营收益	一级开发收益	按照投入成本的一定比例给予利润，根据土地整理后出让的土地款溢价部分获取分成利润。	短	中	中	中等
	二级开发销售收益	物业资产销售收入和利润。	短	中	大	强
	自持运营收益	物业出租和物业管理服务获得租金、物业费收入。	长	低	中	弱
产业增值收益	产业投资收益	通过股权投资或项目投资，随企业成长获得长期投资收益。	长	高	中	强
	产业服务收益	为园区企业提供综合服务，从中收取服务费、佣金。	短	低	小	弱
资产退出收益		通过招商、运营管理提升资产价值，退出后获得增值收益。	长	高	大	强

资料来源：兴业研究

二、开发运营模式

产业园区开发运营模式，通常与盈利模式的选择相关，开发商结合自身特点选择一种或几种盈利模式作为主要业务，形成其开发运营模式。根据所选盈利模式以及业务所处的开发阶段，我们将产业园区的开发运营模式分为四大类，即一二级联动开发、开发+销售/自持运营、收并购+运营提升+退出和轻资产模式。为分散经营风险，园区开发主体通常并不局限于一种模式选择，可结合企业自身特点、市场情况以及项目特点等因素，进行多种运营模式的组合。另外，考虑到产业增值的收益并非由园区物业开发运营直接产生，产业增值不作为单独的开发运营模式。

（一）一二级联动开发

一二级联动开发是指土地前期整理和后期出让联动进行，即一级开发的企业参与甚至主导二级开发，并以较大机会获得土地而进行二级开发建设。一二级联动开发企业通常以政府开发平台公司为主，依托政策和资源优势，政府平台公司以城市某一片区为开发目标，负责前期土地整理、基础设施建设以及后期片区开发和经营，推动区域和城市的产业经济发展。

部分民企也选择参与到一二级联动开发中，通过与政府建立PPP合作模式，参与到产业新城的开发和运营中。

以A公司为例，分析一二级联动开发模式。A公司由中国、新加坡两国政府于1994年合作设立，是S市工业园区开发主体，于2019年在上交所上市（上市前剥离开发销售业务）。A公司以园区开发运营为主板块、产业投资和绿色公用为辅助板块，园区开发运营业务主要集中在江苏和安徽两地。

对A公司主营业收入构成进行分析（A公司2021年调整了主营业务划分，将业务类型合并为园区开发运营和绿色公用两部分，其中园区开发运营包含土地一级开发、房地产开发与经营等业务，但未披露具体营收组成，因此暂用2020年数据），A公司2020年主营业收入合计34.14亿元，其中土地一级开发业务收入20.11亿元，占比达58.90%，是A公司营收最大的业务类型。房地产开发与经营业务占比达12.73%，仅次于土地一级开发业务和市政公用业务，主要是园区配套房产租赁收入（2019年剥离了销售业务）。土地一级开发和房地产开发与经营业务的收入合计24.45亿元，占比高达72.00%，体现了A公司一二级联动开发的特点和业务优势。

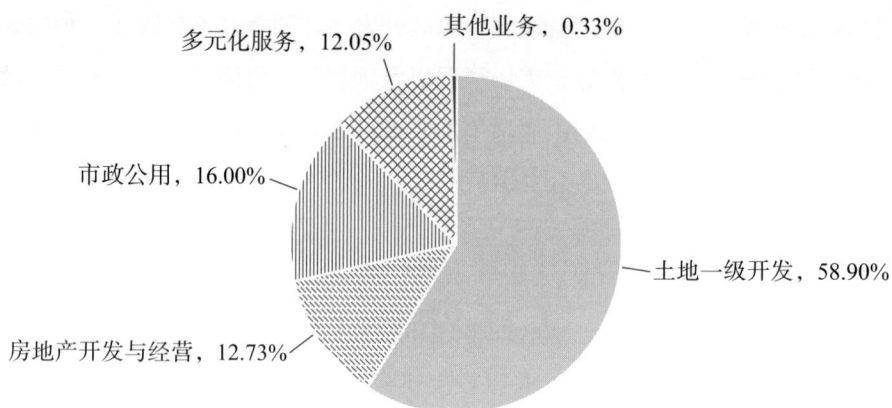

图1-16　A公司主营业收入构成

资料来源：A公司2020年报，兴业研究

A公司2020年毛利润21.92亿元，其中土地一级开发业务占比最高，达到76.08%，房地产开发与经营业务次之。土地一级开发业务和房地产开发与经营业务的毛利润合计18.51亿元，总占比接近85.00%。在A公司主要业务类型中，土地一级开发业务毛利率达到82.92%，远高于其他业务类型。

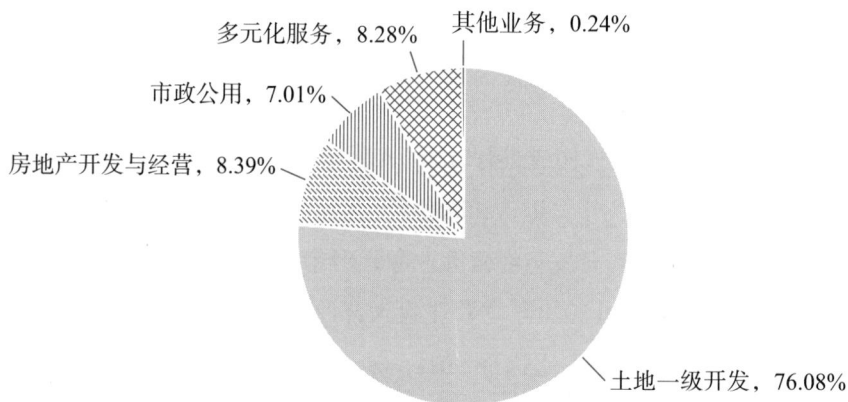

图1-17　A公司毛利润构成

资料来源：A公司2020年报，兴业研究

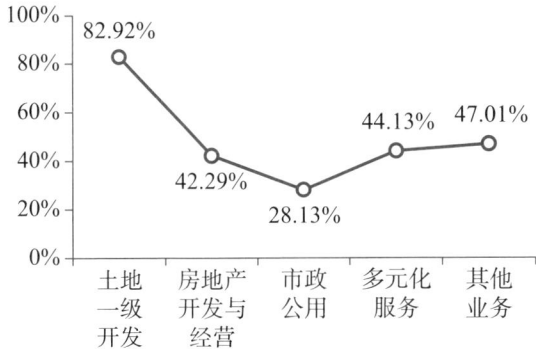

图1-18 A公司不同业务毛利率对比

资料来源：A公司2020年报，兴业研究

对比A公司2017年至2021年各业务类型的营收占比可知（2021年未披露土地一级开发和多元化服务的营收数据，但可计算出两者之和；为反映占比的变化趋势，假定2021年两类业务营收比值与2020年保持一致，估算出这两类业务的2021年营收数据），随着2019年上市前房产销售业务的剥离，房地产开发与经营销售收入占比从2019年峰值的57.92%降至2020年和2021年的0%。与之相反，自2020年起土地一级开发业务的营收占比均超过50.00%，而房地产租赁业务营收占比也呈现逐年增加的趋势。依托于土地和政策资源，预计一二级联动模式将继续为A公司带来营收的增长。

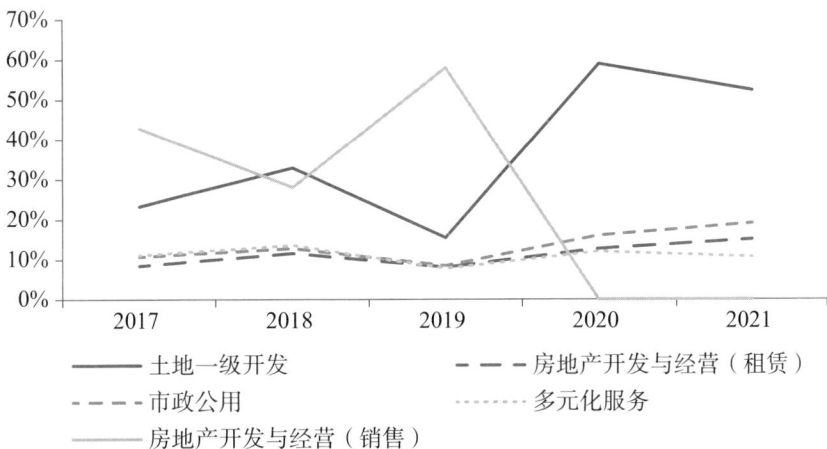

图1-19 A公司2017—2021年各业务类型营收占比的变化

资料来源：A公司年报，兴业研究

（二）开发+销售/自持运营

开发+销售/自持运营的模式，是产业园区开发运营的传统模式。园区开发主体通过土地招拍挂或收并购的方式取得土地或者存量物业资产，通过园区开发销售、自持运营实现收入。区别于一二级联动模式对土地资源、政策的依赖，开发+销售/自持运营模式门槛相对较低，各类园区开发主体均可参与。该模式的参与者既包括传统的产业园区开发商，也包括产业实体企业。

1. 产业园区开发商

产业园区开发商是专注于产业园区开发运营、具有专业招商和运营管理团队的园区开发主体，既有深耕园区开发的企业，也有传统地产开发商参与者。我们以深耕园区开发的B公司为案例，分析园区开发+销售/自持运营的模式。

B公司创立于1991年，是中国产业园区专业的民营运营商，在园区开发运营领域已形成较好品牌效应，目前在全国76座城市投资运营产业园区超过370个，引进、服务新兴制造业和科技型企业超过15000家。近2年B公司园区规模增长迅速，2021年其进入城市和园区数量相比2019年分别增加了90%和85%。

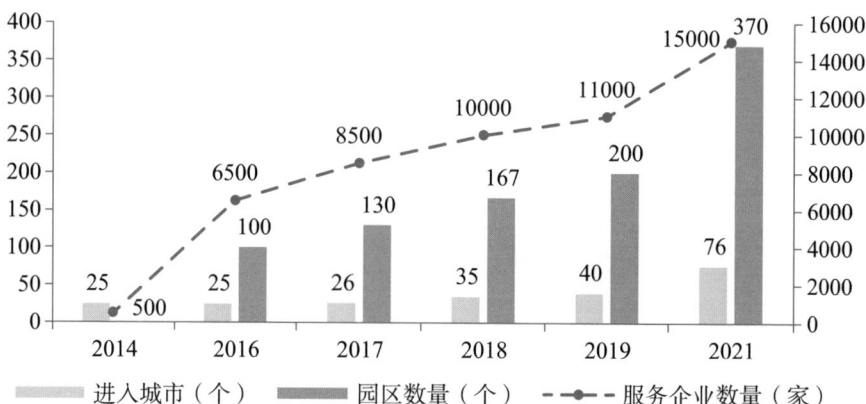

图1-20　B公司2014—2021年（部分年份）产业园区规模增长

资料来源：《2019中国产城运营商30强白皮书》，B公司官网，兴业研究

战略布局上，B公司聚焦一、二线城市存量资产改造，三、四线城市产业

转移机会。受新增供地规划指标的约束，一、二线城市加快对存量物业的盘活，提升土地的利用效率；以此为契机，B公司开始布局存量资产改造业务。对于部分承接了重要产业转移需求的三、四线城市，B公司择优进行项目布局。

盈利模式上，B公司采用"6+2+2"（60%出售、20%租赁、20%合作经营）和"4+3+3"（40%出售、30%租赁、30%合作经营）两种模式。通过开发+销售/自持运营的运营模式，兼顾了开发销售和租赁两部分的盈利方式，并对不同城市形成差异化运营：一线城市由于受到销售比例的限制，出售比例设置相对更低。其中，较高的出售占比可缩短资金回笼周期，有利于现金流安全。除销售和租赁收入外，政府税收分成和产业服务也是盈利组成部分。

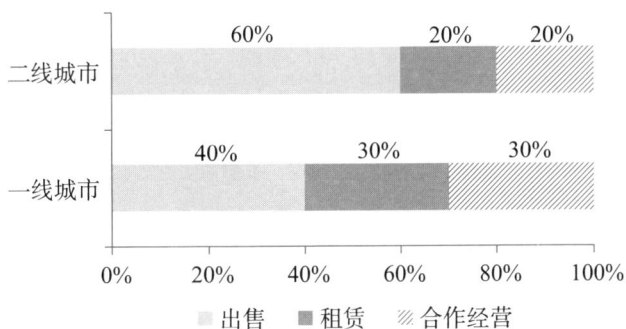

图1-21　B公司盈利模式

资料来源：《2019中国产城运营商30强白皮书》，B公司官网，兴业研究

产品体系上，B公司打造了三大产品类型，包括生产制造园区、研发科技园和总部商务园，满足不同的企业需求。根据产业定位、目标客群打造产品，涵盖工业厂房、中试研发楼、总部办公楼宇等多物业形态，提供多场景下的出售或租赁需求。

2.产业实体企业

对于规模大、有资金实力的产业实体企业，往往依托自身的产业链资源，自主拿地、自建园区并运营，成为产业园区开发运营的重要力量。实体企业主导的园区既包括传统的制造业型园区，又包括伴随互联网发展形成的"互联网+园区平台"。

实体企业开发运营园区的优势在于产业链上下游资源。以某电器生产企业的产业园为例，在广东省珠海市、湖北省武汉市、安徽省合肥市等全国多地自主打造智能制造产业园区，依托其在家电制造领域的地位和技术优势，吸引上下游企业入驻并快速形成产业聚集。优质实体企业的产业聚集能力，在推动产业发展的同时，也能获得更多政府的园区政策优惠支持。

（三）收并购＋运营提升＋退出

"收并购＋运营提升＋退出"的模式主要针对不动产投资管理公司等金融机构。该模式通过收并购方式获取存量园区资产，凭借出色的招商、运营管理能力对园区进行价值提升，并最终通过REITs等方式资产退出，实现超额投资收益。以C公司投资的上海Z园区为例，介绍收并购＋运营提升＋退出的开发运营模式。

C公司是专业的产业投资基金管理人与不动产投资管理平台，对投资项目进行前期定位、设计、工程建设、招商、销售、运营的全流程管理，整合打通"募、投、管、退"闭环。C公司累计资产管理规模超过1270亿元，成功退出超过810亿元投资、逾120个项目。

2016年12月，C公司联合上海某国企发起私募并购基金收购了位于上海的Z园区项目。经过4年运营提升，2021年6月，以Z园区为底层资产的公募REITs正式发行上市，实现资产的退出盘活。

表1-8　Z园区基本情况（REITs上市前）

园区	位置	建筑面积（平方米）	业态	产业类型	完工日期	租金水平（元/平文米/天）	出租率
Z园区	上海	50947	园区办公	集成电路、先进制造业、在线经济、金融科技及产业服务配套等	一期：2014年2月 二期：2016年12月	5.19	99.51%

资料来源：Z园区REIT招募说明书，兴业研究

（四）轻资产模式

轻资产模式也是产业园区开发运营的重要分支，所谓轻资产是相对于重资产而言：传统园区开发前期拿地或建设资金投入大，而轻资产运营商并非园区物业资产的持有者，资金的投入和沉淀量相对小。

当前产业园区的轻资产运营模式有多种类型，且存在于园区开发和运营过程中的各环节，包括园区代建、受托招商运营、承租运营（二房东）和园区服务代理等方式：其中园区代建方式仅参与前期的建设阶段，而受托招商运营和园区服务代理方法以管理和服务输出为主，对园区控制力较弱，很难作为单一的运营模式支撑运营商持续发展（通常需要与重资产模式结合）。因此，本节主要针对承租运营（二房东）的轻资产模式进行案例分析，"二房东"模式虽不直接持有园区物业，但盈利模式决定了其需以园区主体视角进行招商和运营管理，实现租金和收益的最大化。

表 1-9　轻资产模式类型

类型	特　征
园区代建	针对园区物业建设提供代建业务，收取代建管理费；相比传统房地产代建业务，园区代建更加复杂、专业化要求更高（满足不同产业入驻的个性化需求）。
受托招商运营	以管理输出为导向，为园区物业持有者提供招商、运营管理等业务并收取相应委托费用；打造专业的招商运营管理团队，并以品牌输出形成规模。
承租运营（二房东）	"二房东"模式，通过低价从物业持有者手中承租园区，改造提升后对外出租给入驻企业，以赚取租金的增值为主要收入来源；前期存在物业改造成本的投入，也可称作"中资产模式"；存量资产盘活的方式之一。
园区服务代理	为园区运营方提供服务体系或服务平台的搭建，收取服务代理费用。

资料来源：兴业研究

1. 典型企业

以D公司为例，分析轻资产运营模式的特征。D公司是国内成立较早的文化创意产业园区运营服务商，通过对既有建筑重新定位、更新改造，为文科创企业提供办公环境和专业化服务，已于2021年2月在创业板上市。D公司目前运营管理的文化创意产业园区57个，管理面积约100.16万平方米，业务范围涵盖国内主要一、二线城市和意大利、美国等海外区域。

自2017年起，D公司的营业收入总体呈逐年递增的趋势（除2020年受新冠疫情暴发影响外），到2021年总营业收入达到9.55亿元。D公司营业收入包括租赁服务和会员及其他服务两部分，其中租赁服务收入主要指租金收入，会员及其他服务包括物业及增值服务、设计改造服务、工程管理服务、招商服务及运营管理服务等。D公司近5年营业收入中租金收入占比始终大于80%（稳定在81%左右），体现了其作为"二房东"的承租运营模式具有较好的稳定性。

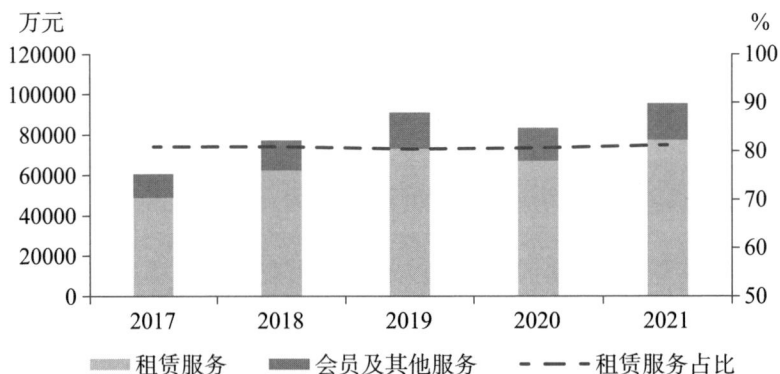

图1-23　D公司2017—2021年营业收入组成

资料来源：D公司年报，兴业研究

2. 典型园区

以D公司位于上海市的Y园区为案例，分析轻资产运营园区的特点。Y园区原为上海某国企研究所办公场所，经D公司改造后于2010年4月投入运营。

表 1–10　Y 园区基本情况

条目	内　　容
园区名称	Y 园区
项目地址	上海市
物业出租方	上海某国企研究所
物业产权方	上海某国企研究所
租赁期限	180 个月（15 年）
可供租赁面积	约 1.9 万平方米
投入运营时间	2010 年 4 月
入驻企业类型	互联网、设计、广告类企业

资料来源：D 公司招股说明书，兴业研究

　　Y 园区前期改造成本的回收周期 3.21 年，回收周期较短，反映了园区较好的经营性现金流表现。受新冠疫情影响，2020 年租金水平和出租率同比分别降低 17.38% 和 20.93%，反映了"二房东"模式的潜在不稳定性，受出租市场环境影响较大。上游租金指承租方支付给园区产权方的租金，Y 园区上游租金占租金收入比例为 50%，即在对园区物业升级改造、重新招商运营后，园区实现了租金翻倍（相比承租租金），运营商良好的招商和运营能力为园区的出租价值带来明显提升，实现对存量资产运营效率的盘活。

表 1–11　Y 园区经营状况

园区	改造成本（万元）	税前回收周期（年）	租金水平（元/平方米/天）			上游租金/租金收入	出租率			平均毛利率（2018—2020）
			2018	2019	2020		2018	2019	2020	
Y 园区	3791.42	3.21	5.37	5.58	4.61	50%	99%	86%	68%	45.10%

　　注：1. 税前回收周期 = 改造成本 / 税前净现金流量，其中税前净现金流量 = 经营活动现金流量 + 所得税费用。2. 上游租金占租金收入比例，因未公布具体园区数值，暂列 D 公司所有运营园区总体比例。3. 2020 年数据采用 1—6 月份披露数据，全年数据未公开

　　资料来源：D 公司招股说明书，兴业研究

3.轻、重模式财务特征差异

选取轻资产、重资产模式的园区开发运营商样本，对比轻、重模式的财务特征。轻资产模式以D公司、E公司和F公司为样本企业，其中D公司和E公司是轻资产模式发展较成熟、规模相对较大的企业，而F公司是近几年迅速扩张的运营商代表。重资产模式以一二级联动开发模式为主导的A公司、G公司和H公司为样本企业，以减少重资产企业存在轻资产业务的影响。

在样本的对比范围内，轻、重模式企业财务特征存在明显差异：（1）重资产企业总资产绝对值明显高于轻资产企业；（2）重资产投入与总资产比值：我们定义重资产投入衡量企业资产轻、重的程度（重资产投入=固定资产+投资性房地产+在建工程+长期待摊费用+存货），重资产企业的重资产投入与总资产的比值明显高于轻资产企业，其中比值最高的H公司达到80.55%，而比值最低的D公司仅为9.66%；（3）轻、重模式企业营业收入与总资产的比值差异不明显，轻资产对应比值总体略高。

表1–12　轻、重模式财务特征对比

模式	企业名称	总资产（亿元）	重资产投入（亿元）	营业收入（亿元）	重资产投入／总资产		营业收入／总资产
轻资产	D公司	50.42	4.87	9.55	9.66%	均值17.43%	18.94%
	E公司	53.57	7.27	9.09	13.57%		16.97%
	F公司	8.43	2.45	1.58	29.06%		18.74%
重资产	A公司	294.30	176.00	39.17	59.80%	均值66.88%	13.31%
	G公司	372.51	224.57	20.97	60.29%		5.63%
	H公司	492.65	396.82	62.72	80.55%		12.73%

资料来源：企业年报，兴业研究

"二房东"轻资产模式虽然资金投入较小、易于复制和拓展，但存在以下风险点值得警惕：（1）对出租市场环境依赖度过高，遭遇新冠疫情等不确定因素冲击时，将面临较大经营风险；（2）无园区物业产权，面临上游物业产权人租金上调和违约收回租赁权的风险；（3）无法通过物业抵押方式获得贷款，融资渠道受限；（4）相比重资产模式，对入驻园区企业的掌控力较弱，更适合商务办公、文科创产业等第三产业园区。

三、退出机制

产业园区的资产退出是园区开发运营商实现资产盘活、资金回流的有效途径，也是园区盈利模式之一。园区主体可通过退出实现资产增值的收益，而部分运营商旗下园区的运营效率和收益水平低下，亦可通过退出回收前期投入成本并及时止损。产业园区的退出方法主要包括三类，即整体股权转让、私募基金持有和发行公募REITs。

（一）整体股权转让

整体股权转让是指通过大宗资产股权交易方式，实现园区资产的整体退出。整体股权转让可分为主动转让和被动转让：主动转让通常是运营商通过一段时间运营提升了园区出租率、租金水平从而实现资产增值，通过转让获取增值收益；被动转让多见于经营不善、入驻率低的低效园区，园区主体对园区整体出售变现。

以2022年8月媒体公开发布的产业园区收购案例，进行园区转让分析。8月11日某投资机构与其合作伙伴以2.68亿元人民币作价收购某房企位于上海张江的生命科学研发产业园M园区，折合单位建面收购价约3万元/m²（企查查显示项目公司已完成股东变更）。本次收购前，该项目已经过两轮股权转让：（1）2019年11月完成第二次转让（据报道，单位建面收购价在2万—2.5万元/m²之间，本文暂以2万元/m²预估）；（2）2017年12月，完成第一次转让（折合单位建面收购价约1.6万元/m²）。随着园区自身价值的提升，收购价也逐次明显递增，在不考虑改造和装修成本前提下，本次收购价相比上次收购价增值50%，年化增值率达到15.6%。

表1-13 M园区基本情况

园区	占地面积（m²）	总建筑面积（m²）	业态	入市时间	出售方	收购方	交易对价
M园区	6458	8940	制药研发实验室，办公楼	2020.4	某房企	某投资机构	2.68亿元

资料来源：媒体公开资料数据，兴业研究

表1-14 M园区历次转让及收益测算

第一次转让		第二次转让		本次转让（第三次）			
时间	单位建面收购价（万元/m²）	时间	单位建面收购价（万元/m²）	时间	单位建面收购价（万元/m²）	增值率（相比第二次）	年化增值率（相比第二次）
2017.12	1.6	2019.11	2.0	2022.8	3.0	50.0%	15.6%

注：1.假定第二次转让单位建面收购价为2万元/m²；2.收益测算暂不考虑改造、装修投入成本

资料来源：公开资料数据，兴业研究

（二）私募基金持有

私募基金持有的退出方式，是指园区运营到特定阶段后（通常出租率和租金回报率需达到一定要求），运营商通过成立地产私募基金，收购其园区物业资产，并继续负责园区的运营管理工作，以基金发起人和管理人身份收取管理费用和业绩提成。通过成立私募基金收购自身园区资产的方式，开发运营商可快速回收资金并进行新项目的扩张投入，提高项目周转效率。

目前采用私募基金持有方式的运营商以资产管理机构为主，其中某物流地产企业已成熟运用该模式于物流地产并取得迅速发展。

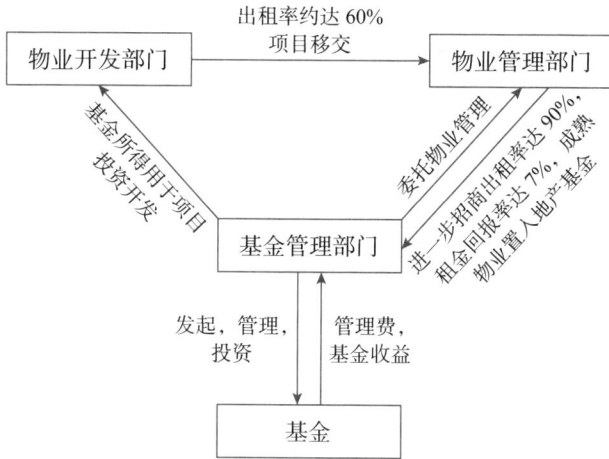

图 1-24　某物流地产企业基金操作模式

资料来源：兴业研究

（三）发行公募 REITs

2021 年以来，我国基础设施公募 REITs 试点工作加速推进，为存量资产盘活提供了有效途径。通过发行公募 REITs，园区运营商可以实现资金的回流，开展进一步投资。截至 2023 年 6 月 19 日，基础设施公募 REITs 已发行上市 27 只，其中以产业园区为底层资产类型的共 8 只，分别为：东吴苏州工业园区产业园 REIT、华安张江光大园 REIT、建信中关村产业园 REIT、博时招商蛇口产业园 REIT、华夏合肥高新产园 REIT、国泰君安临港创新产业园 REIT、国泰君安东久新经济 REIT、华夏和达高科 REIT。

表 1-15　部分已上市（2021 年）产业园区基础设施公募 REITs

科目	东吴苏州工业园区产业园 REIT	博时招商蛇口产业园 REIT	华安张江光大园 REIT	建信中关村产业园 REIT
原始权益人	苏州工业园区建屋产业园开发有限公司，苏州工业园区科技发展有限公司	招商局蛇口工业区控股股份有限公司	光控安石（北京）投资管理有限公司，上海光全投资中心（有限合伙）	北京中关村软件园发展有限责任公司

科目	东吴苏州工业园区产业园 REIT	博时招商蛇口产业园 REIT	华安张江光大园 REIT	建信中关村产业园 REIT
基金管理人	东吴基金	博时基金	华安基金	建信基金
存续期	40 年	50 年	20 年	45 年
合同生效日	2021/6/7	2021/6/7	2021/6/7	2021/12/3
发行规模	34.92 亿元	20.79 亿元	14.95 亿元	28.80 亿元
发行价格	3.880 元 / 份	2.310 元 / 份	2.990 元 / 份	3.200 元 / 份
底层资产	苏州工业园区的国际科技园五期 B 区项目和 2.5 产业园一期、二期项目	深圳蛇口网谷产业园区的万海大厦和万融大厦	上海张江光大园项目	北京中关村软件园的孵化加速器项目、互联网创新中心 5 号楼项目和协同中心 4 号楼项目
项目公司	苏州工业园区艾派科项目管理有限公司，苏州工业园区科智商业管理有限公司	深圳市万融大厦管理有限公司，深圳市万海大厦管理有限公司	上海中京电子标签集成技术有限公司	北京中发展壹号科技服务有限责任公司

资料来源：Wind，兴业研究

　　以华安张江光大园 REITs 为案例，分析产业园区公募 REITs 的退出模式。对比 REITs 上市前（2017 年至 2020 年）项目公司经营情况可知，园区平均租金水平相对稳定，保持在 5.10—5.25 元/天/平方米之间。除 2018 年因调整租户结构导致出租率阶段性下滑外，整体出租率保持较高水平，2020 年底出租率达到 99.51%。虽然发行 REITs 是有效退出路径，但对项目本身要求较高，运营商需通过管理提升实现园区的高出租率和稳定现金流。

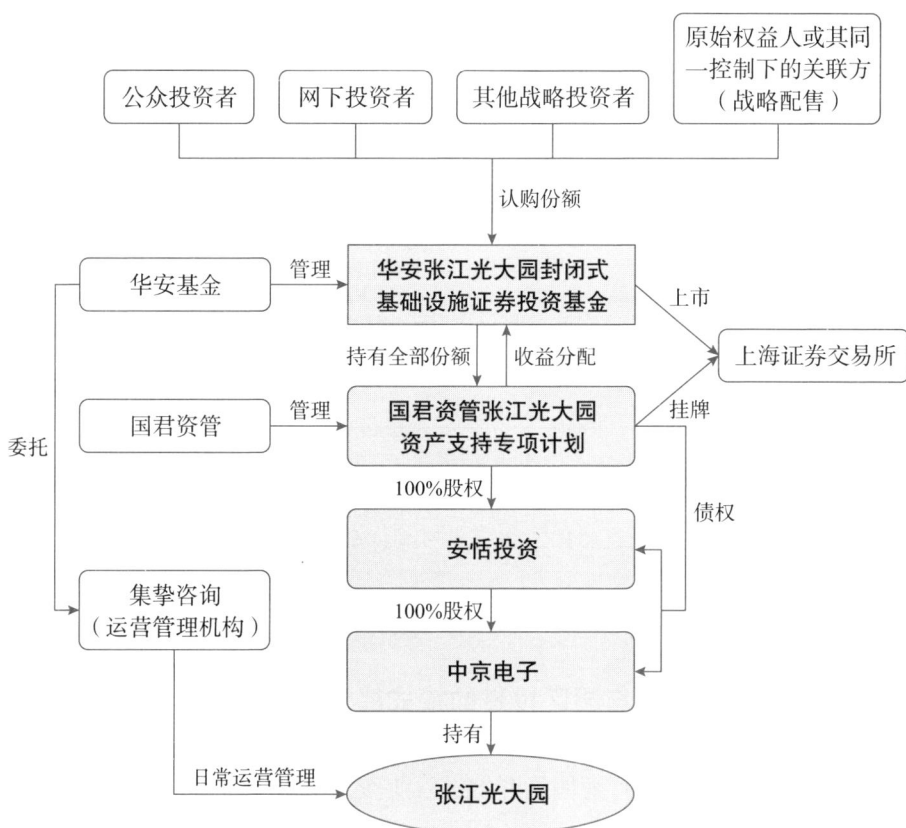

图1-25 华安张江光大园REIT上市时基金架构图

资料来源：华安张江光大园REIT招募说明书，兴业研究

表1-16 项目公司2017—2020年经营情况

年份	营业收入（万元）	净利润（万元）	经营性活动现金流净额（万元）	租金收入（万元）	平均租金水平（元/天/平方米）	出租率
2017	7079.20	1172.97	5430.80	5832.91	5.12	96.29%
2018	8074.18	1664.32	4850.93	6664.48	5.16	74.10%
2019	7391.51	−1614.48	2743.22	6042.86	5.23	97.40%
2020	8243.87	335.78	6633.23	6705.51	5.19	99.51%

资料来源：华安张江光大园REIT招募说明书，兴业研究

上海张江光大园发行REITs上市前，原始权益人于2016年12月收购获得底层资产，该资产2021年6月REITs上市的交易对价为14.95亿元，相比初始收购价资产增值比例达到116.4%，年化增值率17.8%，体现了园区资产较高的成长性和增值潜力。

表1-17　上海张江光大园REITs上市后原始权益人收益测算

收购价 （2016年12月）	资产评估价值 （2020年12月）	REITs发行总价 （2021年6月）	退出 增值	增值 比例	年化 增值率
6.91亿元	14.70亿元	14.95亿元	8.04亿元	116.4%	17.8%

注：收购价为估算值；原始权益人在2016年12月通过私募基金方式收购底层资产，根据私募基金规模及持股比例计算出收购价值

资料来源：华安张江光大园REIT招募说明书，项目原股东2016年12月企业公告，兴业研究

四、商业银行参与园区投资的模式建议

商业银行过往参与产业园区开发运营业务，主要以债权方式进行，涵盖园区开发和运营的各个阶段，包括为开发主体和园区企业提供开发贷、并购贷、前期拆改贷款、经营贷款、技术改造贷款和工业厂房按揭贷款等。目前商业银行较少参与园区开发运营的股权类投资，以股东的方式获取投资收益。一方面，产业园区的投资回报周期较长，尤其是自持运营类园区；另一方面，产业园区的收益水平相比传统地产开发销售较低，不同园区的收益能力差异较大，如何寻找到优质园区进行精准投资是面临的考验。

从前文园区案例M园区和REITs底层资产的退出收益分析可知，当园区物业资产具有较强的升值潜力、较高的运营效率和租金水平时，园区投资能够获得较高的收益回报。本节主要探讨商业银行参与园区投资的模式选择。

（1）寻找合作是商业银行参与园区投资的切入点

商业银行作为传统金融机构，对于产业园区的开发和运营管理缺乏专业团队和管理机制，因此通过寻找优秀的园区开发运营商进行投资合作，可以

进行优劣势互补，专业的园区开发运营商可以保证园区招商、运营管理的质量，而商业银行的资金优势将为园区开发运营提供金融支持。同时，通过合作，也能降低单个主体的资金投入，共担和分散风险。

合作方的选取，重点关注招商、运营能力较强的运营商以及具有丰富园区管理经验的不动产投资管理公司。通过与合作方建立战略合作关系，形成跨城市、跨项目的合作机制，选择合作方具有品牌、招商运营优势的区位择优介入。

（2）开发运营模式的选择，建议采取"收并购+运营提升+退出"模式

前文所述的四种开发运营模式，结合商业银行的特点，我们建议优先采用"收并购+运营提升+退出"模式：收并购与退出的结合可以有效缩短资金投入期限，更好地匹配商业银行的资金；同时，该模式下不同收并购、退出方式的组合，为商业银行参与园区投资提供了更多的方式与机会选择。对于另外三种模式：（1）"一二级联动开发"模式，对政府的土地和政策资源较依赖，开发主体以国企开发平台公司为主，且通常长期持有，商业银行较难以股权方式进入；（2）"开发+销售/自持运营"模式，若园区盈利模式以销售为主，将面临一、二线城市对于工业用地物业分割销售转让限制的约束，若以拿地自建的方式开发则面临开发和回报周期长的限制；（3）"轻资产"模式因不持有园区物业，对出租市场环境和上游业主依赖度过高，经营风险相对较大，资产规模和收益规模小。因此，建议通过"收并购+运营提升+退出"的模式，选定优质投资标的进行收并购，定向改造后较短时间内实现园区重新面市，并通过高效运营提升园区价值和租金收益水平，寻找合适机会进行整体股权转让或发行公募REITs退出，获取资产增值的收益。

产业园区、产业集群与强链补链

一、产业园区、产业集群与强链补链

产业集群对于促进技术创新、增强竞争力具有显著的推动作用，许多省份（自治区、直辖市）将培育产业集群作为推进区域经济发展的重要方式。下文简要探讨产业园区、产业集群与强链补链的关系。

（一）产业集群的定义与经济学成因

产业集群是一组在地理上彼此靠近的相互联系的公司与关联机构，同处或与一个特定产业相关，由于具有相似性或互补性而联系在一起。产业集群内各行为主体的联系和互动会在区域中产生正的外部性，从而降低成本，并在行为主体相互信任和合作的学习氛围中促进技术创新。

产业集群发展具有内在的经济学成因。

产业集群可以形成规模优势，相对单一企业可以有效分摊基础设施建设、品牌宣传等软硬成本。产业集群在垂直方向上延伸至销售渠道和客户，水平方向上延伸至中间产品的制造商以及大学、贸易机构等，使得集群内的企业能够更便利地获得原材料、中间产品和市场，并进一步降低在运输、信息搜索、产品销售等方面产生的交易成本。此外，集群内的企业拥有更强的市场竞争力。企业组成的集群在外部市场上能够打出共同的区域名声，对比单个企业具有更强的竞争力。

产业集群有利于促进企业间分工，加快要素流动与技术扩散。集群内中小企业之间进行协作，各自在细分领域内进行生产，能够扩大专业化分工并提高效率，降低平均成本。产业集群不仅是企业的经营地点，更是企业的互动地点，产业集群内，专业知识、技术和劳动力市场共享更容易发生传递、流动和扩散，为企业学习新技术创造机会，促进技术创新。

（二）产业园区与产业集群

产业园区是企业发展生产的外在硬环境，而产业集群偏重于产业内经济主体之间的软环境。随着理论与社会的发展，高质量的产业园区愈加需要发展产业集群，产业集群需要高管理水平的产业园区支持，产业园区和产业集群之间相辅相成。

1.产业园区的定义

产业园区是许多企业聚集的区域，该区域具有特殊的区位条件，经过细分和开发之后，供一些企业同时使用，以利于企业的地理临近和共享基础设施。其形成原因可能是政府为发展区域经济而划定一块区域，给予政策优惠，鼓励企业入驻而形成，或是企业基于该区域的某种要素禀赋优势自发聚集后，政府进行政策引导形成。

2.产业园区与产业集群的异同

第一，产业园区和产业集群的成因不同。

产业园区为地理概念，产业集群为经济概念。从发展历史来看，产业园区主要依靠外力驱动，而产业集群的形成发展是内力驱动。

产业园区的外力驱动体现在其需要政府或园区开发公司的规划和建设。产业园区的选址、开发建设、招商引资等都需要外部力量的投入，需要政府或其他机构对产业园区的高效运作和服务提供支持。

产业集群的内力驱动体现在产业集群具有内在经济效应。产业集群的规模效应与企业间分工能有效地降低企业成本，并有助于产生创新、协作与竞争交织的良性关系，提升产业集群内企业整体利润率与增强竞争力。产业集群的经济性是产业集群形成的动力。企业间既存在投入产出联系，又存在信息和知识的联系，企业在竞争的同时，也通过交流合作相互学习技术和知识，产生创新、协作与竞争交织的良性关系，从社区网络逐渐发展为产业集群。

第二，产业园区和产业集群间无必然关联，但可以发生转化。

企业在地理位置上的集中和公共产品的共享并不必然产生产业集群，地理上较为松散、并不集中在园区内的企业也可能形成集群。例如，部分产业园区定位为综合性园区，在选择入驻企业时缺乏明确的发展规划和认识，存在许多硬性嵌入园区的独立企业，出现"集而不群"的现象，而园区如果缺乏产业关联和主体间互动，就只能是不同企业的堆积而非产业集群。与之相对的部分产业集群可以自发形成，例如硅谷的计算机与互联网集群即是在丰富的信息和知识联系条件下形成的，当地政府并没有对此进行特别的规划，也没有"硅谷产业园"这一说法。

不过，产业园区与产业集群之间可以发生转化。园区能为产业集群的产生提供有利条件，使园区及其周边出现产业集群；而产业集群带来的规模效应可以通过建立园区来进一步增强。

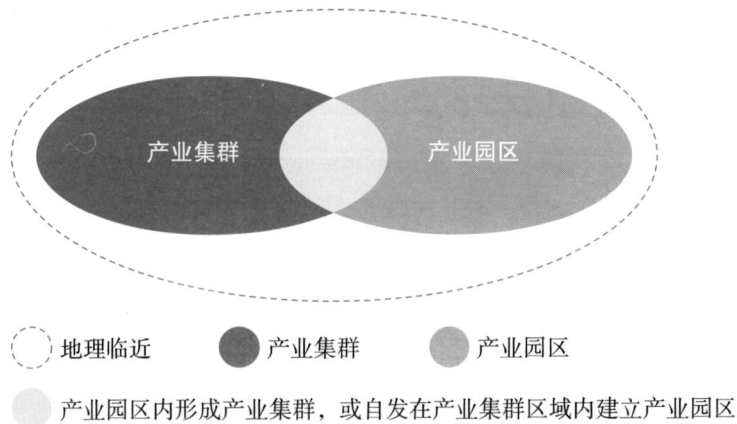

地理临近　　产业集群　　产业园区

产业园区内形成产业集群，或自发在产业集群区域内建立产业园区

图1-26　产业园区和产业集群关系图

资料来源：兴业研究

（三）产业链的强链补链

产业链的强链，即发展产业链上的强势环节，锻造长板，培育更多细分领域头部企业，巩固提升优势产业的领先地位，成为全球供应链体系中不可

或缺的组成部分；产业链的补链，即发展产业链上较为弱势的环节，尤其是对外依赖度较高的产业环节和关键领域，补足短板，在重点领域和节点构建自主可控、安全可靠的国内生产供应体系，在关键时刻可以做到自主循环。

发展产业集群有助于强链补链：第一，在产业链面临冲击时，需要在更大的空间范围内协调上下游企业行动，而同一集群内的企业在信息沟通、物流等方面更具优势，有助于提升产业链的稳定性。第二，产业集群内部存在信息和知识联系，企业自觉发展合作关系，集中研究力量协同创新，有利于更快形成突破，促进产业链进一步补强。

强链补链是产业集群内生经济内涵的进一步延伸；产业分工的经济性形成产业链的外在结构，强链补链则是在此基础上进一步的资源与要素配置优化。在锻长板，补短板的过程中，关键产业内的龙头企业要发挥其在技术、知识产权、品牌影响力、市场占有率方面存在的优势，提高自身在全球产业链中的位置；中小企业是产业发展的根基，鼓励中小企业进入各细分领域，深化专业化分工程度，专注创新；适当地推动产业的地理集中，可以加强以企业为主体的协同创新，为产业集群的形成提供有利条件。

二、现有产业集群政策

（一）国家层面产业集群政策

近年来，党中央、国务院高度重视产业集群发展。2017年党的十九大首次提出培育发展先进制造业集群。2018年中央经济工作会议提出促进新产业集群的形成和发展。2020年"十四五"规划建议中提出推动先进制造业集群发展，构建战略性新兴产业增长引擎。2021年"十四五"规划纲要强调产业集群在地区发展中的作用。2022年政府工作报告中继续强调发展先进制造业集群和实施战略性新兴产业集群工程。

表 1-18　国家层面产业集群政策

时间	来源	内　容
2017 年 10 月	党的十九大报告	促进我国产业迈向全球价值链中高端，培育若干世界级先进制造业集群。这是国家层面首次提出要培育发展先进制造业集群，并对先进制造业集群的发展目标做了部署。
2018 年 12 月	中央经济工作会议	稳步推进企业优胜劣汰，制定退出实施办法，促进新技术、新组织形式、新产业集群的形成和发展。
2019 年 5 月	中央政治局会议	紧扣"一体化"和"高质量"两个关键，带动整个长江经济带和华东地区发展，形成高质量发展的区域集群。
2019 年 12 月	中央经济工作会议	健全体制机制，打造一批具有国际竞争力的先进制造业集群，提升产业基础能力和产业链现代化水平。
2020 年 10 月	十九届五中全会	审议通过《中共中央关于制定国民经济和社会发展第十四个五年规划和 2035 年远景目标的建议》，推动先进制造业集群发展，构建一批各具特色、优势互补、结构合理的战略性新兴产业增长引擎。
2020 年 11 月	浦东开发开放 30 周年庆祝大会、全面推动长江经济带发展座谈会	长三角地区要聚焦关键领域发展创新型产业，加快在集成电路、生物医药、人工智能等领域打造世界级产业集群；长江经济带要强化企业创新主体地位，打造有国际竞争力的先进制造业集群，打造自主可控、安全高效并为全国服务的产业链供应链。
2021 年 3 月	十三届全国人大四次会议	《中华人民共和国国民经济和社会发展第十四个五年规划和 2035 年远景目标纲要》正式发布，要求培育先导性和支柱性产业，推动战略性新兴产业融合化、集群化、生态化发展，并提及产业集群在中部地区崛起新局面与东部地区加快推进现代化中的重要作用。
2022 年 3 月	十三届全国人大五次会议	政府工作报告中提出，要增强制造业核心竞争力，启动一批产业基础再造工程项目，促进传统产业升级，推进智能制造，加快发展先进制造业集群，实施国家战略性新兴产业集群工程。

资料来源：兴业研究

（二）部委层面产业集群政策

（1）科学技术部：创新型产业集群建设工程

2011年起，中国科技部启动实施了"创新型产业集群建设工程"，旨在创新驱动产业发展和强化科技服务经济，建立有示范效果的产业集群，包括战略性新兴产业集群，以及推进传统产业转型、重点工业领域绿色转型。2011年7月，国家科学技术部着手规划创新型产业集群建设工程方案；2013年2月，出台了试点认定管理办法，同年6月批准首批10个创新型产业集群试点单位，由规划方案正式落地为具体的试点探索与政策实践。2014年和2017年科技部分别批复了第二批22个和第三批29个试点单位。2021年8月，科技部进一步出台了《关于开展2021年度创新型产业集群试点（培育）的通知》。目前，创新型产业集群试点共计61个，创新型产业集群试点（培育）共计47个，是区域高技术产业培育和发展的重要载体。

（2）国家发展改革委：推进战略性新兴产业集群建设

国家发展改革委启动战略性新兴产业集群发展工程，在2019年筛选第一批地方报送的产业集群并纳入工程之中，主要集中在新一代信息技术、高端装备、新材料、生物医药、节能环保五大领域，推动形成相关产业集群的跨区域联动和战略联盟，促进产业链上下游与产业链之间的协同共享。2019年发布的第一批战略性新兴产业集群名单共含65个集群。

（3）工业和信息化部：开展全国先进制造业集群竞赛

工业和信息化部于2019年8月和2020年5月，分别启动了第一批和第二批先进制造业集群初赛，围绕新一代信息技术、高端装备、新材料、生物医药等重点领域，通过公开招标选出集群发展促进机构，支持其所代表的先进制造业集群的培育发展。通过初赛和决赛两轮竞赛，遴选出具有较强实力和竞争力的先进制造业集群作为培育对象，在全国开展试点示范。两批先进制造业集群共有135个先进制造业集群参赛，44个集群胜出。其中，2019年94家参赛，24家胜出；2020年85家参赛，20家胜出。

（4）农业农村部：优势特色产业集群建设

2020年起，农业农村部、财政部每年一度组织开展优势特色产业集群建设，支持建成一批年产值超过100亿元的优势特色产业集群。农业农村部支持的产业集群以农、林、牧、渔业为主，地域覆盖范围很广。中央财政对批准建设的优势特色产业集群进行适当补助，支持各省围绕基地建设、机种机收、仓储保鲜、产地初加工、精深加工、现代流通、品牌培育等建设。优势特色产业集群建设采取竞争性申报的方式，分批支持建设。2020年和2021年分别支持50个，2022年支持40个。

表1-19 部委层面产业集群政策

起始时间	负责部委	名称	主要支持产业
2011年	科学技术部	创新型产业集群建设工程	新一代信息技术、新材料、生物医药、节能环保、重化工业、装备机械
2019年	国家发展改革委	战略性新兴产业集群建设	新一代信息技术、高端装备、新材料、生物医药、节能环保
2019年	工业和信息化部	全国先进制造业集群竞赛	新一代信息技术、高端装备、新材料、生物医药等
2020年	农业农村部	优势特色产业集群建设	农、林、牧、渔

资料来源：兴业研究

（三）地方层面产业集群政策

当前31个省、自治区、直辖市中有29个地区明确提出产业集群式发展，占比达93.5%，各省之间在相关表述上有所差异。其中，北京、甘肃、福建、湖南、辽宁、广西、内蒙古、黑龙江、海南、陕西、宁夏、新疆关注"产业集群"，如湖南培育工程机械、轨道交通装备、中小航空发动机等世界级产业集群，提升电子信息、新材料、节能环保、新能源、装配式建筑等产业集群规模和水平，壮大消费品工业集群。重庆强调"支柱产业集群"，推动支柱产业迭代升级，重点培育汽车、摩托车两大支柱产业集群。山东、天津发展"优势产业集群",如山东提出壮大十强现代优势产业集群。安徽、河南、山西、江西、贵州提出发展"战略性新兴产业集群",如贵州加快信息技术服务产业集群、新型功能材料集群发展。浙江、湖北、江苏、广东、河北、上海、云南提出打造"先进制造业集群",如湖北提出加快打造信息光电子、智能网联汽车等世界级先进制造业集群。青海提出构建低消耗、低排放、高效率、高产出"循环产业集群"。吉林提出打造"现代产业集群",重点发展汽车产业集群。

本文对产业集群较为密集的重点省份的相关产业集群政策梳理如下：

表1-20 地方层面产业集群政策

省份	集群文件	集群培育发展方向
江苏省	江苏省人民政府关于加快培育先进制造业集群的指导意见	13个先进制造业集群：新型电力（新能源）装备、工程机械、物联网、高端纺织、前沿新材料、生物医药和新型医疗器械、集成电路、海工装备和高技术船舶、高端装备、节能环保、核心信息技术、汽车及零部件、新型显示。
山东省	山东省人民政府关于大力推进"现代优势产业集群+人工智能"的指导意见	10个现代优势产业集群：新一代信息技术产业、高端装备制造业、新能源新材料产业、现代海洋产业、医养健康产业、高端化工产业、现代高效农业、文化创意产业、精品旅游产业、现代金融产业。
四川省	四川省人民政府办公厅关于优化区域产业布局的指导意见	4个世界级集群：新一代信息技术、高端装备制造、优质白酒、钒钛新材料； 10个培育性集群：集成电路、新型显示、信息安全、航空航天、清洁发电设备、新能源汽车、节能环保、轨道交通、生物医药、绿色食品。
重庆市	重庆市推动制造业高质量发展专项行动方案	2个支柱性产业集群：智能产业、汽车摩托车产业； 6个培育型产业集群：装备产业、材料产业、生物医药产业、消费品产业、农副食品加工产业和技术服务。
浙江省	浙江省培育先进制造业集群行动计划	4个世界级先进制造业集群：绿色石化、数字安防、汽车制造、现代纺织； 14个优势制造业集群：消费品制造、原材料制造、机械装备制造、航空航天、量子信息、柔性电子、前沿新材料、软件与集成电路、电子信息、高端装备、生物医药、节能环保、新能源、新材料。

省份	集群文件	集群培育发展方向
广东省	广东省人民政府关于培育发展战略性支柱产业集群和战略性新兴产业集群的意见	10个战略性支柱产业集群：新一代电子信息、绿色石化、智能家电、汽车产业、先进材料、现代轻工纺织、软件与信息服务、超高清视频显示、生物医药与健康、现代农业与食品； 10个战略性新兴产业集群：半导体与集成电路、高端装备制造、智能机器人、区块链与量子信息、前沿新材料、新能源、激光与增材制造、数字创意、安全应急与环保、精密仪器设备。
湖南省	湖南省委办公厅、省政府办公厅日前印发实施《关于进一步提升工业新兴优势产业链现代化水平的意见》	3个世界级产业集群：工程机械、轨道交通装备、航空动力； 3个国家级产业集群建设：信创产业、先进材料、节能环保新能源； 2个一批产业集群：以满足衣食住行、健康养老等人民美好生活需要的传统产业升级，形成一批跟上时代、引领时代潮流的经典产业集群；以维护产业链供应链安全和抢占发展机遇的新兴产业形成的支柱产业集群。
宁波市	中共宁波市委宁波市人民政府关于实施"246"万千亿级产业集群培育工程的实施意见	2个世界级的万亿级产业集群：绿色石化、汽车； 4个具有国际影响力的五千亿级产业集群：高端装备、新材料、电子信息、软件与信息服务； 6个国内领先的千亿级产业集群：关键基础件、智能家电、时尚纺织服装、生物医药、文体用品、节能环保。
深圳市	深圳市关于推动制造业高质量发展坚定不移打造制造强市的若干措施	7个先进制造业集群：新一代信息技术、高端装备制造、绿色低碳、生物医药、新材料、数字经济、时尚产业。

资料来源：兴业研究

三、我国产业集群的现状

（一）产业集群的分布

产业集群不同于开发区，没有官方统一的名单作为数据来源，这里使用的产业集群名单主要有如下两个来源：

1. 中国资本市场 50 人论坛（K50 智库）基于公开信息整理所得的 783 个产业集群的名单（以下简称产业集群名单）①。由于产业集群没有较高层级官方认定的口径，该名单信息收集的渠道较为广泛。整体来看，笔者认为本名单的数据质量相对较好。

2. 从科技部、工信部、国家发展改革委和农业部的产业集群名单中整理所得的四部委产业集群名单（以下简称部委集群名单）。四个部委各自重点关注的产业范围以及名单公布的时间和频率不同，认定标准较为严格，部委集群名单中的集群数量较少，其产业组成也与产业集群名单存在一定差异。值得一提的是，部委集群名单具有明显的"优选性"，是部委经历筛选后的优胜者，因此部委集群名单可能具有低估数量的问题。

对产业集群名单和部委集群名单中的产业集群分布分别进行梳理。

在产业集群名单中，以省级行政区分布来看，产业集群的分布呈现自东向西递减的情况。浙江、广东、江苏等沿海经济大省的产业集群最为集中，华中、华北各省产业集群相对较少，西南、西北地区产业集群数量明显偏低，普遍为个位数。

地市级行政区同样有着分布两极化的特点。以地市级行政区（统计以地市级行政区为主，此外包含直辖市与个别省管县）分布来看，在纳入统计的 338 个地市级行政区中，26 个地市级行政区具有 10 个及以上集群，该类城市主要集中在东南沿海地区，以江苏省苏州市、浙江省温州市、广东省佛山市为代表；138 个地市级行政区的集群数量在 1 个到 4 个之间。

有 156 个地市级行政区（约 46%）有产业园区，但没有产业集群。与之相对，仅有 2 个区域（四川、西藏）存在当地有农业相关的产业集群而没有产业园区的情况。

---

① 　注：资本市场 50 人论坛 . 投资有道，全国 31 个省市区 783 个产业集群汇总［EB/OL］.（2022-05-26）［2022-06-21］. https://mp.weixin.qq.com/s/uWUu-kO2iHSqWwn0UfWG1Q.

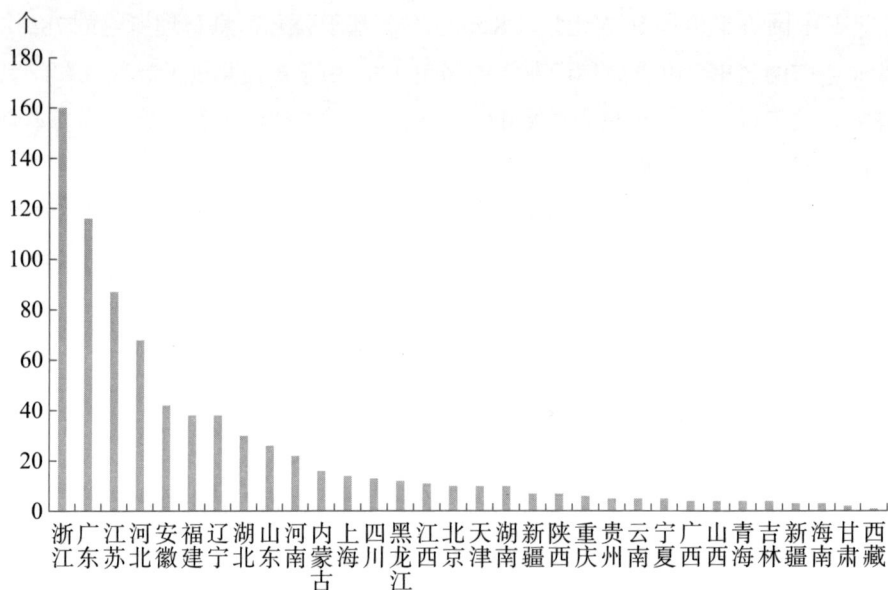

图1-27　产业集群名单的省级分布

资料来源：兴业研究

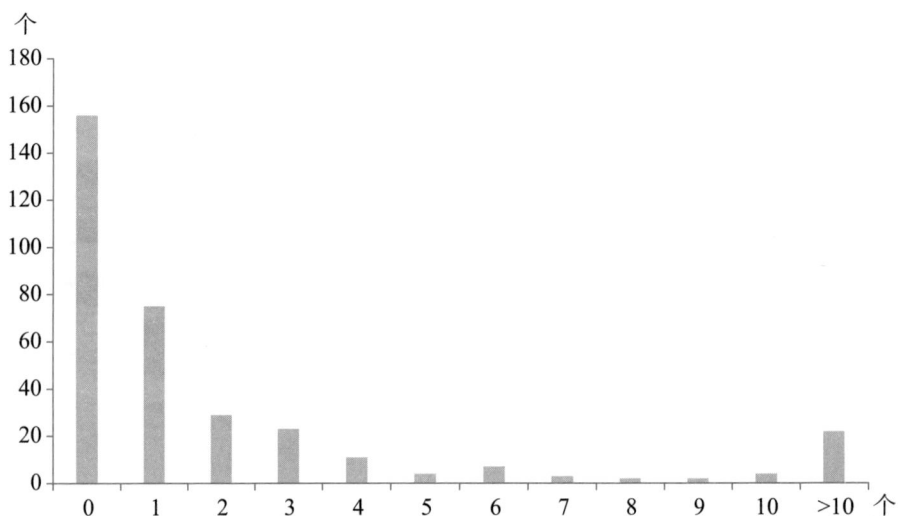

图1-28　产业集群名单的地市级分布

资料来源：兴业研究

在部委集群名单中，农业部提供140个全部从事农业食品行业的产业集群，工信部提供25个产业集群，科技部提供109个产业集群，国家发展改革委提供66个产业集群；剔重后共计318个产业集群。农业部的名单为每年更新公开，因此有7个较新的集群尚未纳入产业集群名单之中。剔重后，获得部委认定的集群约占产业集群名单总数的41%。

部委集群名单口径下，以省级行政区分布来看，其分布相对产业集群名单较为平均，但仍然存在东西集群分布水平不同的情况。集群主要分布在华中及华东地区，分布数量前三名的省份依次为广东、山东、江苏；中部地区，河南、湖南的产业集群数量较多；华北和东北地区也有一定产业集群分布，以辽宁、黑龙江、河北为代表；西南、西北省份的产业集群偏少，在西藏、宁夏等省，全省的产业集群数量少于5个。其中，浙江省集群数量变化较大，是产业集群名单中统计的大量轻工业集群未计入部委集群名单所致。

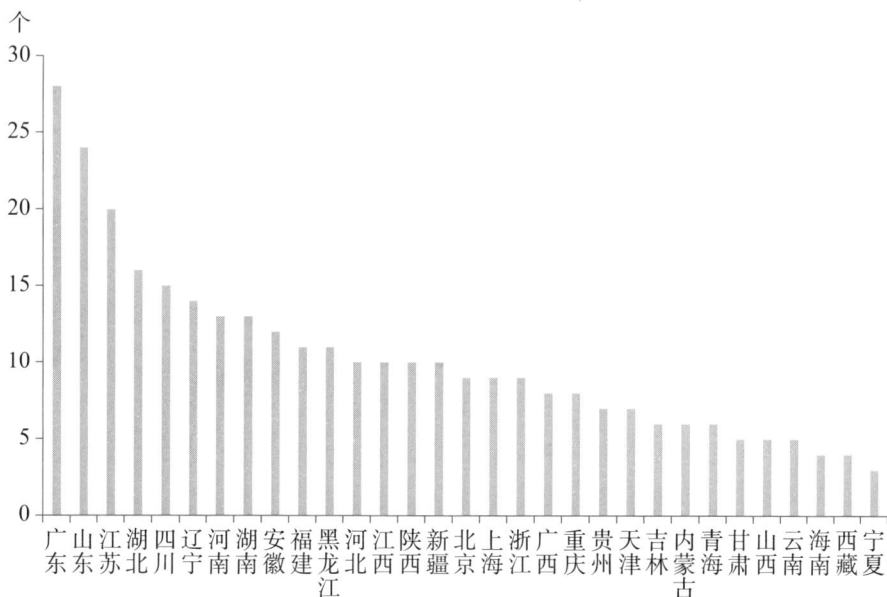

图1-29 部委集群名单的省级分布

资料来源：兴业研究

在部委集群名单口径下，以地市级行政区分布来看，在纳入统计的338个地市级行政区中，包含农业部集群时，共计167个地区拥有产业集群，12个地区拥有5个以上经过部委认定的产业集群，没有产业集群的地级市共计占比约51%；剔除农业部集群时，仅有98个地区拥有产业集群，9个地区拥有5个以上经过部委认定的产业集群，这9个拥有5个以上经过部委认定的产业集群的地区均为直辖市或较发达地区的地级市。

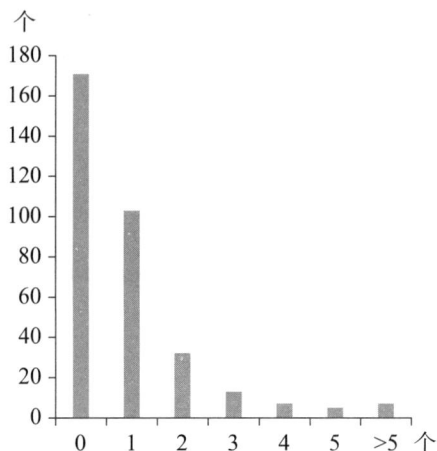

图1-30　部委集群名单的地市级分布（含农业部集群）

资料来源：兴业研究

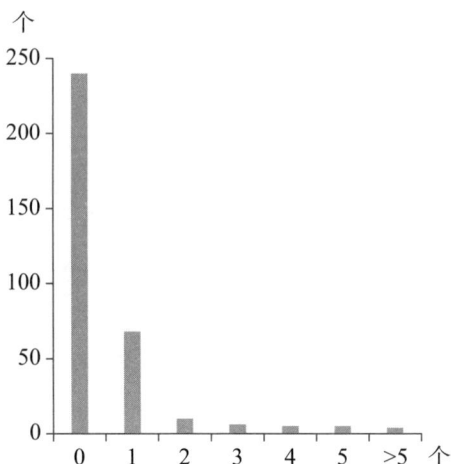

图1-31　部委集群名单的地市级分布（不含农业部集群）

（二）产业集群分布与当地经济

本文分别将两个产业集群名单的产业集群密度和2021年各省市人均GDP列为散点图，可以发现，在两个口径下，东部沿海和各直辖市等人均GDP水平较高的地区，产业集群的密度也都较高。由于东部地区较早开放并开展产业建设，要素禀赋条件较好，能够吸引企业加入集群，使产业规模扩大、集群内各主体联系更加密切，创新活力增加，并促进经济水平进一步提高，呈现良性循环态势。

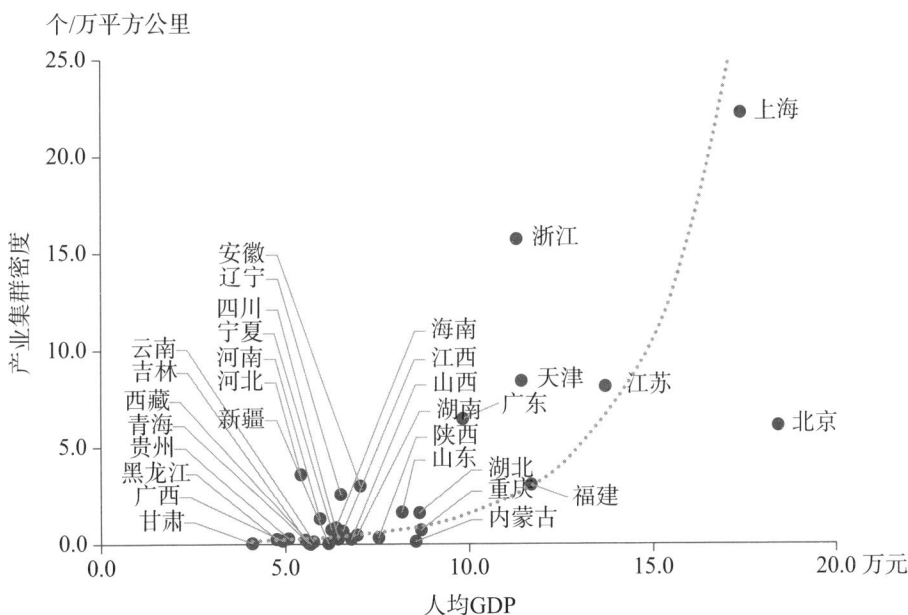

图1-32 产业集群名单口径下产业集群密度和人均GDP情况

资料来源：兴业研究

此外，在地市级行政区口径下，统计产业集群名单中拥有不同数量非农业产业集群的地市的GDP情况。由于具有10个以上产业集群的地市级行政区较少，选取非农业产业集群数量在1个到10个之间的地市级行政区，按照集群数量分组，并取各自组别内GDP的中位数进行观测，发现二者之间呈正向关系。这表明，GDP较高地区的非农业产业集群密度也较高，在地市级层面仍然成立。

个/万平方公里

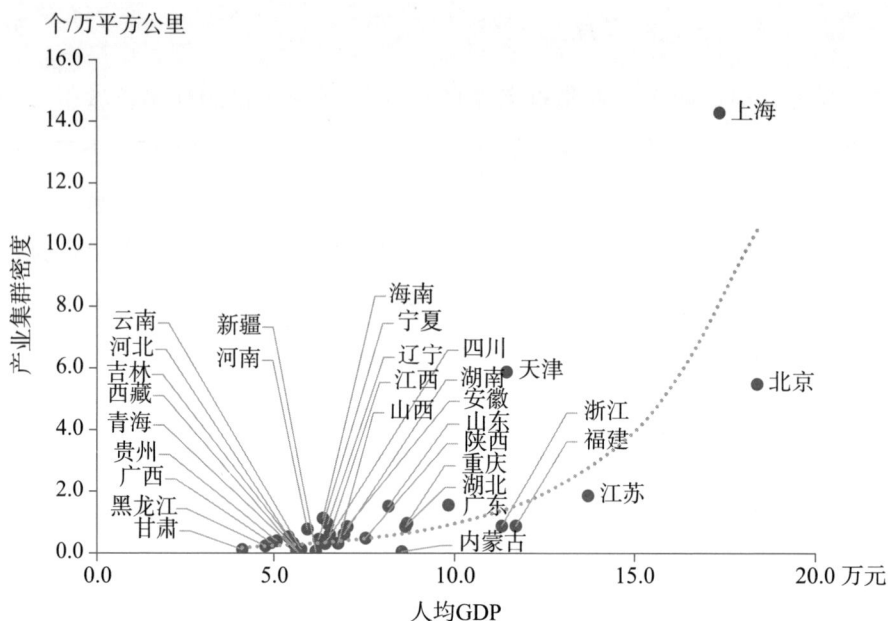

图1-33　部委集群名单口径下产业集群密度和人均GDP情况

资料来源：兴业研究

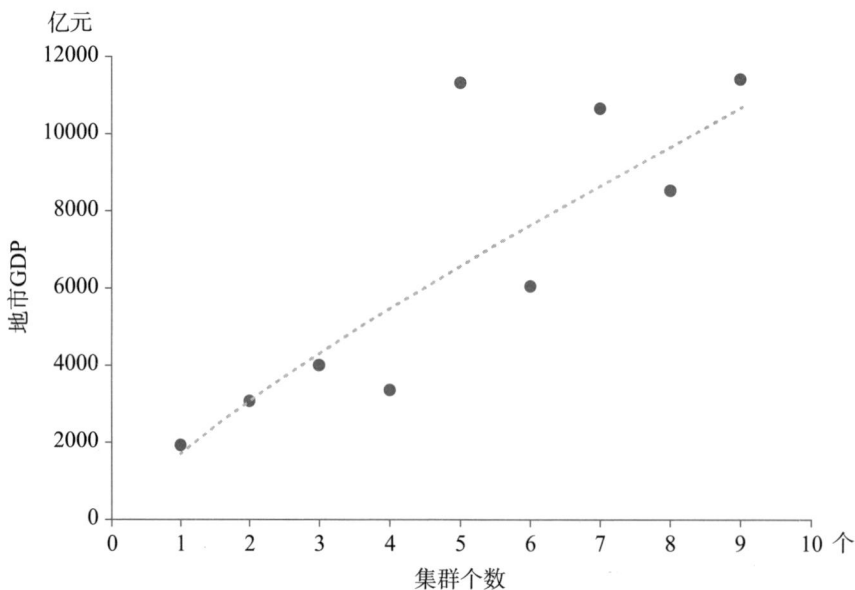

图1-34　产业集群名单中非农业产业集群数量与地市GDP情况

资料来源：兴业研究

（三）产业集群的行业结构

在产业集群名单口径下，我国产业集群仍然主要集中于依赖成本优势的轻工业和依赖自然资源禀赋的农业食品产业。从事轻工业的产业集群数量占比最多，达到37.3%，装备机械集群和农业食品集群随后，分别占总数量的13.7%和12.4%。重化工业、信息技术、生物医药集群的占比均超过5%，汽车交运、新材料、新能源等创新型制造业的产业集群占比较低。

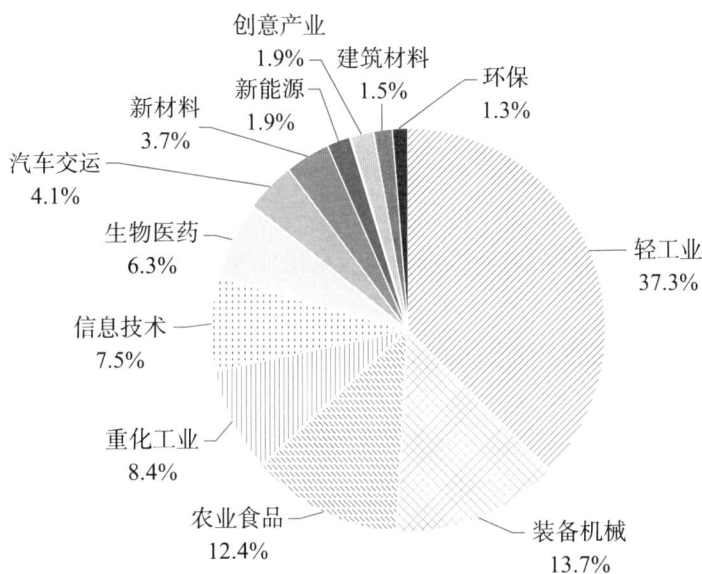

创意产业 1.9%　建筑材料 1.5%　环保 1.3%
新材料 3.7%　新能源 1.9%
汽车交运 4.1%
生物医药 6.3%
信息技术 7.5%
重化工业 8.4%
农业食品 12.4%
装备机械 13.7%
轻工业 37.3%

图1-35　产业集群名单的结构组成

资料来源：兴业研究

京津冀、长三角、闽粤、川渝、中部共五个重点地区产业集群总计626个，其集群的产业分布具有一定代表性。我们向所有集群分配等权重，统计各产业在重点地区集群总数中所占比例。数据显示，长三角和闽粤地区存在很多轻工业集群，而川渝和中部地区农业食品集群也占据了一定比例。为了对新兴产业集群的分布进行研究，剔除农业集群和轻工业集群后，能够更为清晰地观察各地区的产业分布情况。

剔除农业集群、轻工业集群后，在产业集群名单口径下，京津冀地区集群数量较多，工业基础较好。其中北京依托优质的科研资源，信息技术和生物医药产业集群占比最高，天津在生物医药和新能源技术上存在产业集群，而河北具有优良的钢铁产业基础，培育出较高比例的装备机械、重化工业和建筑材料的产业集群。

长三角地区集群数量很多，科技技术优势较为明显。江苏、浙江、安徽三省的装备机械产业集群在本省内占比均为最高，其中江苏、浙江的装备机械集群占比分别为45.0%和47.7%，重化工业集群占比分别为22.5%和15.9%。上海集群中占比最高的为信息技术与创意产业集群，也发展了一定比例的生物医药与新能源产业集群。

闽粤地区集群数量较多，信息技术集群发展较强。福建和广东装备机械集群的比例分别为33.3%和24.4%，低于江浙地区；但两省的信息技术产业集群发展情况较好，占比分别为27.8%和26.8%，在五个重点地区中比例最高。

川渝地区集群数量较少，重庆分布比较平均，四川则重点发展汽车交运集群。重庆在汽车交运、生物医药、信息技术和新能源产业上都有集群布局，但集群数量在四个直辖市中最少。四川的汽车交运集群数量占总数的44.4%，比例为重点区域内最高。

中部地区集群数量较少，河南与湖南偏向发展装备机械集群，湖北生物医药占比较高，总体较为平均。湖南装备机械集群较多，占比为57.1%，同时发展新材料和汽车交运集群；除装备机械集群外，河南的重化工业和环保产业集群也有建设。湖北的非农集群在中部三省中数量最多，在信息技术、生物医药、重化工业等产业中均有数个集群。

总体而言，产业集群的分布与省市创新能力和发展水平密切相关。高校科研资源丰富的省市，更有可能发展出依赖创新的新兴产业集群。

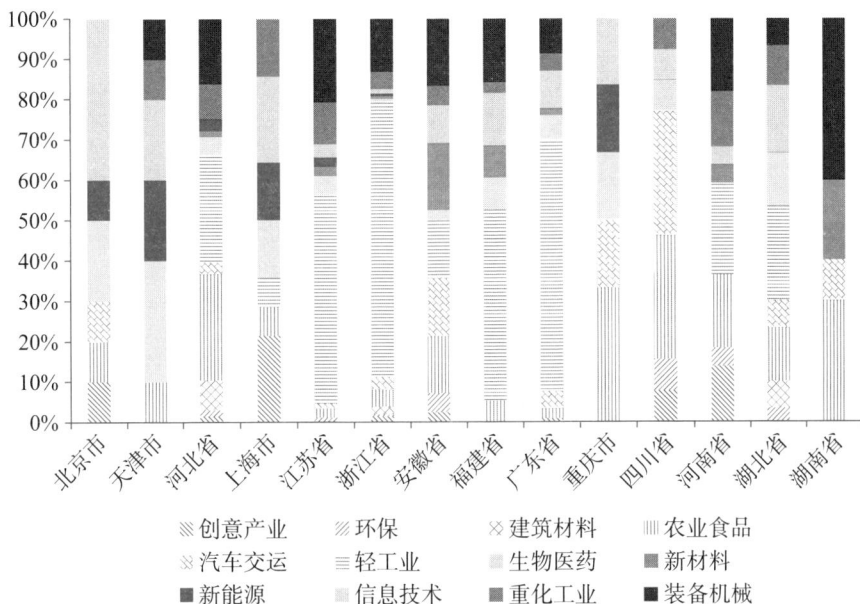

图 1-36　产业集群名单的行业分布

资料来源：兴业研究

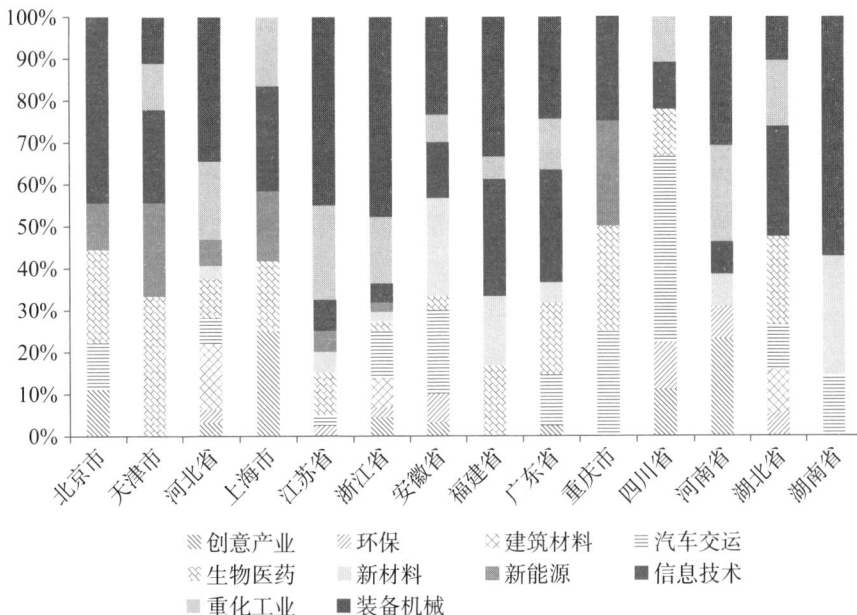

图 1-37　剔除农业和轻工业后的产业集群行业分布

资料来源：兴业研究

各部委在编制集群名单时通常仅考虑部分产业，因而在统计上可能存在一定偏差。其中，农业部只选取第一产业内的产业作为集群培养对象，另外三个部委也仅选取新一代信息技术、高端装备、新材料、生物医药一类的产业集群，不足以进行结构分析；因此，本节主要通过比较部委集群名单中农业食品产业集群占各省集群总数的比例，对省份间产业集群的发展差异进行比较。

表1–21　部委集群名单农业与非农业集群占比最高省市

农业部集群占比最高省市	农业部集群所占比例与绝对值	非农业部集群占比最高省市	非农业部集群所占比例与绝对值
西藏	100%（5/5）	上海	89%（8/9）
宁夏	100%（5/5）	江苏	85%（17/20）
新疆	90%（9/10）	北京	78%（7/9）
内蒙古	83%（5/6）	广东	75%（21/28）
甘肃、云南	80%（4/5）	山东	75%（18/24）

资料来源：兴业研究

由于产业发展所需区位条件和自身资源条件的限制，西部地区受到部委认证的集群主要为农业集群；西藏、宁夏、新疆、内蒙古、甘肃、云南等地农业集群的占比靠前。与之相对，东部沿海地区由于经济发展水平好，具备发展高端制造业的区位优势，因此非农业集群所占比例较少，高端制造集群多；上海、江苏、北京、广东和山东等地非农集群的占比最高。

（四）产业集群与园区的关系

根据前文，产业集群和产业园区之间在一定条件下存在相互转化的关系，本节对产业集群与产业园区的比例关系进行讨论。产业集群的数量基于产业集群名单，产业园区的数量基于2018年版《中国开发区审核公告目录》数据，我国共有552个国家级产业园区，1991个省级产业园区。

我们通过计算同区域内产业园区/产业集群的比值，即"园区集群比"，来衡量产业园区与产业集群的匹配程度。如园区集群比较高，则表明当地设立了较多的产业园区，却形成了较少的产业集群，故其园区的"产业效率"

存在较多的改进空间。当然，此比例并不是越低越好，有集群但无园区也可能意味着当地政府的开发整合力度不足，滞后于产业的实际需求。

总体来说，以国家级和省级产业园区的总数计算，平均每4.5个产业园区对应1个产业集群；仅以国家级产业园区的数量计算，平均每0.9个产业园区对应1个产业集群。

计算结果显示，省级集群与园区分布不平衡的现象显著，部分省区的产业园区并未培育出产业集群。沿海发达省份如江苏、浙江、广东的产业集群建设情况较好，但部分省份在两个口径下的园区集群比都较高，如吉林、甘肃、广西等省份，较高的园区集群比反映出该类地区存在产业园区的产业集聚效应有待提高，产业园区的规划需要更充分的调研，园方需要进一步了解并重视企业发展的实际需求，以促进集群的产生。

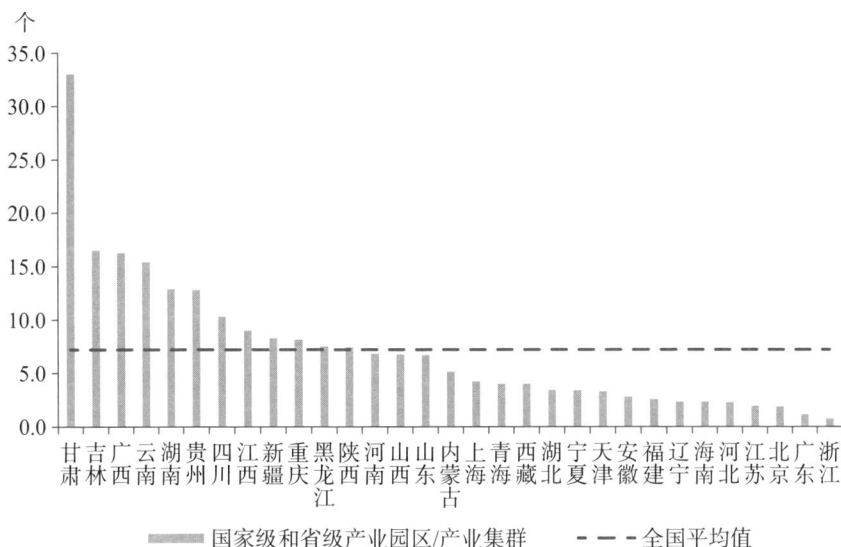

图1-38　含省级产业园区的园区集群比

资料来源：兴业研究

以地市级行政区为口径进行统计，在338个地市级行政区中，共有180个地区同时拥有产业园区和产业集群，园区集群比低于2的地区有60个，高于7的地区有32个，园区集群比较高时，地区内园区对集群的促进力度偏弱，产业园区有待进一步发展。

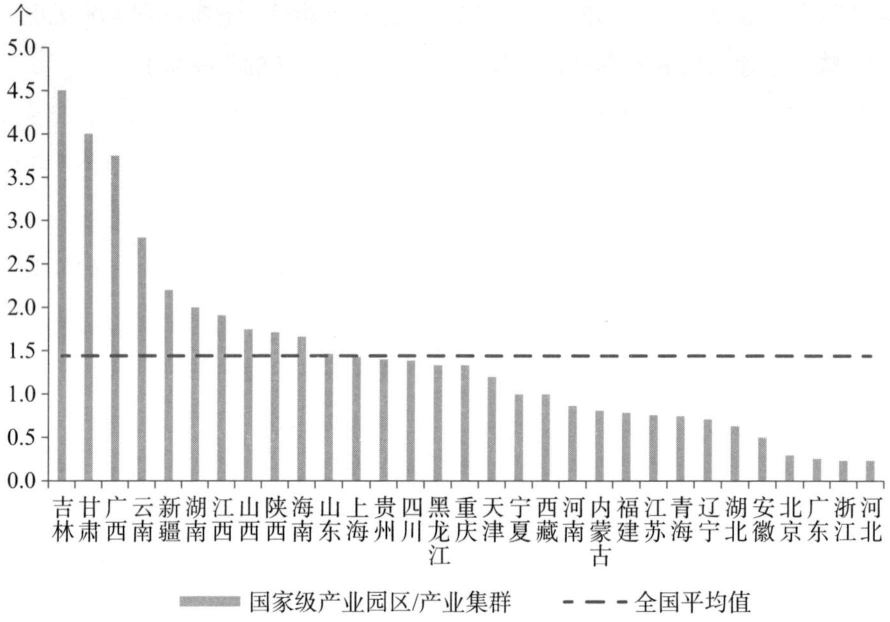

个

图1-39　不含省级产业园区的园区集群比

资料来源：兴业研究

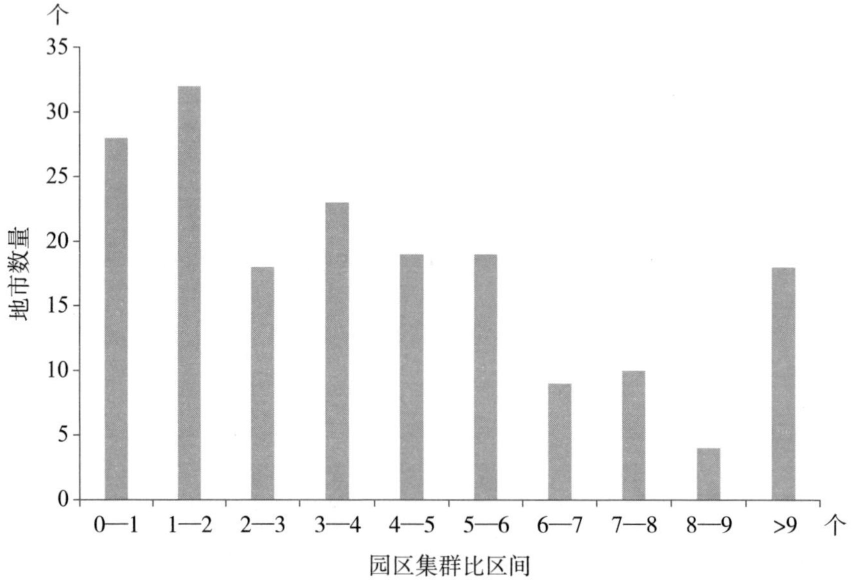

个

图1-40　园区集群比各区间内的地市级行政区数量

资料来源：兴业研究

四、产业园区如何推动产业集群与产业链的强链补链

（一）发展较好的产业园区具有共性特征

对于产业园区如何推动形成产业集群，目前尚未有一套清晰且广泛适用的方法，因此在实操中具有较多的艺术性。但通过对相关理论与案例的梳理，我们认为产业园区成功推动产业集群往往有如下的特点。

1.科学的产业规划

影响产业集群形成的要素众多，包括生产要素丰富程度、市场需求条件、相关支持性产业配套等。产业园区需要根据当地的资源禀赋确立重点发展的优势产业，也需要相关产业园区的决策者对当地的情况进行判断决策，因地制宜。产业集群的形成需要符合市场化规律，产业园区可以对相关市场参与者因势利导但不能代替市场。

2.加强产业集群相关工作的组织领导

产业集群的建设往往牵涉部门众多，如无较高层级的规划，则不同部门间较容易出现摩擦。因此部分城市探索建立产业链"链长制"，由市领导担任产业链链长，成立工作专班。"链长"牵头制定产业链条图、技术路线图、招商引资图，实施产业链图谱化作业，并制定自主可控的强链补链工作方案。这样就可以以产业链为工作单元，在较高层级形成统一政策，并进行资源协调。

落实到产业园区方面，一个行政区域往往有不同级别与类型的园区，每个园区尽量做到有自己的主导产业与特色产业，特别是防止区域内不同园区内部的过度竞争。如果各产业园区只为完成自身的招商目标但没有"链长制"等制度进行协调，各园区势必会竞相挖掘当地的政策空间，可能造成重复建设与财政资源浪费。

3.抓住龙头企业的引领作用

龙头企业是产业链形成的关键和核心，也是发展产业集群的重要抓手。

龙头企业往往在产业价值链中占据较高的地位，具有较强的产品竞争力与较高的利润率，同时也更注重行业内的创新。龙头企业对产业链的带动作用是非常显著的，龙头企业入驻园区可以起到"以商招商"的作用，促进产业集群自发形成。因此，可选择有一定生产规模、管理水平较高、市场品牌知名度较高、实力较强的龙头企业进行重点扶持，使之带动中小企业的发展，成为产业链的核心。

4.做好营商环境等相关工作

营商环境是一个讨论较为充分的话题，但仍会实实在在地影响企业的决策与产业的聚集。相关区域的行政信用、办事效率与能力，当地社会的治安甚至是风土人情会在中长期对产业分布产生显著影响。例如，某汽车行业企业将东部厂区西迁后，工人生产效率与配合度出现下降，因为此前在"外地打工"，现在有"主场优势"，此后企业决定不再扩张西部工厂规模。

（二）相关案例

本章节中我们通过相关案例来阐释产业园区如何推动产业集群与产业链的强链补链。

集群概要：浙江省绍兴市现代纺织集群内共有大小纺织企业及家庭工业单位近7万家，规模以上纺织及相关企业2858家，形成了集PTA、化纤、织布、印染、家纺、纺机、创意设计服务、专业市场与电子商务、国际商贸交流等于一体的产业集群，是亚洲最大的化纤面料生产基地、印染加工基地。

具体推动产业集群的措施。

1.整合与补齐纺织品上游产业链

推进印染跨区域集聚提升，将分散布局的印染企业全部集聚到蓝印时尚小镇。深入推进产业链发展和精准招商，招引培育恒鸣新材料、宝武碳纤维等高端纤维项目，补齐纺织品上游产业链。

2.利用规模优势推进研发创新、品牌建设与市场拓展

在研发方面，创建省级印染制造业创新中心，集聚了印染工程师协同创新中心、现代纺织鉴湖实验室等八大高端创新平台。在品牌建设方面，发布

中国·柯桥纺织指数，精心打造本土第一时尚品牌柯桥时尚周，承办中国女装面料流行趋势发布秀等活动赛事。在市场拓展方面，投用20万平方米的新型智慧市场综合体国际面料采购中心，建设轻纺城国际物流中心、新国际会展中心，积极举办境外展，在米兰等纺织之都和国际知名面料展建立一批绍兴柯桥馆，集中展示中国轻纺城形象。

　　总体来看，虽然纺织行业并非典型的技术密集型行业，但当地政府充分引导了产业集群内在的规模效应与企业间分工效应，由制造环节向研发创新与市场品牌的微笑曲线两端进行拓展，聚沙成塔，产生了区域内单一企业无法达到的效果。

第 2 章

园 区 与 财 政 转 型

园区财政及专项债结构

2019年专项债不再投向土地储备后，市政建设与产业园区就成为专项债投向的主要领域。2020年以来，在各类专项债中，市政建设与产业园区投向领域的专项债规模一直居于首位，而该投向领域实际上也包含很多细分项目。由此，我们通过对园区财政体制的梳理，对园区专项债子项目的挖掘，进一步分析园区专项债的规模、结构及融资收益情况。

○ ○ ○ ●

一、园区财政体制

产业园区是指一个国家或地区在特定区域利用特定政策发展产业和科技的集聚区（任浩、臻杰，2021），而园区的管理机构则是地方政府的派出机构，园区的管理模式及财政管理体制基本由设立园区的相应层级政府来决定。因此，本书的园区包含国家级产业园区、省级产业园区、地市级产业园区，同时，也泛指按其功能划分的经济技术开发区、高新技术开发区、出口加工区、保税区、边境经济合作区、自由贸易区等。

（一）园区财政管理体制

2022年6月13日，国务院办公厅印发的《关于进一步推进省以下财政体制改革工作的指导意见》（国办发〔2022〕20号，以下简称《意见》）明确提出："未单独设立财政管理机构的开发区（含园区，下同）等预决算按照部门预决算管理，纳入同级政府或设立该开发区地方政府的部门预决算并单独列示。单独设立财政管理机构的开发区，参照实行独立财政管理体制，预决算纳入同级政府或设立该开发区地方政府的预决算并单独列示。"国家级经济技术开发区管理机构为所在地（直辖）设区的市以上人民政府的派出机构，拥有同级人民政府的审批权限，通常其财力的分配比例由上级政府制定，多数单独设立财政管理机构。对于非国家级经开区、高新区等，其涉及的管理层级较多，省、市、县等均有设立对应园区，因此，需要相应层级政府授权园区进行财政及预算收支管理。

在园区的财力分配上，园区与上级政府的收入分配存在不同的模式[①]。一种模式是指税收收入按一定比例留存后上缴上级政府的结算方式，留存收入比例由当地政策决定，如苏州工业园区。另一种模式是指税收收入全额上缴，上级或同级政府再通过返还的方式进行结算，如宁波石化经济技术开发区的收入及预算由宁波市镇海区通过税收返还方式对其进行财力补充。

可以留存部分税收收入的园区财力更加自主，通常还会下设子园区，如"一区多园"模式，在开发区设立多个产业或工业园区，子园区与所属园区之间的财力分配模式分为四种。一是子园区收入与所属园区收入按比例分配，上缴部分由管委会统一收入，进一步与上级政府结算。二是子园区收入全部上缴所属园区，再由所属园区进行分配。三是子园区部分收入归属所在地政府。四是园区与某个其他行政区划有重合，重合度越高，其财权自主性越强，如园区内完全包含某个行政区划的。

（二）园区财政资金支持模式

1. 财政专项资金支持

中央、省级或市级等不同层级政府通过安排专项资金引导及鼓励园区建设发展。从中央层面来看，一方面通过设立不同领域的专项资金，由财政部提出重点支持范围，符合要求的园区项目可进行申报；另一方面通过中央预算内投

---

① 由于园区管理机构为地方政府的派出机构，不作为一级政府，因而不作为一级预算，其预算收支仍纳入同级财政收支预算。

资安排，专项用于特定园区建设与发展，如2020年国产业转型升级示范区和重点园区建设专项中央预算内投资，用于支持特定园区建设。从省级或市级层面来看，主要由各地区根据当地产业发展及政府引导方向，设立不同类别的园区专项资金或补助资金，由省级或市级政府按制定的名单及标准直接拨付。

2.园区专项债资金支持

从专项债参与园区融资及建设模式来看，专项债可作为项目资本金或债务性资金参与园区建设。

第一，专项债资金作为项目主要资金来源的模式。在该模式下，由政府直接投资，完成园区建设，再通过招商引资方式吸引社会资本负责后续运营。可以通过授权—建设—运营模式（ABO模式），授权国企进行园区项目建设及运营。此种模式下地方政府作为发债主体直接参与项目投资，需要全额覆盖项目成本。

第二，专项债资金作为项目资本金，由市场化融资作为配套融资的模式。根据中共中央办公厅、国务院办公厅于2019年6月印发的《关于做好地方政府专项债券发行及项目配套融资工作的通知》，提出"在评估项目收益偿还专项债券本息后专项收入具备融资条件的，允许将部分专项债券作为一定比例的项目资本金，但不得超越项目收益实际水平过度融资"。当然，专项债用作项目资本金对于项目质量与收益的要求相对较高，一是需要符合规定的重点投向领域，产业园区类项目则属于专项债支持的重点领域之一。二是需要具备较好的市场化融资条件，即其经营性收入情况相对较好，能够在专项收入覆盖本息后还具备市场化融资条件。而产业园区类项目中如人才公寓、产业孵化器等具有一定的稳定现金流，可以作为专项债用于项目资本金的重点考虑范围之一。

二、园区专项债

（一）园区专项债背景

从财政资金支持园区发展的角度来看，专项债作为园区资金来源的重要融资手段之一，随着专项债规模的快速增长，市政建设与产业园区投向也是近年来专项债的主要投向领域之一。根据已披露数据，在新增地方债的具体投向中，自2019年至2022年，市政建设与产业园区投向领域的新增地方债规模分别为3797亿元、12478亿元、12522亿元、15208亿元，占总规模的比重分别为14.1%、27.4%、28.6%、32.4%，且自2020年开始，市政建设与产业园区领域的投向规模占比均居首位。由此，笔者也重点对园区类专项债的类型、主要投向规模及其分布进行深入分析。

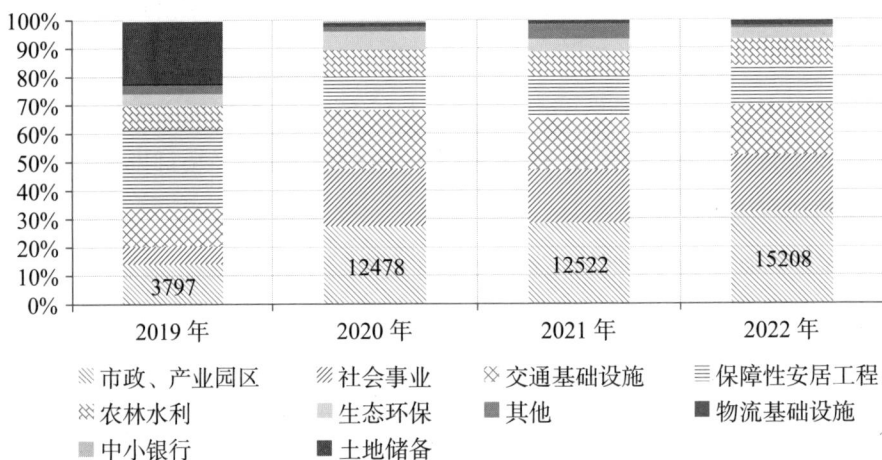

图2-1　新增地方债主要投向领域分布

注：图中标注为投向市政与产业园区领域的新增地方债规模，单位为亿元
资料来源：中国地方债券信息公开平台，兴业研究

2019年9月4日，国务院召开的国常会提出扩大专项债使用范围，并正式提出将市政建设与产业园区基础设施领域作为专项债投向领域的范围之一。同时也进一步强调"专项债资金不得用于土地储备和房地产相关领域、置换债务以及可完全商业化运作的产业项目"①。从数据情况可以看出，土地储备专项债是2019年的主要投向领域，而市政与产业园区专项债在2019年

①　中国政府网.李克强主持召开国务院常务会议　部署精准施策加大力度做好"六稳"工作等（2019-09-04）［2022-06-19］. http://www.gov.cn/premier/2019-09/04/content_5427292.htm.

的占比尚小。2019年限制专项债投向土地储备后，市政与产业园区就成为专项债投向的主要领域。

（二）园区专项债项目及结构

根据财政部披露的数据，2021年新增地方债中有12522亿元投向市政与产业园区。根据2022年第一季度已披露的数据，新增地方债投向市政与产业园区的规模约4725亿元，其中专项债部分约占88%，以此推测，2021年新增专项债中投向市政与产业园区的规模为11019亿元。

为了更加细致地了解专项债投向园区的具体情况，我们筛选了发行信息能够明确表明其投向与园区有关的专项债。由于各地区披露文件内容及格式有一定差异，且全部债券发行总额及对应项目数量规模较大，我们从2021年发行的1383只债券中筛选了2021年专项债券全称或募集资金用途中明确包含产业园区建设的债券作为样本。从样本项目数量来看，样本包含136只债券，包含子项目数约2003个，其中已披露子项目信息的个数为1445，没有披露具体信息子项目的个数为558。由此对产业园区专项债的项目结构和分类规模进行分析和推算。

从样本项目规模来看，136只债券样本中包括的当年专项债发行规模为3962亿元，上文估计的2021年新增专项债中投向市政与产业园区规模约11019亿元，因此样本规模占比约为36.0%。由于同类园区项目存在一定的相似性，尽管样本比例不高，但样本所包含子项目类别及结构分布对园区专项债分析仍有较大参考意义。

1.园区专项债主要投向类型

由于市政与产业园区专项债券在园区内的具体投向及项目领域有交叉，需进一步厘清市政建设与产业园区基础设施建设的细化投向领域。目前，无论从投向领域还是债券发行名称，园区专项债主要投向包含市政与产业园区，而市政与产业园区主要包含两大类投向，一是市政基础设施建设，由于市政建设是指供水、供热、天然气、地下管廊建设等基础设施，因此市政基础设施建设部分也包含产业园区内上述市政建设的部分。二是产业园区基础设施建设，主要包含两大投向，一类为园区主体基础设施建设，包含标准厂房、仓储房、科研中心建设等主体建设；另一类为园区配套基础设施建设，包含园区道路、消防、通信、管网、污水处理等配套建设。我们为了细化园区的专项债情况，对此交叉部分做了划分，将市政基础设施领域定义为园区外市政基础设施，将产业园区基础设施领域定义为包含园区内的市政基础设施建设部分。

从子项目数量及规模来看，在1445个已披露的子项目中，约96%属于园区基础设施，具体包含主体基础设施及配套基础设施两类，而园区外市政基础设施规模较小。具体来看，园区基础设施项目可分为两类，按项目数及规模顺序分类，第一类是园区主体基础设施，具体包括标准化厂房建设、产业孵化楼、研究中心、科创中心、大数据中心、仓储物流中心等；第二类是园区配套基础设施，具体包括园区道路、污水处理、污水管网建设、停车场等，此部分子项目通常会打包在项目名称为"某园区配套基础设施建设项目"中。此外，还包含单独列示在项目名称中的基础设施项目，主要为园区内供水、供电、供热、燃气管廊等项目，如淄博市博山区经济开发区供水工程建设项目、黑龙江桦川经济开发区供水建设项目等。

2.园区专项债结构

从发行期限与发行利率来看，市政与产业园区专项债的票面利率区间为2.94%—3.94%，发行期限以10年及以上的长期债券为主。市政与产业园区专项债发行期限主要为长期债券，集中分布在10年、15年、20年，这些期限按发行只数统计的占比分别为25.0%、26.5%、27.2%，合计占比达78.7%。少数债券为5年、7年，部分为30年。

3.园区专项债项目融资及收益结构

从项目融资资金分布来看，市政及产业园区专项债建设项目的资金按照规模居于前2位的分别是非专项债券项目资本金、专项债资金。具体来看，对于2021年提取的样本规模为3962亿元的债券项目。按其披露的融资计划，其对应的债券存续期内项目总投资约为33897亿元，其中，非专项债券项目资本金、其他债券融资三者在存续期内项目总投资中的占比分别为57%、38%、5%，说明目前的市政及产业园区项目融资资金大部分来源于项目资本金及专项债资金，而其他债务资金占比较小。

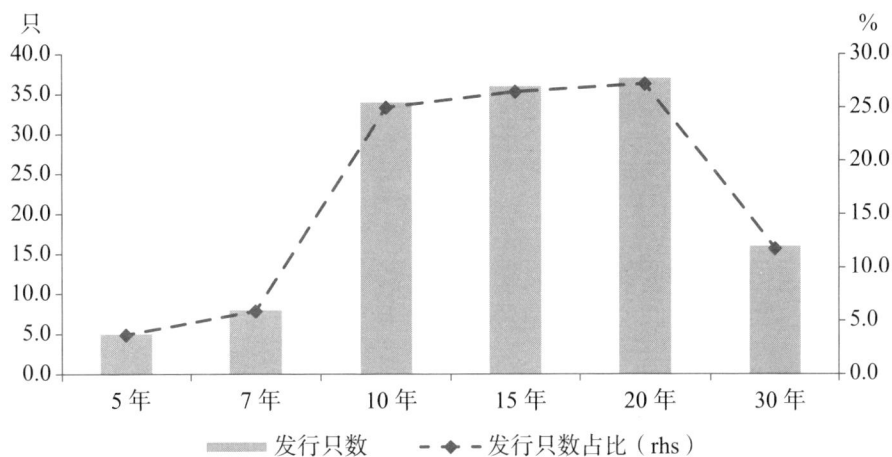

图2-2　市政及产业园区专项债发行期限只数分布（2021年）

注：图中只包含样本规模

资料来源：Wind，兴业研究

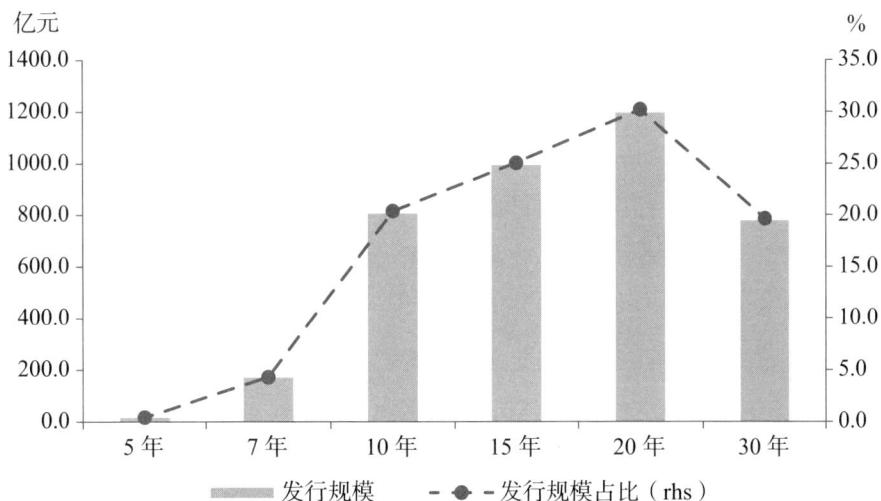

图2-3　市政及产业园区专项债发行期限规模分布（2021年）

注：图中只包含样本规模

资料来源：Wind，兴业研究

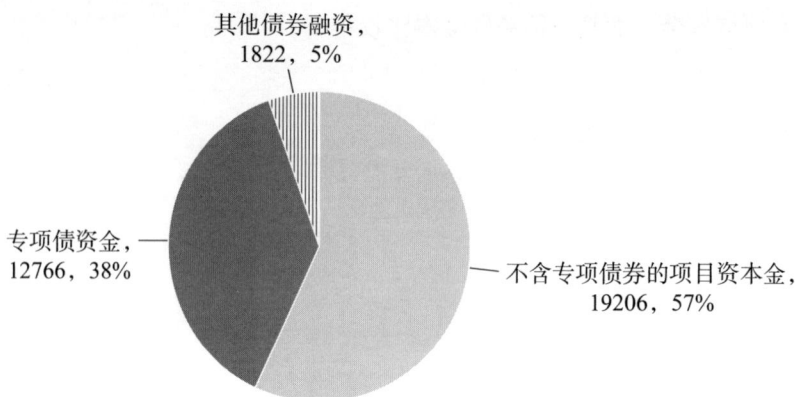

其他债券融资，
1822，5%

专项债资金，
12766，38%

不含专项债券的项目资本金，
19206，57%

图2-4　市政及产业园区专项债项目资金构成（专项债存续期间）

注：1. 图中只包含3962亿元的样本规模

　　2. 图中项目资金包含过去已融资部分与未来未融资计划

资料来源：根据债券披露信息整理得到，兴业研究

　　从项目收益情况来看，园区专项债项目收益主要来源于厂房、研究中心、仓储房等租金收益，土地出让收入，污水处理、停车场收入等配套设施收入。在已披露的子项目中，若以项目预估总收益与项目预估总投资的比值来衡量专项债项目收益自平衡情况，两者之比大于等于1的项目约933个，约有64.6%的项目预估总收益能覆盖项目预估总投资；两者之比大于等于2的项目约244个，约占样本项目数的16.9%。当然，由于样本以专项债项目发行披露文件为数据来源，其收益与融资计划为事前计划，预估收益可能与最终收益不一致。

　　从专项债用于符合条件的重大项目资本金来看，在园区专项债的融资规模中，实际用于项目资本金的专项债规模占比较低，或表明未来配套融资仍有空间。在披露子项目的专项债项目样本中，资本金规模仅占当期专项债规模的0.4%，主要集中在供水项目领域，项目对应的预估项目总收益与项目总投资的比值基本在2.0—2.5之间。同时，各个供水工程项目由于项目差异，其专项债规模中用作资本金的部分占比差异也较大。如国家级宾西经济技术开发区松花江供水项目，当期专项债中用于项目资本金的部分占比达53.6%，而黑龙江桦川经济开发区供水建设项目，当期专项债中用于项目资本金的部分占比为 16.8%。

从部分园区专项债项目的运营性质以及项目收益的数据来看，园区专项债用于资本金的比例还有进一步提高的空间。专项债做资本金需要满足两个要求。一是项目投向要符合政策要求。2019 年 9 月，国务院常务会议指出，水电气热等市政和产业园区基础设施属于专项债可用于项目资本金的范围之内[①]。二是园区项目收益要能达到专项债可用作项目资本金的融资条件。根据中央办公厅、国务院办公厅于 2019 年 6 月印发的《关于做好地方政府专项债券发行及项目配套融资工作的通知》（厅字〔2019〕33 号），规定"在评估项目收益偿还专项债券本息后专项收入具备融资条件的，允许将部分专项债券作为一定比例的项目资本金，但不得超越项目收益实际水平过度融资"。从样本子项目来看，预估项目总收益大于项目总投资的项目数比例约 64.6%，其中部分项目预估总收益更高，有可能符合专项债可用作项目资本金的融资条件。由此，从未来发展来看，或许反映出园区专项债对社会资本的撬动能力还可以进一步提升。

---

① 中国政府网.李克强主持召开国务院常务会议　部署精准施策加大力度做好"六稳"工作等（2019-09-04）〔2022-06-21〕.http://www.gov.cn/premier/2019/09/04/content_5427292.htm.

城投转型园区：一条现实的成功之路

一、概念的廓清

城投转型涉及概念较多，为便于理解，首先对特殊概念进行明确。

1.市场主体

名词来自2014年9月《国务院关于加强地方政府性债务管理的意见》（国发〔2014〕43号），指融资平台剥离政府融资职能后转变而成的自我约束、自我发展的主体。根据2015年《国资委　财政部　发展改革委关于印发〈关于国有企业功能界定与分类的指导意见〉的通知》（国资发研究〔2015〕170号），市场化主体包括公益类、经营类国企。

2.经营市场化

城投在转型过程中，为符合监管要求，对代建类、公用事业类业务进行的合规性改造。

3.城投业务分类

（1）代建类业务。本节指政府委托实施的基础设施、公用事业、土地开发等公益性、准公益性项目建设业务。

（2）公用事业类业务。本节指公交、水、电、燃气运营等准公益性业务。

（3）经营性业务。本节指不依赖财政资金，以市场化开展的非公益性、准公益性业务。

4.研究样本选取

为了研究城投转型与其园区业务的相关性，我们以Wind公开债发行主体数据为基础，构建了城投转型研究样本，选取两类主体：

（1）当前的城投公司：标准为截至2022年5月末仍有公益性资产的发债地方国有企业。

（2）曾经是城投^①的公司：标准为在2021年及以前曾经被Wind、中债、兴业研究口径认定为城投的发债地方国有企业。

剔除财务数据缺失后，得到样本企业2044家。其中，部分城投为园区管理机构实际控制，或业务集中在某一园区内部，我们将其称为园区城投，样本中共有261家，占全部样本企业的12.8%。

二、城投为何转型

（一）政府性债务划断：城投转型的起点

2014年8月，第十二届全国人大常委会第十次会议对《中华人民共和国预算法》（以下简称《预算法》）进行了修订，明确地方政府唯一合法的融资渠道为发行地方政府债券，城投的政府融资职能宣告终结。这是城投市场化转型的起点。

针对城投的"历史债务"进行了第一次"新老划段"：对于存量政府性债务，由于《预算法》修订以前城投的政府投资项目融资功能实质上获得了中央政府认可^②，因此给予政府性债务通过地方债发行置换的政策。具体而言，2014年9月国务院发布《国务院关于加强地方政府性债务管理的意见》（国发〔2014〕43号），对于存量债务首先明确"地方政府对其举借的债务负有偿还责任，中央政府实行不救助原则"，同时提出"对甄别后纳入预算管理的地方政府存量债务，可申请发行地方政府债券置换"。

---

① 在2021年及以前曾经被Wind、中债、兴业研究口径认定为城投。

② 2010年6月，国务院印发《关于加强地方政府融资平台公司管理有关问题的通知》（国发〔2010〕19号）将地方政府融资平台公司定义为"由地方政府及其部门和机构等通过财政拨款或注入土地、股权等资产设立，承担政府投资项目融资功能，并拥有独立法人资格的经济实体"。

对于城投公司出路，总体要求是剥离融资职能，方式则是关闭或转型为市场主体。具体而言，《国务院关于加强地方政府性债务管理的意见》（国发〔2014〕43号）提出了"剥离融资平台公司政府融资职能，融资平台公司不得新增政府债务"的总要求。进一步地，2015年12月，《国务院关于规范地方政府债务管理工作情况的报告》①（以下简称《报告》）提出"推进融资平台公司市场化转型和融资。一是在妥善处理融资平台公司政府存量债务的基础上，关闭空壳类公司，推动实体类公司转型为自我约束、自我发展的市场主体。二是由企业承担的公益性项目或业务，政府通过完善价格调整机制、注入资本金、安排财政补贴、政府购买服务等方式予以支持，严禁安排财政资金为融资平台公司市场化融资买单。三是实体类公司转型过程中，做好存量债务处置……政府在出资范围内履行出资人职责，或依法承担政府采购合同、政府和社会资本合作协议等约定的责任，不得为企业举债承担偿还责任或提供担保……"

从《报告》看，城投转型市场主体，核心是实现自我约束、自我发展，实际操作中重点则在于将财政支出明确限定为范围受限的有限责任，其中城投公益性业务要求财政资金通过注入资本金、财政补贴、政府购买服务（政府购买服务有严格的项目类别限制）等方式进行规范支持；城投融资则要求消除政府隐性担保。在上述转型完成后，政府和城投成为相对独立的主体，政府在出资范围、政府购买服务等采购合同范围内、PPP等约定下承担有限责任。

其实，在此之前，2013年原银监会发布《中国银监会关于加强2013年地方政府融资平台贷款风险监管的指导意见》（银监发〔2013〕10号）已大致与上述思路一致，在操作中将城投分为"退出平台"和"仍按平台管理"两类，其中，"'退出平台'具体指……整体转化为一般公司类客户管理的融资平台"，退出标准为：

---

① 于2015年12月22日在第十二届全国人民代表大会常务委员会第十八次会议发布。

（1）符合现代公司治理要求，属于按照商业化原则运作的企业法人；

（2）资产负债率在70%以下，财务报告经过会计师事务所审计；

（3）各债权银行对融资平台的风险定性均为全覆盖（自有现金流量占全部应还债务本息的比例为100%及以上）；

（4）存量贷款中需要财政偿还的部分已纳入地方财政预算管理并已落实预算资金来源，且存量贷款的抵押担保、贷款期限、还款方式等已整改合格；

（5）诚信经营，无违约记录，可持续独立发展。

在此标准下，2013年以来有一定数量的城投成为"退出平台"，但大量的城投仍无法满足上述标准。

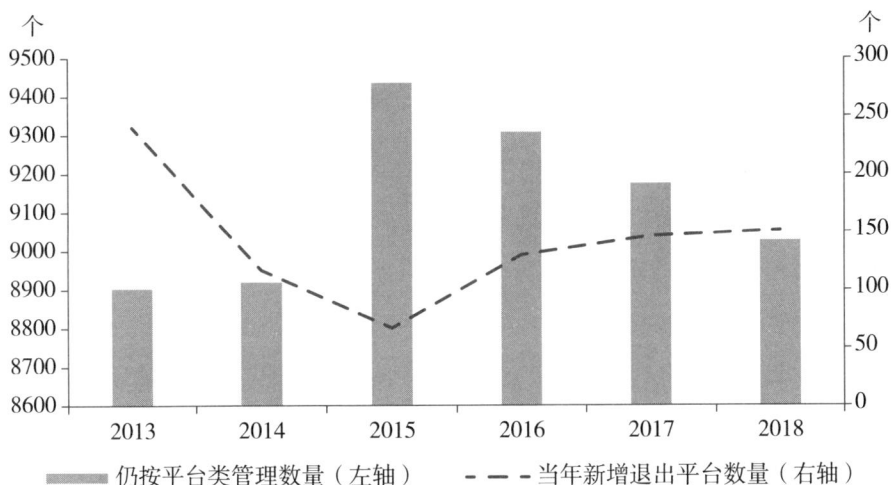

图2-5　2013—2018年银监会地方投融资退出平台数量情况

资料来源：前瞻经济学人，兴业研究

（二）政府隐性债务划断：城投转型内涵进一步丰富

政府对隐性债务进行认定后，城投转型的内涵进一步丰富。其一，城投转型为市场主体在原有标准之外，还需落实隐性债务"控增化存"要求；其二，地方政府要求城投提升经营能力，以支撑隐性债务滚动（滚动而非偿还，目前城投自主、有效化解隐性债务的案例较少）和区域发展。根据《中共中央国务院关于防范化解地方政府隐性债务风险的意见》（中发〔2018〕27号）规定，地方政府隐性债务是指地方政府在法定债务预算之外，直接或间接以财政资金偿还，以及违法提供担保等方式举借的债务①。隐性债务认定实际上是城投债务的第二次"新老划段"，明确地方政府对2015—2018年城投违规举借债务所形成的隐性债务的偿付责任。

此后，地方政府隐性债务的处置进展，成为判断城投市场转型的重要标准。2021年7月，银保监会发布《银行保险机构进一步做好地方政府隐性债务风险防范化解工作的指导意见》（银保监发〔2021〕15号），是否涉及政府隐性债务成为城投融资限制的一个重要分类依据。涉及隐性债务的主体在银行流贷、新增项目贷款、专项债配套融资、债券发行资金用途等方面均受到了较为严格的监管。这些都反映监管部门持之以恒控制政府隐性负债的努力。

在地方政府方面，2018年国务院发布《中共中央国务院关于防范化解地方政府隐性债务风险的意见》（中发〔2018〕27号），明确需要在5—10年内化解隐性债务（如果从发文时间算起，5—10年则对应着2023年到2028年）。同时，根据2018年《财政部地方全口径债务清查统计填报说明》，隐性债务化解主要依靠地方政府，共有6大渠道，包括预算资金、资产变现、项目运营、转化为企业债务以及重组、清算②。由此，地方政府对城投公司提升综合经营能力的诉求明显提升，主要目的是支撑区域发展和化解隐性债务。因此，城投转型又新增了经营能力提升这一目标，与之前来自中央政府不同，现在的压力主要来自地方政府。

---

① 21财经隐性债务27号文周年考："政府的归政府，企业的归企业".［EB/OL］.（2019–08–17）［2023–06–15］. https://m.21jingji.com/article/20190817/5568ce8242d30032e203b30fd030b2e8.html.

② 第一财经隐性债务治理再攻坚：财政部全面摸底债务规模.［EB/OL］.（2018–10–10）［2023–06–15］. https://www.yicai.com/news/100037474.html.

三、城投转型与园区

（一）城投转型方向的明确与转型过程的杂糅

城投转型包括公益类和商业类两个方向。根据国务院国资委《关于国有企业功能界定与分类的指导意见》（国资发研究〔2015〕170号），国企分为商业类、公益类两大类别，其中商业类国有企业以增强国有经济活力、放大国有资本功能、实现国有资产保值增值为主要目标，按照市场化要求实行商业化运作；公益类国有企业以保障民生、服务社会、提供公共产品和服务为主要目标，必要的产品或服务价格可以由政府调控。多地的城投合并也按照这个思路给出向两个方向开展。

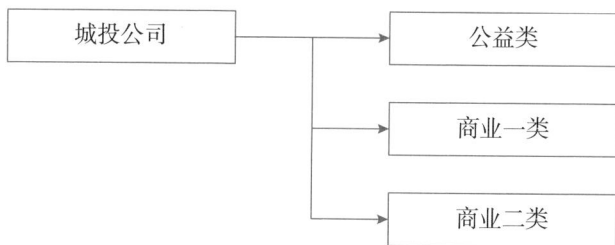

图2-6　城投转型市场主体

资料来源：国务院国资委，兴业研究

按照功能不同，区分公益类和商业类国企，将同类业务进行整合，是各地推动城投市场化运作的重要手段。例如，2017年2月，四川省政府发布《四川省人民政府关于进一步加强政府债务和融资管理的通知》（川府发〔2017〕10号）提出："对于兼有政府融资和公益性项目建设运营职能的融资平台公司，剥离其政府融资功能，通过兼并重组等方式整合同类业务，推动融资平台公司转型为公益性事业领域市场化运作的国有企业；对于具有相关专业资质、市场竞争力较强、规模较大、管理规范的融资平台公司……转型为一般企业。"

由于代建类业务的特殊性，此类城投转型以公益类国企为主。根据2018年陕西省发布的《关于推进我省融资平台公司转型发展的意见》："公益类国有企业，承接政府委托实施的基础设施、公用事业、土地开发等公益性项目建设。"

表2-1　各地融资平台转型方案相关表述

时间	地区	文件	表述
2017年	四川	《四川省人民政府关于进一步加强政府债务和融资管理的通知》（川府发〔2017〕10号）	对兼有政府融资和公益性项目建设、运营职能的融资平台公司，剥离其政府融资功能，通过兼并重组等方式整合同类业务，推动融资平台公司转型为公益性事业领域市场化运作的公益类国有企业；对于具有相关专业资质、市场竞争力较强、规模较大、管理规范的融资平台公司，剥离其政府融资功能，在妥善处置存量债务的基础上，转型为一般企业。
2017年	重庆	《重庆市人民政府关于加强融资平台管理的通知》（渝府办发〔2017〕74号）	对兼有政府融资和公益性项目建设、运营职能的"实体类"融资平台公司，要剥离其政府融资职能，通过兼并重组、整合归并同类业务等方式，转型为公益类国有单位，承接政府委托实施的基础设施、公用事业、土地开发等公益性项目建设。对承担一定政府融资职能的"商业类"国有企业，今后不得为政府融资。
2018年	陕西	《关于推进我省融资平台公司转型发展的意见》	对兼有政府融资和公益性项目建设、运营职能的"实体类"融资平台公司，要剥离其政府融资职能，通过兼并重组、整合归并同类业务等方式，转型为公益类国有企业，承接政府委托实施的基础设施、公用事业、土地开发等公益性项目建设；对按市场化方式承担一定政府融资职能的"商业类"国有企业，鼓励其继续为地方经济发挥积极主动作用，但不得再替政府或受政府委托融资。

时间	地区	文件	表　述
2020 年	山东	《关于推进政府融资平台公司市场化转型发展的意见》（鲁财债〔2020〕17 号）	对兼有政府融资和公益性项目建设、运营职能的"复合类"融资平台公司，剥离其政府融资功能，通过兼并重组等方式整合同类业务，推动融资平台公司转型为公益性事业领域市场化运作的公益类国有企业。对具有相关专业资质、市场竞争性较强、规模较大、管理规范的"市场类"融资平台公司，在妥善处置存量债务的基础上，支持其转型为商业类国有企业。
2021 年	甘肃	《关于推进市县政府融资平台公司整合升级，加快市场化转型发展的指导意见》（甘发改财经〔2021〕609 号）	通过划分类型（"空壳类""复合类""市场类"）、整合资源、注入资产、清理撤销、归并整合、"以市带县"等方式，将现有融资平台公司转型为权属清晰、多元经营、自负盈亏的市场化综合性国有资产运营（集团）公司；转型后的公益类国有企业开展市场化融资时，必须在相关融资协议中注明不承担政府融资职能，坚决不新增政府隐性债务。

资料来源：各地政府官网，公开资料，兴业研究

　　城投向商业类国企转型，需要对业务进行合规性改造，剥离代建、公用事业等业务，封存并妥善化解隐性债务，提升综合经营能力。从实际情况看，由于隐性债务主要对应项目，业务（项目）拆分后的隐性债务承继主体就成为承担着大量债务却缺乏融资能力的一种特殊存在，隐性债务的风险立刻就会暴露，与之相比更为现实的处理办法是保持存量债务不新增情况下的滚动，由此，城投在转型过程中普遍采取了"整合"而非简单剥离的办法。这使得现阶段城投普遍处于"混合"状态，即多个城投先整合到同一主体后，在合并报表框架内一边进行业务的合规性改造，一边提升盈利能力，以"混同"来改善和维系城投主体的融资能力，从而为隐性债务化解"买时间"。

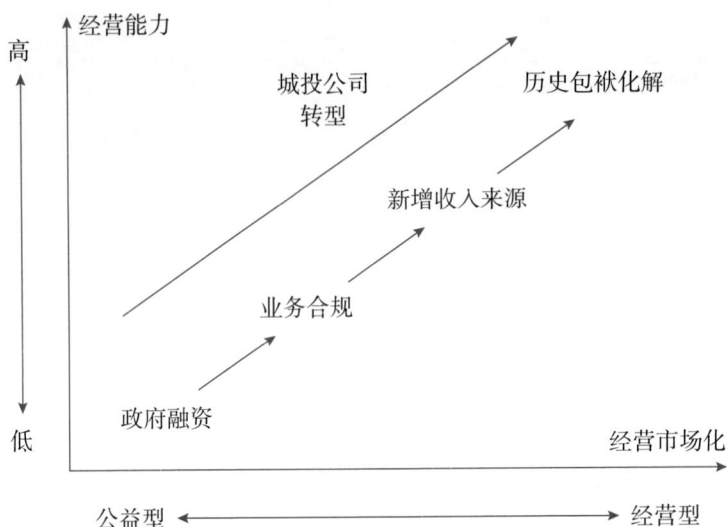

图2-7　城投转型路径

资料来源：Wind，兴业研究

（二）城投业务增量规范化，存量仍需时日

城投业务不断规范化。以土地开发业务为例，2015年以前，城投的土地整理业务主要以BT形式开展，即城投建设、政府回购。2014年《国务院关于加强地方政府性债务管理的意见》（国发〔2014〕43号）发布以后，政府购买、PPP成为主要的建设模式。此后，为防范隐性债务风险，《关于坚决制止地方以政府购买服务名义违法违规融资的通知》（财预〔2017〕87号）等文件发布，储备土地前期开发等公益性业务不能再作为政府购买的对象，城投的土地整理业务再次向代建模式回归，但主要为利用财政资金的代建，垫资情况有所改善。以J地某公司为例，其土地整理模式随着政策变化不断调整，2017年以后回归代建模式，但在融资政策的限制下，作为公益性业务代表的土地整理主要依托财政资金开展，难以获取外部融资。

2009—2015 年	2016—2017 年	2017 年以后
基建采取 BT 模式	政府购买服务、PPP	纯代建模式

当地政府与某公司签订《代建协议》	当地政府与某公司签订《政府购买协议》	当地政府（委托方）与某公司签订《代建协议》
某公司实施代建	某公司负责筹集资金、建设及管理项目	委托方负责筹集建设款项并拨付至某公司或工程方
当地政府进行回购	当地政府按照《政府购买协议》在 10—15 年内按比例支付	某公司收取代建管理费用

图2-8　J地某公司基建业务模式变化

资料来源：Wind，荆门市政府，兴业研究

城投的资产也得到一定程度的规范，在新增业务中，纯公益性资产、储备土地等不得再作为城投资产。2010年国务院发布《关于加强地方政府融资平台公司管理有关问题的通知》（国发〔2010〕19号），要求"学校、医院、公园等公益性资产不得作为资本注入融资平台公司"。2017年，财政部发布《关于进一步规范地方政府举债融资行为的通知》（财预〔2017〕50号）要求："地方政府不得将公益性资产、储备土地注入融资平台公司。"该政策对于向城投公司新增注入公益性资产起到了明显约束作用，但并未明确要求整改存量。例如，根据K地某公司披露，审计署于2018年审计提出，K地国资委2010年注入该公司的公园等资产，不符合《关于加强地方政府融资平台公司管理有关问题的通知》（国发〔2010〕19号）规定，该公司随后按要求将上述资产剥离。同时，该公司账面仍留有大量的2010年以前政府注入的公益性资产，根据其公开披露，K地政府在2005年注入了9.02亿元的公益性资产，包括市政道路、排污设施等，上述资产至今仍在账面留存。

存量业务市场化仍需时日。2021年12月，财政部在加强和完善地方政府专项债券管理国务院政策例行吹风会上表示"近年来隐性债务风险稳步缓释，风险总体可控"，隐性债务新增势头得到遏制。但城投公司存量隐性债务化解的难度仍较大，成为其转型为市场主体的拖累，表现之一就是城投账面以代建成本、应收政府款项为主的公益性资产占比仍较高。

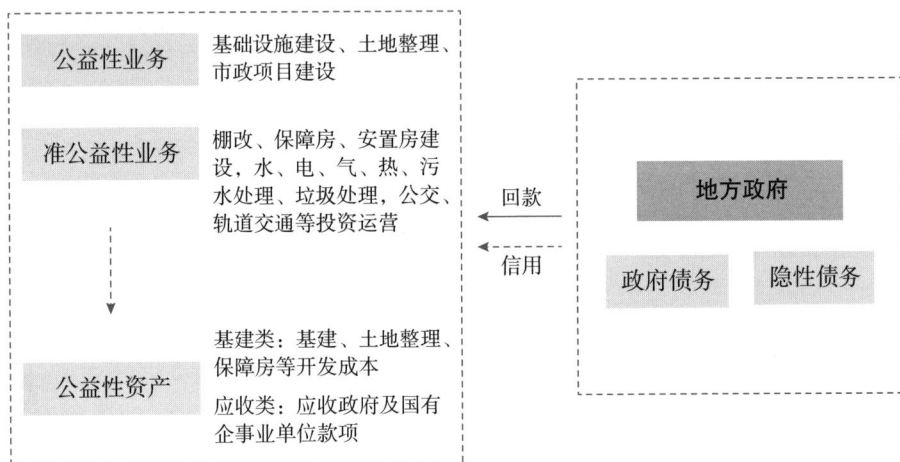

图2-9 城投存量债务的化解需要财政完成付款责任

资料来源：兴业研究

（三）城投资产和业务调整与园区

经营能力提升的核心是增加经营性收入。具体来说，两个问题最关键：一个是可以做哪些业务，另一个是相关资产从哪里来。其中，资产是业务的基础或结果。

对城投而言，资产主要来源于区内资源整合（来自政府）和自主投资（来自市场），政府资源状况、区域产业发展水平、城投融资能力是影响其资产构建的主要因素。进一步地，构建了哪些资产则决定了城投能够在哪些方面开展业务，而城投的资源、业务整合能力也对业务的开展起着重要的作用，影响着转型的进度。

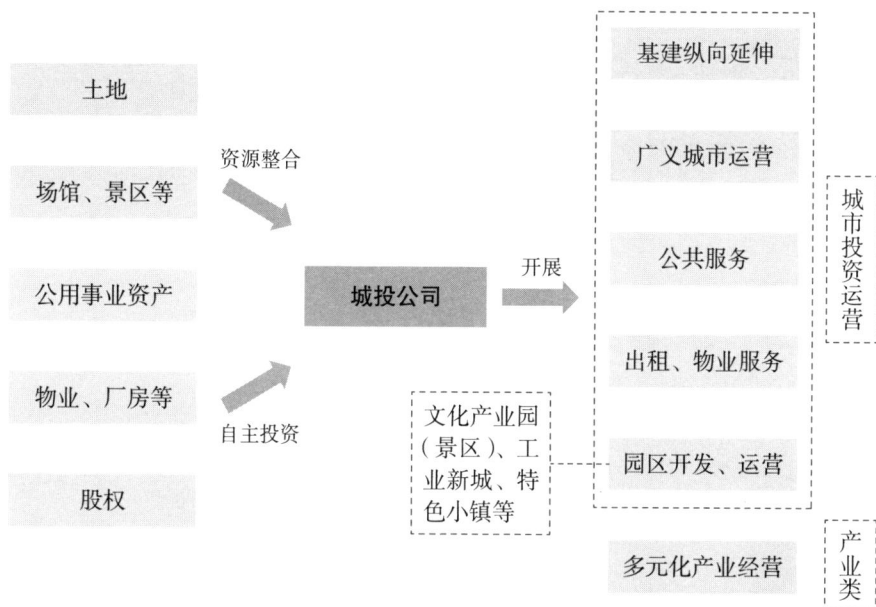

图2-10　城投的资产和业务开展

资料来源：兴业研究

　　资产方面，出于提升城投公司经营能力考虑，地方政府持续向城投注入国有资产，再加上自主投资，城投公司已成为地方国有资产最大持有者。截至2022年6月15日[①]，发债城投公司总资产97.71万亿元，占全部发债地方国企总资产的比例达62.40%；城投公司负债合计占全部发债地方国企总负债的比例达59.65%。从构成看，除了上文提到的代建工程、应收款项等，城投公司还有大量能够产生收入的准公益性和经营性资产，如保障房、公用事业设施、公交、轨交等。

---

　　① 我们选取了 Wind 所有发行过债券的地方国企，剔除金融企业，并进行母子公司去重后计算资产占比。

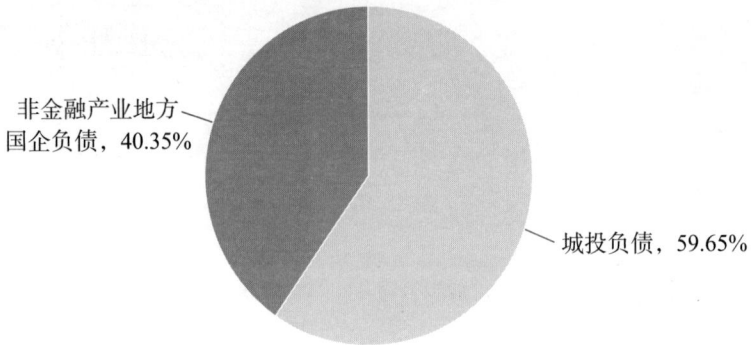

图2-11　城投公司负债占非金融地方国企比重

资料来源：Wind，兴业研究

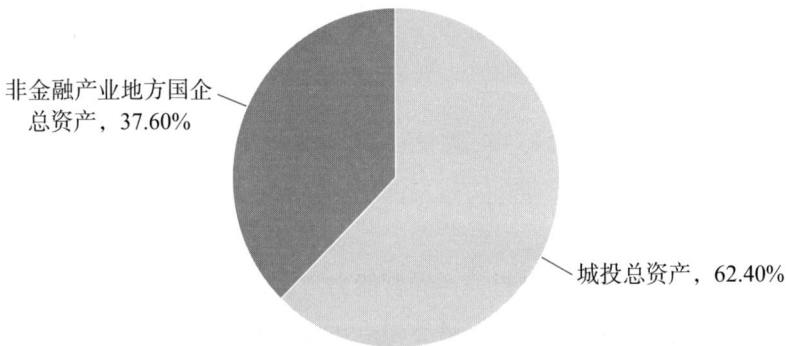

图2-12　城投公司资产占非金融地方国企比重

资料来源：Wind，兴业研究

区域资源整合是城投公司获取资产的重要渠道。从实际看，体育中心、会展中心、公用事业资产、墓地、特许经营权、国有股权等均可划转，主要取决于政府资源禀赋。例如，河道采砂许可制度下，采砂权成为一种特许经营权，既能够做大城投公司资产，也能够产生稳定的现金流。临江、临河地区的政府向城投注入采砂权是较为常见的手段，例如，R地政府就向下属城投公司注入采砂权，砂石收入成为该城投公司收入的重要补充。

从资产类别看，政府通过划拨转入的资产主要是土地、基建设施、股权和物业，但尚鲜有将产业类地方国企整体划入由城投并表进行管理的案例。城投成立以后，政府向其划转的资产主要反映在"资本公积"科目[①]，其构成一定程度上反映了政府划转资产的类别。例如，根据Y地某公司披露，截至2021年3月末，通过政府划转获得土地账面价值94.20亿元，占资本公积的67%，占所有者权益的48%。同期末，该公司的资本公积主要由土地、其他资产、股权和房屋构成，其他资产预计主要为政府划转或公司前期建设后未转出的基础设施。

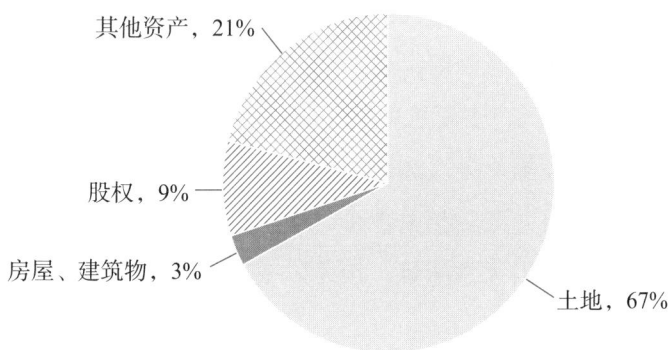

图2-13　2021年3月末Y地某公司资本公积来源构成

资料来源：募集说明书，兴业研究

　　除政府划转外，城投公司还开展自主投资，大体包括两方面，一种是围绕城市建设延伸投资，包括园区、场馆、房地产等开展的固定资产投资；另一种则是产业投资，以股权形式为主。城市建设延伸投资方面，景区、新城等园区开发就是一类比较典型的投资方向。根据T地某公司披露，其所开发的某产业园项目，投资涉及配套路网等公益性投资，以及游乐区、度假区、公寓商业配套等。其中的公益性项目资金来自财政，而其他项目资金则由该公司募集。根据募集说明书推测，建成后预计由其与某主题乐园开发、运营

---

　　① 资本公积与实收资本（股本）的区别在于实收资本是公司成立时候各股东投入的资金，而资本公积是运营过程中积攒的。因此，城投成立后政府分批注入的资产往往体现在资本公积中。

企业共同运营。特色产业园、新城等也是重要的投资方向。例如，2022年3月，S地某公司与多家企业签约，依托相关企业的产业园规划和运营经验优势，共同打造数字经济产业合作园。

城投公司通过这类投资，构建了物业、商业等经营性资产，是原有城市建设业务的延伸，不同于市政道路等公益性资产，此类投资能够产生一定现金流。但同时也需要看到，部分城投公司的景区投资难以完全市场化，仍是围绕属地整体发展而展开，盈利并非主要动因。

产业方面，城投在标的选择上主要针对有较多业务往来的企业，或配合政府招商引资、企业纾困等，也非以纯粹获利为目标。W地某公司作为属地最重要的城投之一，主要从事W地区域内的自有土地出让、城市建设、供水供热、水利建设等业务。2018—2019年，该公司多次收购上市公司股权，完成董事会改组并派驻相关董事，取得实控权。在公司入股前，被收购的上市公司已经爆出经营困难，作为区域内大型的上市公司，国资入股有纾困意味。

城投增量业务大体分为城市投资运营和产业经营两类，均围绕上述资产展开。无论是资源整合还是自主投资，城投公司资产获取仍与区域禀赋、发展规划息息相关，使得城投业务转型往往呈现"被动"的特征，即政府有什么，政府要什么，就往什么方向发展。

城市投资运营方面，主要围绕土地、基础设施、公用事业资产等开展。具体而言，围绕土地资产，除原有的土地整理外，城投公司业务可以实现纵向延伸，向上可延伸至施工、混凝土销售等，向下可延伸至房地产开发、运营、土地一二级联动开发等。围绕场馆、园区、停车场等基础设施，城投公司可开展广义的城市运营业务。围绕公用事业资产，城投可开展供水、污水、固废等公共服务业务。围绕政府注入的物业等，则可以开展出租、物业运营等。

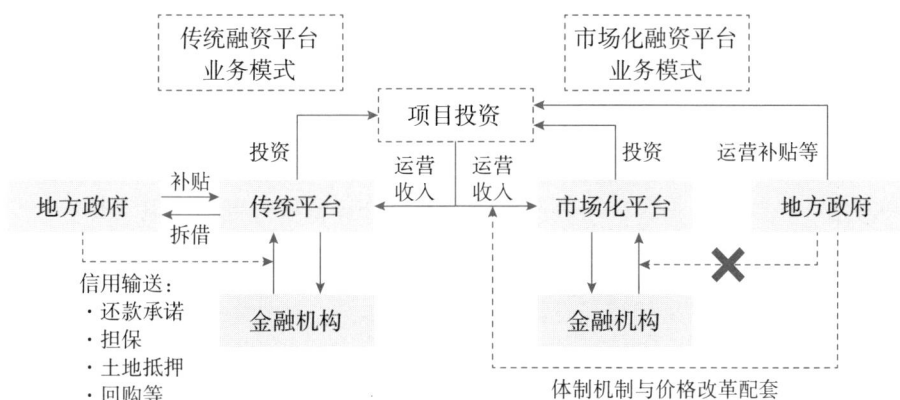

图2-14　城投转型城市投资运营

资料来源：兴业研究

　　综上所述，城投的经营能力提升仍围绕区域发展和政府需求开展，盈利并非其核心目的，这也导致了其增量业务开展具有"被动性"，业务间可能缺少协同。因此，城投新增业务往往仅能起到增加营收、扩大资产的作用，而对于债务负担、投资的回收则关注较少，导致营收、资产虽持续增长，但资产的获利能力却呈现弱化趋势。

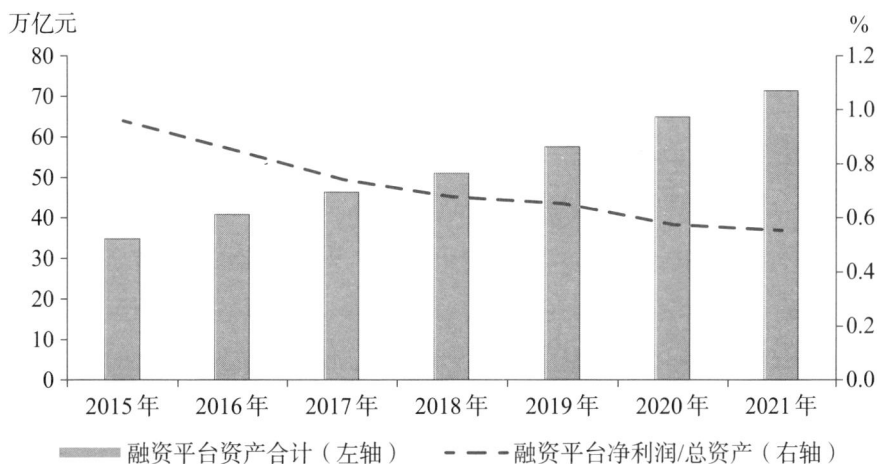

图2-15　城投公司资产获利能力弱化

注：样本为有存量公募债的城投主体，剔除了无数据主体

资料来源：Wind，兴业研究

（四）城投转型的典型模式

1.转型城市综合运营商

转型为公用事业类企业或城市综合运营商是城投转型的一类典型模式。一方面，城投可以整合公用事业类资产及特许经营权，包括水电气热、公交路桥、文旅类资产，并在此基础上开展资源收费业务；另一方面，城投还可以依托其区域资源禀赋和开发经验积累，将传统基建业务外延拓展至当前政策鼓励的城镇化建设、城市更新、产城融合、乡村振兴、"新基建"投资等热点方向。

以L地某集团为例，其为当地的第二大城投，定位为"城市综合运营服务商"。成立之初的2006—2010年，该集团为当地基础设施建设平台。截至2010年底，该集团营业收入全部来自基础设施建设及土地整理，回款依赖政府回购整理完成后的土地；资产规模114亿元，基本由土地预付款、基础设施建设成本构成。2010年后，伴随其所负责开发的片区一期基本建设完成，开展二期建设，该集团的相关供热管网、供水工程逐步完工并形成收入，保障房业务成为主要收入来源。

截至2016年底，其所在开发区的二期基础设施建设基本完工，该集团业务构成中不再出现基础设施建设、土地整理收入，而变更为保障房（66.14%）、供热（19.10%）、供水（10.85%）和物业租赁（2.17%），符合市场化特征的营业收入比例已提升至较高水平。但该集团盈利能力不足，保障房毛利率较低，供热、物业租赁业务毛利率为负。同期末，该集团资产提升至301亿元，此时公益性资产（预付土地款、基础设施建设成本）占比仍在60%左右，同时保障房建设（20%）、公用事业（14%）占比提升较快。

2017年，该集团开始通过地方债置换存量政府性债务，公益性资产规模比例大幅下降，同时又新开展了酒店业务（政府划转）。2020年，该集团通过债务重组控股了多家子公司（涉及大豆及食品、商铺摊位出租、劳务派遣等业务），进一步拓展经营收入来源。

截至2020年底，该集团业务收入构成中无公益性业务收入，贸易

（43.99%）、保障房（20.56%）、大豆及食品（10.57%）、供热（7.87%）、酒店（5.44%）、劳务派遣（5.04%）、供水（4.30%）等经营性业务为主要收入来源。分业务来看，保障房业务是该集团主要盈利来源，其余业务可保持微利，整体有一定的独立经营能力。截至2021年底，该集团总资产586亿元，公益性资产占比下降至10%以下，保障房（25%）、公用事业（20%）、物业租赁（15%）为主要资产。

总体而言，该集团从一个收入、资产全部来自纯公益性业务的城投平台，逐渐转变为一家城市运营综合运营商，实现了转型发展。但回顾其转型历程，2017年通过地方债置换存量政府性债务是其顺利转型的重要保障。

·L地某集团成立 ·投入50余亿元用于片区建设	·片区一期建设完成 ·片区二期开始建设	·供热、水务业务运营 ·供热面积239万平方米	·保障房业务 ·供热面积603万平方米 ·片区二期基础设施基本完工	·酒店业务 ·政府债务置换划入工程（厂房）	·重组、划入、并购多家子公司
2006	2010	2013	2016	2017	2020
纯公益性主体		城市运营业务主体，纯公益性资产占比仍高		标准的城市综合运营商，业务面仍在扩张	

图2-16　L地某集团发展历程

资料来源：Wind，兴业研究

2. 转型产业投资公司

部分城投已经开展经营性业务，可以在此基础上继续夯实壮大，提升经营效益，也可以通过国有资产划转、直接股权收购、产业基金投资等途径来丰富经营性业务，转型发展为产业投资公司。

以H地某公司为例，其为H地唯一市级发债平台，在2006年成立之初主要承担H地公共设施的投融资建设，涉及公交、水务、天然气、供热、市政项目建设等领域。后续该公司切入产业投资，向各类产业项目完成现金出资约1000亿元。

2007年以前为其早期阶段，该公司收入主要来自公用事业运营，自身经营偿债能力一般，营业利润为负，依赖补贴实现净利润。2007年底，该公司资产规模232亿元，公益性资产占比较高。2008年，该公司获得市政府划入的两家上市公司股权，入股产业类项目，开启了转型之路。

2008—2014年，该公司主要涉及产业投资和准公益性项目投资，准公益性项目包括轨道交通、公路代建、旧改及房地产开发。2015—2017年为该公司"转型发展年"，转型发展的总体思路为"市场化参与基建、专业化国资运营"。2015年，合肥建投收入主要来自商超百货（48.38%）、公用事业（25.65%）、种业（6.45%）、基础设施建设，收入结构上已转向以经营性业务为主。同时，2015年，该公司出售参与上市公司定增所获得的股权，获得投资净收益120亿元（回报率343%），扣除补贴后全年净利润转正。2015年底，该公司资产规模2527亿元，其中公益性资产（包括代建、公用事业）占比在60%左右，产业投资规模约70亿元，占比5%。

在产业投资取得初步成功后，该公司产业投资开始扩张。截至2020年底，该公司收入构成变化不大，以商场百货、公用事业、种业、基础设施建设为主，已依赖投资收益实现了盈利。资产方面，2021年末该公司总资产5657亿元，其中公益性资产（以轨交等准公益性资产为主）占比在70%左右，产业投资规模升至419亿元；有息债务规模仅1018亿元，考虑到基础设施建设业务资金基本来自财政资金[①]，该公司的有息债务扩张可能基本用于产业投资。

整体来看，H地某公司在10余年间通过基建业务模式转型、产业投资实现了助力区域经济、城投模式转型的双重目标。这种成功的背后一方面是规范的代建类业务开展模式，政府付款也较为及时；另一方面是政府明确的产业发展路径和思路，对于政府和城投的经营能力都有较高要求。

3.从园区开发建设转向"房地产开发+园区运营"

相比于城市发展，园区发展的周期更短，从事园区开发、运营的城投主体能够以相对短的周期实现土地、基建投入的回收，进而重"建设"到重

---

① 2021年底，H地某公司长期应付款1953.81亿元，主要是政府历年拨付的建设资金。

"运营"，是较为典型的转型模式。

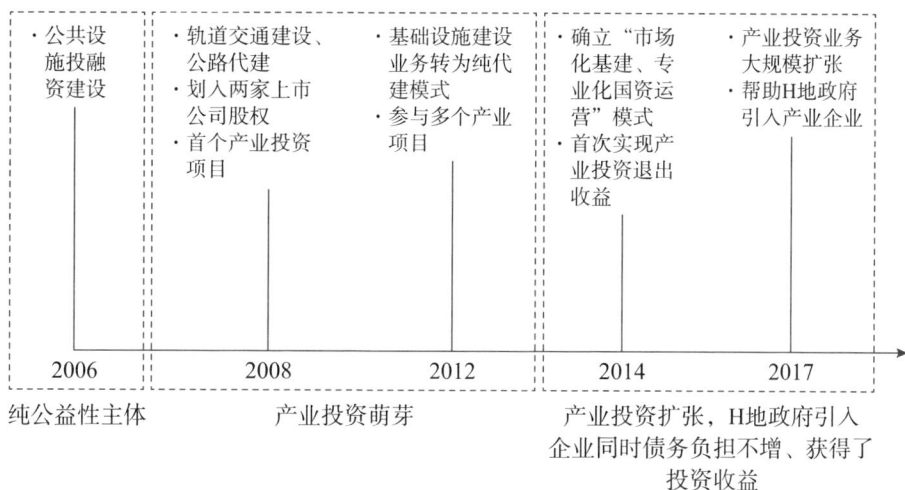

图2-17　H地某公司发展历程

资料来源：Wind，兴业研究

以S地某公司为例，其成立于1990年，成立之初以S地高新区的基础设施建设及动迁房建设为主要业务，2006年该业务收入占比达62%，房地产开发业务则占比30%，由上市子公司经营；2006年底S地某公司资产规模169亿元，公益性资产占比在70%以上。

2011年开始，S地某公司推行"商业＋地产"模式，房地产收入规模占比升至60%左右，而基础设施建设业务收入随着S地高新区建设完工而逐渐减少。2016年房地产业务收入占比达50%以上（此时签约销售均价1.27万元/平方米），且异地房地产收入增长，公益性业务（基础设施建设＋公用事业运营）收入占比为7%。资产方面，S地某公司2016年底总资产规模551亿元，其中公益性资产占比在50%左右，房地产相关资产占比约20%。后续随着地产市场升温，以及房地产业务异地扩张，2020年房地产业务收入占比至70%左右，公益性业务收入占比为13%。

2021年底S地某公司总资产规模1341亿元，公益性资产占比降至40%以下，房地产相关资产（存货等）占比提升至26%。整体来看，其依托园区发展，利用"土地增值"和"园区运营收入"这两条线较好地回收了基建投资，实现了轻装上阵。同时，园区发展也为其带来了开发运营经验和优质资产的沉淀（园区物业等），使其能够较为顺畅地转型为房地产开发+园区运营的市场化主体。

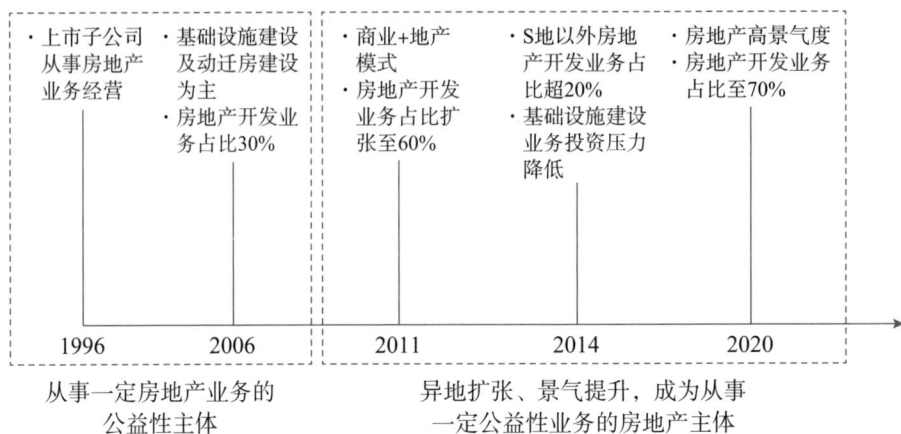

图2-18　S地某公司发展历程

资料来源：Wind，兴业研究

　　实际上，上述三种典型模式更多是基于主营业务进行划分的，而对于现实中的城投转型来说，并非只能选择其一，有些城投则是上述三种方式的融合，比如对于股权投资来说，其股权投资对象往往是在本地有投资的企业，很多就是当地园区的入园企业。而第三种方式的S地某公司，实际上就是对园区内的企业进行股权投资。同时，对于园区运营者来说，其往往也是公共基础设施的提供者和维护者。

四、园区与城投转型绩效：实证分析

（一）转型判断逻辑与数据刻画

城投转型通过经营市场化和经营能力提升两条路径，衡量城投的转型进展也应从这两个方面展开。经营市场化的核心判断指标是政府隐性债务化解进展，但由于政府隐性债务数据难以获取，我们主要通过公益性资产占比来判断城投经营市场化的转型进展。经营能力提升的核心判断指标是城投的经营偿债能力，通过自主经营偿还债务本息是独立经营的重要标志，我们通过EBITDA/有息债务等财务指标判断城投经营能力。

城投公司隐性债务形成的本质是政府对其有潜在偿付责任。这种责任一般来源于公益性、准公益性业务开展过程中的回款延迟、资金占用、资金拆借——这是"城投信仰"最根本的来源，这些都会在城投公司账面形成对应的资产。我们将这类资产称为公益性资产，其规模或占比的变化实际反映了政府解决潜在偿付责任的进展情况，也是城投公司存量业务改造情况的进展。如图表2–19所示，公益性资产与城投公司债务有一定的对应关系。

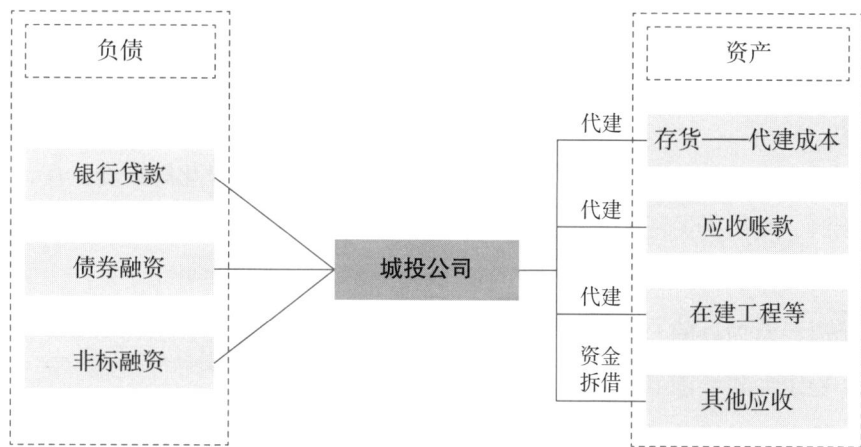

图2–19　公益性资产形成

资料来源：兴业研究

具体的公益性资产类型详见表2-2。除此之外，公益性资产还需要符合以下特征：（1）回款方或回购方是城投所对应的政府或其下属单位，但若应收企业或区外政府款项则不能视为公益性资产；（2）公用事业等准公益性资产也算作部分公益性资产，但因其有一定的盈利能力，本节统一简化为按照0.5的折算系数进行计算。

表2-2　主要的公益性业务与公益性资产折算系数

业务名称	可能对应的资产科目	折算系数
基础设施代建	存货、应收账款、其他应收款等	1.0
土地整理业务	存货、应收账款、其他应收款、长期应收款、其他非流动资产	1.0
安置房业务	存货、应收账款、其他应收款	0.5
保障房业务	存货、应收账款、其他应收款	1.0
铁路项目	可供出售金融资产、在建工程、其他非流动资产	1.0
公用事业类	固定资产、在建工程、无形资产、应收账款	0.5
转贷业务	应收账款、长期应收款	1.0
资金拆借	应收账款、其他应收款	1.0
公租房业务	在建工程、其他非流动资产	1.0

注：对于明确可以区分出定向销售模式的保障房相关资产，折算系数为0.5；对于轨道交通、公交类资产，由于相关业务普遍亏损幅度比较大，折算系数为1.0

资料来源：兴业研究

进一步，我们通过公益性资产占比估算城投隐性债务化解进度，在计算占比时，我们更关注的是公益性资产与实质上能够用于生产经营的资产之间的比例关系。考虑到政府向城投划转的土地等资产主要是为充实资产，大多不是以经营为目的，因而，我们对相关项目进行了剔除；考虑到货币资金存在不稳定性和可调节性，我们也进行了剔除。

综上，城投公益性资产占比=公益性资产/（总资产-货币资金-政府注入的土地等），用以估算隐性债务化解进度。据此计算，样本中有81.6%的主体公益性资产占比大于或等于60%，公益性资产占比较高。除完全转型的3.6%主体外，公益资产占比较低的主体仅有14.7%。

在经营能力方面，样本中81.0%的主体EBITDA/有息债务小于5年期LPR（4.45%）[①]，静态看来缺乏足够的付息能力。19.0%的主体EBITDA/有息债务大于5年期LPR，可认为有一定的独立付息能力，其中6.6%的主体大于

———————

① 2022年5月底。

2倍LPR（8.9%）。需要看到的是，城投的再融资能力，即动态付息能力，也是其能否独立运营的重要指标。

限于篇幅，将在后续研究中进行论述。

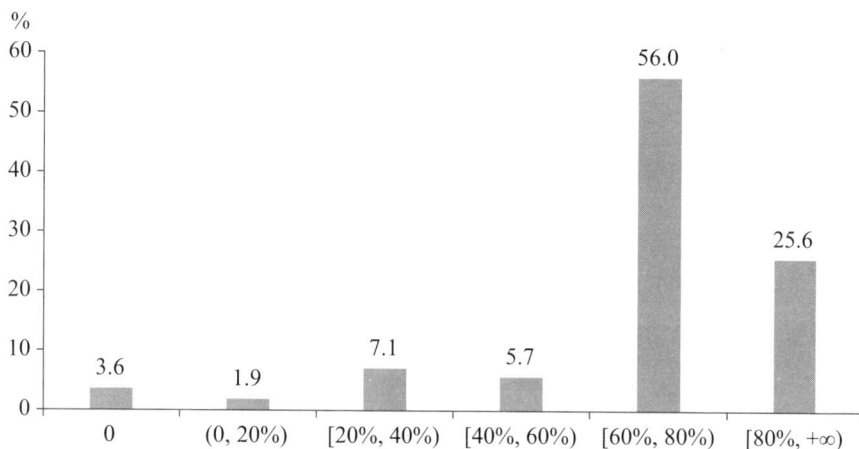

图2-20　样本主体公益性资产占比分布

资料来源：兴业研究

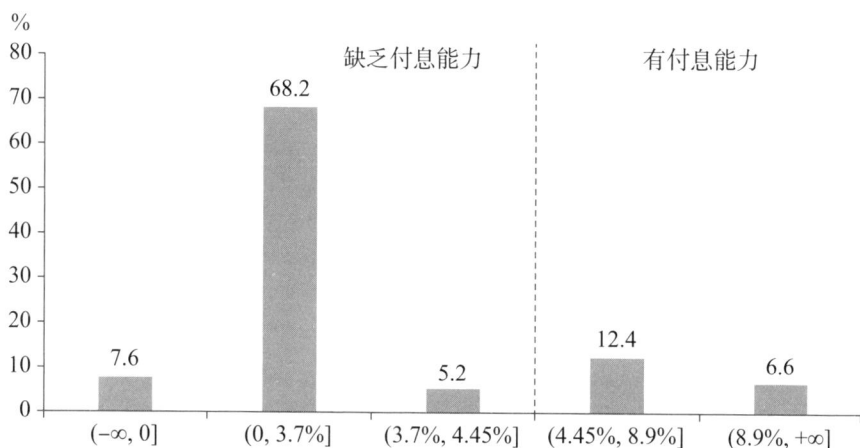

图2-21　样本主体EBITDA/有息债务分布

资料来源：Wind，兴业研究

将上述指标组合起来看，样本主体公益性资产占比越高的，缺乏付息能力①主体的占比也越高，反之则有一定的独立付息能力的主体占比越高。由此可见，公益性资产占比的高低与样本盈利能力强弱有负相关关系。

综上，样本转型程度可分为三类：

（1）完全转型：公益性资产等于0的主体。共有74家，占比3.60%。

（2）部分转型：公益性资产大于0，但EBITDA/有息债务大于等于4.45%，即虽然仍可能有隐性债务，但已有独立经营能力。共有344家，占比16.80%。

（3）尚未转型：除以上两类剩余的样本主体。共有1626家，占比79.50%。

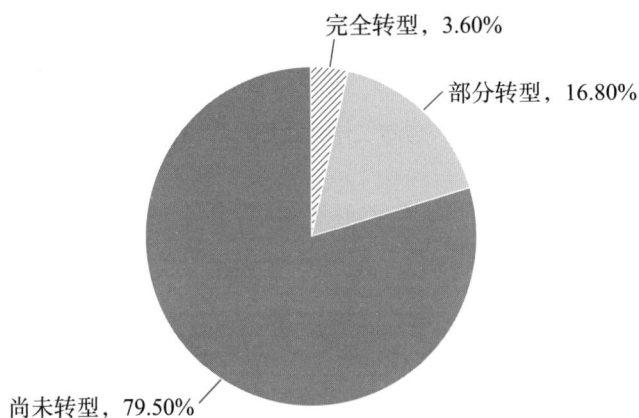

图2-22 样本中转型分类

资料来源：兴业研究

（二）园区与城投转型绩效

园区开发、运营业务可以成为城投转型的重要抓手。城投是国内园区发展的重要参与者，如图表2-23所示，城投主要作为建设主体、运营主体参与园区发展。一方面，相对于城市整体发展，园区发展目标更为纯粹，发展

---

① EBITDA/有息债务小于等于5年期LPR，图中为深蓝色、浅蓝色主体。

周期也更短，意味着其开发更容易商业化，土地、基建投资回收可能更快。另一方面，园区内企业密集，公用服务等需求集中，意味着城投可以积累优质的生息资产。

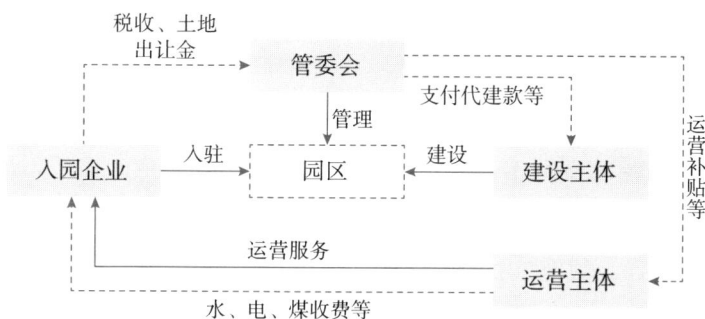

图 2-23　园区及相关主体

资料来源：Wind，兴业研究

园区业务对城投转型的推动作用主要有三个方面：首先，对城投而言，通过园区开发、运营能够一定程度上解决传统代建类业务"回款慢、负债重"的问题。其次，通过园区开发，城投能沉淀物业、水电煤设施等生息资产，有利于构建市场化收入机制。最后，城投以园区为依托，还能够实现大量的业务拓展，如园区开发、运营的区外拓展；围绕入园企业的产业投资等。

实际上，纵观城投进行园区开发建设运营的全过程，给定其他因素不变，其也能够自动降低公益性资产占比、逐步提高营业性资产占比，从而随着招商的成功而完成从城投到市场化的转型。

（1）园区开发、运营异地复制

部分园区开发成熟后，相关园区城投在投资选址、规划定位、建设施工、招商推广、运营服务乃至产城融合等园区建设全流程管理积累了较为丰富的经验，可以通过区外复制推动转型发展。这种模式起源于中关村自主创新示范区的"飞地经济"模式，通过将园区运营经验异地复制，园区城投获得了新的收入来源，异地开展也避免了业务政企不分的情况。

例如，S地某集团历经20余年发展，主营业务从早期单一的土地开发和基础设施建设转向地产租售及园区运营，并通过市场化竞争承接南通市、宿迁市、昆山市、吴江区等异地园区开发项目。

再如，F地某公司依托园区运营，转型固废处理企业。其为F地平台，原主要负责区内电力、燃气、水务等准公益性业务，其中水务业务主要由上市公司负责。2012年以来，为满足入园企业需要，下属子公司通过混改、收并购引入固废处理技术，又逐步将固废处理模式向全国推广，逐步发展为全国性的大型综合环境服务企业。目前，其固废处理业务已由所属地区拓展至国内9省，截至2020年底固废处理业务收入占其全部收入比重已接近50%。

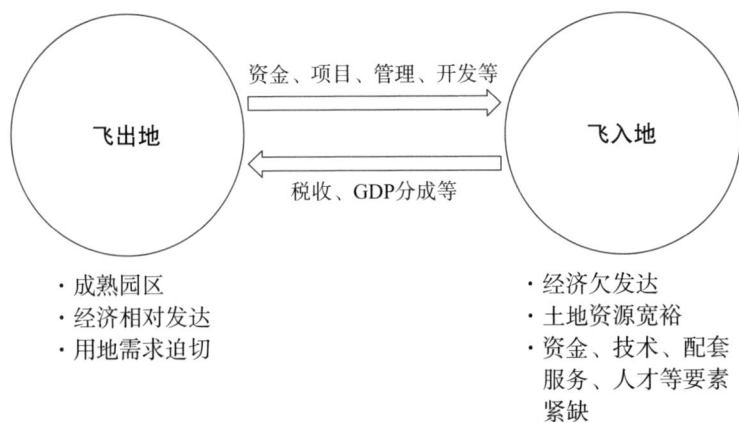

图2-24 产业园区异地共建之"飞地"模式

资料来源：公开资料

（2）围绕园区的产业投资

园区是优质企业最为集中的区域，园区城投天生与优质企业更为接近。部分园区城投通过参、控股入园企业做大经营性收入；部分园区城投通过为入园企业提供增值服务等实现从投资到运营的转型。深耕入园企业，成为园区城投转型的特有方式。

N地某公司是N地经开区基础设施建设、运营主体。依托经开区内发达的生物医药产业集群，该公司自身也开展药品销售业务，还提出"大健康、大创投"的转型发展思路，围绕大健康、人工智能等产业，对有较高成长性的科技创新型企业实施股权投资获得收益。类似的还有C地某公司，为C地高新区建设、运营主体，高新区内医药健康产业聚集程度高，该公司也凭借上市子公司实现制药收入，收入占比保持在50%以上。

综上，园区业务一定程度上是城投转型的有力推动因素，表现在两个方面：其一，尽管园区城投隐形债务化解进度慢，但其经营偿债能力普遍更好，反映园区开发有利于其经营性业务的拓展。其二，转型较好的主体中，除完全不涉及代建类业务的，大多开展了园区开发及运营。

园区城投经营偿债能力强于样本整体水平。仍以公益性资产占比估算城投隐形债务化解进展，EBITDA/有息债务衡量经营偿债能力。与上文中全部样本数据对比后发现，园区城投普遍公益性资产占比更高，反映出隐性债务化解慢，其仍背负债务包袱。尽管如此，园区城投有付息能力的主体占比44.1%，显著高于样本中有付息能力主体的占比（23.5%），显示园区城投整体的经营能力强于样本主体。

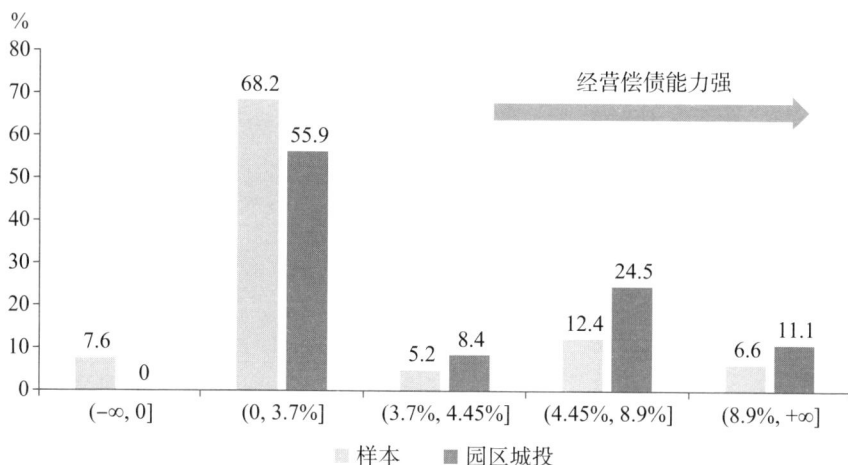

图2-25 样本主体与园区城投经营偿债能力分布

资料来源：兴业研究

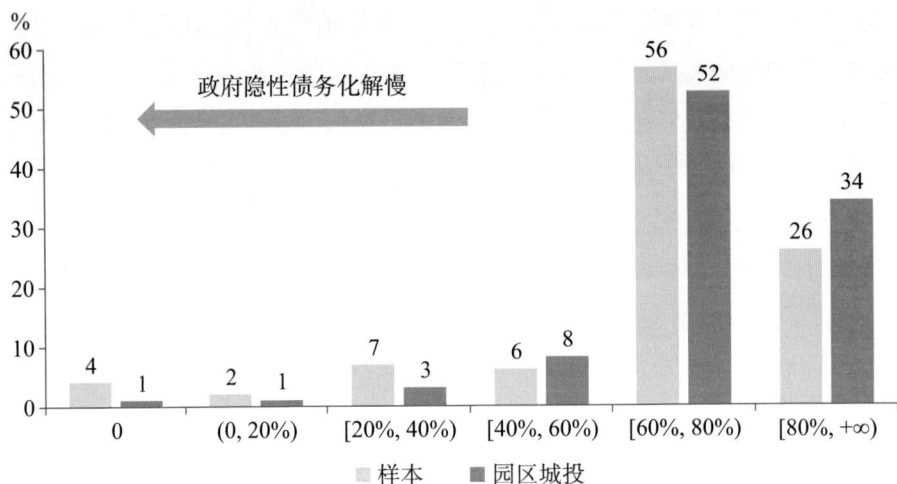

图2-26　样本主体与园区城投公益性资产占比分布

资料来源：兴业研究

进一步，为了考察园区开发业务与城投转型的关系，我们选取了样本中
EBITDA/有息债务前20的主体，观察其业务与园区的相关性。在这20家主
体中，其中有10家涉及园区的建设、运营。其中，ZG公司、WF公司、SZ公
司3家本身就是为所在园区建设、运营而组建的国有企业，其余7家均是在
原有业务之外，又开展了园区投资，也都承担或计划承担运营职能。

表2-3　经营偿债能力最强的20个样本主体

发债主体	转型类别	EBITDA/ 有息债务	公益性资产 占比	是否涉及 园区业务	园区职能
FG 公司	完全转型	130.7%	0	—	—
WF 公司	部分转型	72.6%	［60%，80%）	是	建设＋运营
CS 公司	部分转型	55.0%	［20%，40）	—	—
ZG 有限公司	部分转型	53.1%	［60%，80%）	是	投资
ZS 公司	完全转型	52.9%	0	—	—
XZ 公司	部分转型	43.3%	［80%，＋∞）	—	—
YF 公司	部分转型	39.8%	小于20%	是	建设＋运营

续表

发债主体	转型类别	EBITDA/ 有息债务	公益性资产 占比	是否涉及 园区业务	园区职能
NF 公司	部分转型	39.6%	［60%，80%）	—	—
ZZ 公司	部分转型	35.5%	［20%，40）	—	—
HS 公司	部分转型	34.4%	［20%，40）	是	建设＋运营
ZG 公司 *	部分转型	32.6%	［60%，80%）	是	肇庆市高新区
NO 公司	完全转型	28.5%	0	—	—
LX 有限公司	完全转型	28.1%	0	—	—
SK 公司	部分转型	27.9%	［60%，80%）	是	建设＋运营
WF 公司 *	部分转型	27.7%	［60%，80%）	是	建设＋运营
SC 公司	完全转型	26.8%	0	—	—
SZ 公司 *	部分转型	26.7%	［20%，40）	—	苏州工业园
FG 有限公司	部分转型	26.7%	［20%，40）	是	建设＋运营

资料来源：公开资料，兴业研究

注：标 * 主体是为所在园区建设、运营而组建的国有企业。

园区存量资产盘活方式盘点

一、园区资产类型梳理

我国产业园区经过近30年的发展，截至2021年底共有2781个开发区。按照开发区级别，可分为国家级和省级开发区，其中省级开发区占绝对比重，高达75.76%，国家级开发区仅占比24.24%。国家级开发区又可根据园区类型，分为国家级经开区、国家级自贸、国家级新区、国家级自创区、国家级高新区、其他国家级开发区、海关特殊监管区和边跨境合作区，国家级开发区中以国家级经开区、国家级高新区和海关特殊监管区数量最多，分别为230个、172个和166个。从GDP体量来看，2021年国家级经开区GDP共计13.70万亿元，国家级高新区GDP共计15.30万亿元，分别占全国GDP的11.98%、13.37%（无全国开发区口径的GDP数据披露）。由于园区资产收益与园区运营情况高度相关，优质园区存量资产主要集中在国家级开发区和国家级高新区。

目前，我国园区经过前期土地开发、基础设施建设、招商引资和持续运营，形成了大量的存量资产。

从业态来看，我国园区及周边的存量资产主要涉及园区办公、工业厂房、物流仓储、公用设施、周边住房租赁、配套物业、路桥绿化、住宅＆教育配套等资产类型。其中，园区办公资产普遍有办公楼、研发平台、创业孵化器、产业加速器、产业发展服务平台等业态，合并停车场等配套物业。

从资产类型来看，园区办公、工业厂房、仓储物流、周边住房租赁等存量资产属于产权类型，上述资产的土地性质普遍是工业用地，仅少量如研发平台、创业孵化器、产业加速器等为科研用地；工业用地土地使用权期限普遍为50年，到期后可通过补缴土地出让金的方式再行续期，因此属于永续型资产；产权类型资产的收入主要来源于租金收入、物业费收入及停车费收入等，有些产权类型的资产为自用。而公用设施普遍与相关部门签有《特许经营协议》，约定经营范围和期限，属于特许经营权类型，其收入主要来源于为园区入驻企业供水、供电、供热、供气等公用事业服务获得的销售收入。

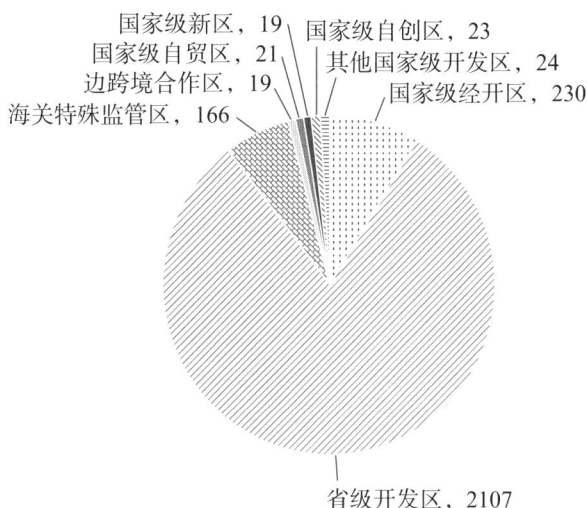

图2-27　我国园区类型分布

资料来源：Wind，兴业研究

表2-4　我国园区存量资产类型

	产权类型	特许经营权类型
经营模式	出租并管理不动产获得租金和物业管理费	通过经营特许经营权获取现金流
会计处理	用于出租的产权资产普遍计入投资性房地产科目，以公允价值入账，每年随评估价值的增减变化，变化部分计入利润表的公允价值变动科目。但也有以成本法入账的项目，每年计提折旧。 自用的产权资产普遍计入固定资产科目，以成本法入账，每年计提折旧	普遍计入无形资产，每年计提折旧，计入营业成本，无形资产随时间递减直至残值为 0 或 5%
期限	工业地产产权到期可续	10—30 年
项目收益波动来源	运营收入和土地价值波动	运营收入

资料来源：公开资料整理，兴业研究

我们从园区运营模式看存量资产持有人和资产属性。目前，我国开发区的运营模式主要有三种：政府主导模式、企业主导模式、政企联合模式。（1）政府主导模式，系政府在园区内设立派出机构——产业园区管理委员会（以下简称管委会）负责园区的规划、建设和招商引资，管委会通过下设园区开发公司负责园区基础设施建设。（2）企业主导模式，系政府通过招标方式选择民营企业作为园区的开发和运营主体，运营主体普遍以重资产模式运营，先获取土地，进行土地整理、住宅、厂房以及配套道路绿化等方面开发，然后进行物业出售、招商引资、出租等经营活动，参与企业以房地产企业和产业龙头企业为主。（3）政企联合模式，系政府与企业联合设立产业园开发公司负责产业园开发建设，其中政府设立的管委会负责行政事务管理，联合开发的模式又可根据政府与企业的合作方式不同而呈现多样性，如按照出资比例成立项目公司对产业园进行开发运营，政府以土地出资、企业实缴资金出资成立项目公司对产业园进行开发运营；还可以根据合作协议运营建设产业园。从存量资产持有人来看，我国园区及周边的存量资产主要由园区开发平台和园区入驻企业持有。其中，园区开发平台根据园区运营模式不同可分为三类：（1）政府主导模式和部分政企联合模式下，由管委会下设的园区开发平台，属国有企业；（2）企业主导模式下主要园区开发和运营的民营企业，包括房地产企业和产业龙头主体；（3）部分政企联合模式下，管委会和第三方企业联合设立的园区开发平台。部分园区内及周边的土地出让给园区入驻企业自行开发、建设和使用，主要形成了自用厂房、自用仓储等资产类型，这部分资产的持有人为园区入驻企业，国有企业、民营企业及外资企业都会涉及。以上三类产业园开发模式中，政府主导模式是当前中国最常见的产业园开发运营模式，该模式下形成的资产主要是国有资产，叠加部分园区入驻企业为国有企业，因此园区存量资产普遍是国有资产，也是园区盘活资产的重点。而后两种模式下的园区开发平台及非国企园区入驻企业，社会资本的资金退出诉求很强烈，成熟运营的项目更适合寻求以公募REITs的方式实现退出。

从性质来看，园区办公、工业厂房、仓储物流、公用设施、周边住房租赁等存量资产均属于服务性或生产性资产类型，属于非公益性资产，可通过出租、运营或自用产生一定现金流，非自用资产的客户以园区入驻企业为主，但不同项目的收益率存在差异；很多政府主导模式下的园区资产，由于园区招商机制和运营机制较弱，园区存量资产运营效率和收益率均不高，而有些国家级园区，产业链相对完善、产业聚集效应明显，园区资产经营状况和收益率表现较好。路桥绿化、配套教育等均为公益性资产，普遍不产生现金流。

由于缺乏园区存量资产数据和全国园区 GDP 数据，我们用永续盘存法估算全国办公、工业厂房、仓储物流和科研用房的存量资产规模，以国家级开发区和国家级高新区 GDP 合计占全国 GDP 的比例作为优质园区存量资产的比例，以上述两个指标估算了优质园区办公、工业厂房、仓储物流、科研用房的存量资产规模，分别为 8855.28 亿元、16743.56 亿元、12109.63 亿元、767.54 亿元，合计约 3.85 万亿元。

二、园区资产盘活的意义

国务院办公厅于 2021 年 5 月 19 日发布的《关于进一步盘活存量资产扩大有效投资的意见》（国办发〔2022〕19 号，以下简称 19 号文）中提出，"有效盘活存量资产，形成存量资产和新增投资的良性循环，对于提升基础设施运营管理水平、拓宽社会投资渠道、合理扩大有效投资以及降低政府债务风险、降低企业负债水平等具有重要意义"。由于存量资产规模庞大，19 号文将产业园区纳入盘活存量资产的重点领域，园区存量资产亦被纳入公募 REITs 试点范围内。

三、园区资产盘活的主要方式

19 号文提出了 7 种优化完善存量资产盘活的方式：（1）推动基础设施领域不动产投资信托基金（REITs）健康发展；（2）规范有序推进政府和社会

资本合作（PPP）；（3）推进产权规范交易；（4）发挥国有资本投资、运营公司功能作用；（5）探索促进盘活存量和改扩建有机结合；（6）挖掘闲置低效资产价值；（7）支持兼并重组等其他盘活方式。上述7种方式，不仅有针对成熟运营的存量资产通过公募REITs进行彻底盘活的方式，亦有针对低效资产通过开发新功能、引入产业龙头、兼并重组等提升存量资产运营能力和现金流获取能力等方式，还有对更为低效资产进行不良资产处置等的方式。

（一）公募REITs

2020年4月30日，国家发展改革委联合证监会发布《关于推进基础设施领域不动产投资信托基金（REITs）试点相关工作的通知》（证监发〔2020〕40号，以下简称40号文），证监会同步发布《公开募集基础设施证券投资基金指引（试行）》（证监会公告〔2020〕54号，以下简称《公募REITs试行指引》）（征求意见稿），并于同年8月7日收集各方意见后进行修订发布，开启了公募REITs在境内的试点业务。此后国家发展改革委不断发文完善公募REITs业务框架、推进试点项目库，证监会及交易所发布公募REITs具体上市、扩募的操作指引，财政部配套出台税收支持政策；2021年6月20日，我国境内首批公募REITs上市发行，截至2022年10月18日，公募REITs共计发行20只，首发规模618.14亿元。

表2-5　公募REITs业务框架政策

时间	发文部门	文件名称	主要内容
2020/4/30	国家发展改革委、证监会	《关于推进基础设施领域不动产投资信托基金（REITs）试点相关工作的通知》（证监发〔2020〕40号）	REITs试点项目的条件：重点区域、重点行业、项目要求、资金用途等。
2020/7/8	国家发展改革委	《关于做好基础设施领域不动产投资信托基金（REITs）试点项目申报工作的通知》（发改办投资〔2020〕586号）	进一步明确了试点项目要求和条件，在申报材料、申报程序、合规性审查等实务操作层面给出了明确指引，并附上项目开展基础设施REITs试点基本情况材料、合规情况材料和证明材料清单。

时间	发文部门	文件名称	主要内容
2020/8/7	证监会	《公开募集基础设施证券投资基金指引（试行）》（证监会公告〔2020〕54号）	在2020年4月30日征求意见稿基础上修订。REITs的交易结构、资产构成、分红要求、负债要求、参与机构资质、投资人要求等。
2021/1/13	国家发展改革委	《关于建立全国基础设施领域不动产投资信托基金（REITs）试点项目库的通知》（发改办投资〔2021〕35号）	国家发展改革委将按照统一标准和规则，设立覆盖各区域、各行业的全国基础设施REITs试点项目库。公募REITs试点项目，应从储备库中统一选取，未入库项目不得推荐。
2021/7/2	国家发展改革委	《关于进一步做好基础设施领域不动产投资信托基金（REITs）试点工作的通知》（发改投资〔2021〕958号）	更新了公募REITs试点申报要求，重点拓宽了REITs试点范围。
2022/1/26	财政部税务总局	《关于基础设施领域不动产投资信托基金（REITs）试点税收政策的公告》（财政部税务总局公告2022年第3号）	设立基础设施REITs前，原始权益人向项目公司划转基础设施资产相应取得项目公司股权，适用特殊性税务处理；基础设施REITs设立阶段，原始权益人向基础设施REITs转让项目公司股权实现的资产转让评估增值，当期可暂不缴纳企业所得税，允许递延至基础设施REITs完成募资并支付股权转让价款后缴纳。

资料来源：公开资料整理，兴业研究

1.公募REITs对盘活存量资产意义重大

公募REITs引入公众资本，以基础设施项目公司股权转让、持有项目公司股权的REITs份额公开高频交易的方式盘活存量资产，相较于其他盘活存量资产的方式，公募REITs是盘活存量资产最彻底、最有效的终极方式。从发行端来看，公募REITs还能提升直接融资比重，降低资产负债率。正因如此，2021年3月，《"十四五"规划纲要》中提出："推动基础设施领域不动产投资信托基金（REITs）健康发展，有效盘活存量资产，形成存量资产和新增投资的良性循环。"

2.公募REITs试点基本规则

（1）试点区域

按照2021年7月2日国家发展改革委发布的《关于进一步做好基础设施领域不动产投资信托基金（REITs）试点工作的通知》（发改投资〔2021〕958号），目前最新的公募REITs重点支持区域包括京津冀协同发展、长江经济带发展、粤港澳大湾区建设、长三角一体化发展、海南全面深化改革开放、黄河流域生态保护和高质量发展等国家重大战略区域，符合"十四五"有关战略规划和实施方案要求的基础设施项目。

（2）试点行业

《关于进一步做好基础设施领域不动产投资信托基金（REITs）试点工作的通知》汇总了9大行业：交通、（新）能源、市政、生态环保、仓储物流、园区、新型基础设施、保障性租赁住房、包括水利设施和旅游设施的其他基础设施。其中，园区资产要求是位于自由贸易试验区、国家级新区、国家级与省级开发区、战略性新兴产业集群的研发平台、工业厂房、创业孵化器、产业加速器、产业发展服务平台等园区基础设施。国家级与省级开发区以《中国开发区审核公告目录（2018年版）》发布名单为准，战略性新兴产业集群以国家发展改革委公布名单为准。2023年3月24日，国家发展改革委发布《关于规范高效做好基础设施领域不动产投资信托基金（REITs）项目申报推荐工作的通知》（发改投资〔2023〕236号，以下简称236号文）将公募REITs试点范围进一步拓展至消费基础设施领域。

表2-6　公募REITs最新试点项目行业分布

序号	行业	具体内容
1	交通	包括收费公路、铁路、机场、港口项目。
2	新能源	包括风电、光伏发电、水力发电、天然气发电、生物质发电、核电等清洁能源项目，特高压输电项目，增量配电网、微电网、充电基础设施项目，分布式冷热电项目。
3	市政	包括城镇供水、供电、供气、供热项目，以及停车场项目。

序号	行业	具体内容
4	生态环保	包括城镇污水垃圾处理及资源化利用环境基础设施、固废危废医废处理环境基础设施、大宗固体废弃物综合利用基础设施项目。
5	仓储物流	应为面向社会提供物品储存服务并收取费用的仓库，包括通用仓库以及冷库等专业仓库。
6	园区	位于自由贸易试验区、国家级新区、国家级与省级开发区、战略性新兴产业集群的研发平台、工业厂房、创业孵化器、产业加速器、产业发展服务平台等园区基础设施。其中，国家级与省级开发区以《中国开发区审核公告目录（2018 年版）》发布名单为准，战略性新兴产业集群以国家发展改革委公布名单为准。
7	新型基础设施	包括数据中心类、人工智能项目，5G、通信铁塔、物联网、工业互联网、宽带网络、有线电视网络项目，智能交通、智慧能源、智慧城市项目。
8	保障性租赁住房	包括各直辖市及人口净流入大城市的保障性租赁住房项目。
9	其他基础设施	（1）具有供水、发电等功能的水利设施； （2）自然文化遗产、国家 5A 级旅游景区等具有较好收益的旅游基础设施，其中自然文化遗产以《世界遗产名录》为准。
10	消费基础设施	包括百货商场、购物中心、农贸市场等城乡商业网点项目，保障基本民生的社区商业项目。

资料来源：根据相关规章文件整理，兴业研究

（3）项目要求

公募REITs基础设施项目需要满足法律完备性、项目成熟稳定等条件。

在法律完备性方面：①基础设施项目权属清晰，资产范围明确，原始权益人合法合规持有基础设施项目产权及运营权，其上不附带有其他权利负担。②基础设施项目投资管理流程文件完备，BOT/PPP等项目操作流程合法合规。③基础设施项目具备可转让性，基础设施项目公司股东同意股权转让，遵守依据2016年6月24日国资委发布的《企业国有资产交易监督管理办法》（财政部令第32号）进行国有资产转让审批流程，满足《土地出让合同》、《特许经营权协议》及区域土地交易管理办法、园区管理条例、行业管

理办法等文件项下的转让条件。

在项目运营方面：要求项目成熟稳定，原则上具备3年运营时间、近3年盈利或经营性净现金流为正；特许经营权、经营收益权类项目，基金存续期内部收益率（IRR）原则上不低于5%；非特许经营权、经营收益权类项目，预计未来3年每年净现金流分派率原则上不低于3.8%；收益持续稳定且来源合理分散、首发规模不低于10亿元。

表2-7　公募REITs最新试点项目运营要求

	具体内容
运营时间	原则上不低于3年。对已能够实现长期稳定收益的项目，可适当降低运营年限要求。
盈利能力	现金流投资回报良好，特许经营权、经营收益权类项目，基金存续期内部收益率（IRR）原则上不低于5%；非特许经营权、经营收益权类项目，预计未来3年每年净现金流分派率原则上不低于3.8%。
收益来源	收益持续稳定且来源合理分散，直接或穿透后来源于多个现金流提供方。收入来源以（穿透后为）使用者支付的费用为主。收入来源含地方政府补贴的，需在依法依规签订的PPP合同或特许经营协议中有明确约定。
资产规模	首次发行的项目，当期目标不动产评估净值原则上不低于10亿元。发起人（原始权益人）具有较强扩募能力，备选资产原则上不低于首次发行资产规模的2倍，其中，保障性租赁住房项目不低于8亿元。

资料来源：根据相关规章文件整理，兴业研究

（4）运行机制

公募REITs引入公募基金实现公募化，采用"封闭式公募基金—ABS专项计划—项目公司—项目"的结构，而非国外REITs通用的信托制或公司制。具体的交易结构是：公募基金持有全部专项计划份额＋部分其他投资，ABS专项计划持有基础设施项目公司的股权＋债权，基础设施项目公司持有基础设施项目的完全所有权/经营权利等；公募基金管理人和ABS专项计划管理人应为同一实际控制下具有相应业务资质的金融机构；允许在基金层面引入外部借款，和公募REITs投资者共同投资专项计划，前者按照固定收益获取报酬，后者获得权益分红和资本利得。基础设施项目资产归属独立于原始权益人、基金管

理人及其他任何参与方。由于间接持有基础设施项目的专项计划是平层设计、不分层，公募REITs权益属性凸显。公募REITs要求80%以上的资金投向基础设施项目，其他部分可投向利率债、AAA级信用债或货币市场工具；规定收益分配比例不低于合并后基金年度可供分配金额的90%。基金总资产不得超过基金净资产的140%，即负债率不可高于28.57%，负债可用于项目收购。

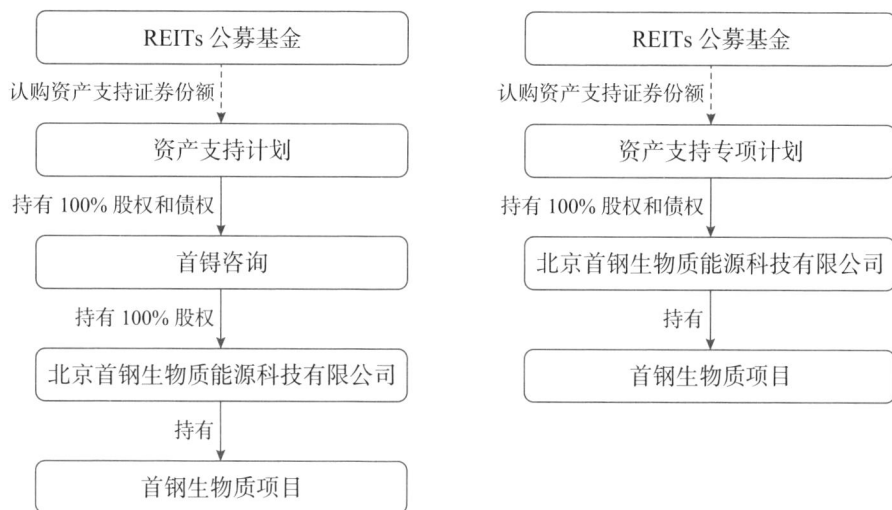

图2-28　以首钢生物质REITs为例展示公募REITs结构示意图

资料来源：招募说明书，兴业研究

表2-8　公募REITs运行机制

	主要内容
组织结构	公募基金+ABS+1或多个基础设施项目，公募基金封闭式运作
资产要求	80%以上基金资产持有单一基础设施资产支持证券全部份额，基础设施资产支持证券持有基础设施项目公司全部股权，剩余部分投向利率债、AAA级信用债或货币市场工具
收入要求	无
红利分配要求	将90%以上合并后基金年度可供分配金额以现金形式分配给投资者
长期负债要求	基金总资产不得超过基金净资产的140%，借款可用于基础设施项目日常运营、维修改造、项目收购，但项目收购需满足一定条件

资料来源：《公募REITs试行指引》，兴业研究

3.公募REITs的会计处理

（1）上市前原始权益人对园区基础设施项目的会计计量

基础设施项目在发行公募REITs上市前，原始权益人对其是否并表处理主要视对其所持有的股权比例而定。若仅有一个原始权益人持有基础设施项目公司100%股权，那么项目公司纳入原始权益人合并报表范围，进行并表处理。若有多个原始权益人分别持有基础设施项目公司部分股权，或多个股东通过唯一原始权益人间接分别持有基础设施项目公司部分股权，从各个层级的合并报表来看，根据《企业会计准则第33号——合并财务报表》（以下简称准则33号），"两个或两个以上投资方分别享有能够单方面主导被投资方不同相关活动的现时权利的，能够主导对被投资方回报产生最重大影响的活动的一方拥有对被投资方的权力"，因此在合并报表层面，涉及两种会计处理的情况：①除特殊情况以外，普遍以持有项目公司股权的比例判断投资方对项目公司的主导权利，若原始权益人持有项目公司的股权超过50%，则可纳入合并财务报表的合并范围，项目资产计入相应资产科目；②若原始权益人对项目公司的权益投资未能超过50%，需要按照《企业会计准则第2号——长期股权投资》（以下简称准则2号），将其对项目资产的持有计入长期股权投资科目。

从基础设施项目资产在项目公司个别财务报表以及项目公司纳入原始权益人合并报表的科目处理来看，基础设施项目资产根据资产类型和用途分为一般计入固定资产、投资性房地产、无形资产三个科目。产权类项目按自用、出租或增值的持有目的可分别计入固定资产、投资性房地产两种科目，特许经营权项目一般计入无形资产。固定资产和无形资产以成本模式进行计量，而投资性房地产可以采用成本模式，也可以采用公允价值模式进行计量。

表2-9　公募REITs基础设施项目资产的会计科目处理

财务报表	资产类型	会计科目	计量方式	企业会计准则
项目公司报表、合并报表（对项目公司持股50%以上）	产权类 以获取自用为持有目的的仓储物流、产业园区等	固定资产	初始计量、后续计量均以成本模式计量	《企业会计准则第4号——固定资产》《企业会计准则第28号——会计政策、会计估计变更和差错更正》

续表

财务报表	资产类型		会计科目	计量方式	企业会计准则
项目公司报表、合并报表（对项目公司持股50%以上）	产权类	以获取租金为持有目的的产业园区等	投资性房地产	初始计量以成本模式，后续计量可选择成本模式或公允价值模式	《企业会计准则第 3 号——投资性房地产》《企业会计准则第 28 号——会计政策、会计估计变更和差错更正》
	特许经营权类	高速公路、污水处理及垃圾处理特许经营收费权等	无形资产	初始计量、后续计量均以成本模式计量	《企业会计准则第 6 号——无形资产》《企业会计准则第 28 号——会计政策、会计估计变更和差错更正》
母公司报表、合并报表（对项目公司持股50%以下）	对项目公司的股权投资		长期股权投资	成本法或权益法	《企业会计准则第 2 号——长期股权投资》

资料来源：兴业研究

（2）园区基础设施项目资产转移过程中原始权益人的会计处理

公募REITs上市后原始权益人是否在合并报表层面并入基础设施项目公司所属的公募基金，主要依据准则33号第七条，"合并财务报表的合并范围应当以控制为基础予以确定。控制，是指投资方拥有对被投资方的权力，通过参与被投资方的相关活动而享有可变回报，并且有能力运用对被投资方的权力影响其回报金额"。在公募REITs中，对原始权益人控制的判断包含两个方面：①原始权益人完成股权转让后，是否通过战略配售保持其对基础设施项目及相关主体的决策权，且有能力运用对于基础设施项目及相关主体的权力影响其回报金额；②原始权益人或其关联方作为基础设施项目的运营管理机构，是否享有对基础设施项目的决策权，且能通过参与基础设施项目及相关主体的相关活动获取可变回报。

原始权益人或其关联方担任运营管理机构的职责主要为对基础设施项目进行维护、日常运营策略制定等执行层面和事务性管理，是公募REITs基础设施项目运营的代理人而非主要责任人，不具有对基础设施项目的决策权。

因此，公募REITs是否并表主要取决于上市后，原始权益人及其一致行动人对REITs份额的持有比例。

出表的会计处理： 若原始权益人初始持有基础设施项目公司50%以上股权，但在战略配售之后，原始权益人及其一致行动人持有REITs份额少于50%，普遍认为发起人不具有对基础设施资产及其项目公司的控制权，项目资产转移可视为出售，基础设施项目公司便不再纳入原始权益人合并报表。

在个别财务报表层面，公募REITs上市后，原始权益人仍然持有的REITs基金份额体现为长期股权投资，其账面价值应从成本法改为权益法核算，并对剩余股权视同自取得时采用权益法核算进行调整。在原始权益人母公司报表中，表现为资产端长期股权投资减少，货币资金增加，溢价部分产生的差额计入投资收益。

在合并财务报表层面，原始权益人基础设施项目资产出表的会计处理同时涉及资产负债表和利润表。在资产负债表方面，项目资产所在科目（投资性房地产/固定资产/无形资产）的账面价值会相应减少，货币资金净融资额增加，同时由于参与战略配售，原始权益人自持份额将计入长期股权投资，并按照权益法核算。若基础设施项目是平价出售，单就出售基础设施项目来看，资产负债表仅资产端相关科目调整，资产负债率指标不变。而若基础设施项目资产的出售价格高于/低于账面价值，资产出表还会影响到利润表中的营业外收入和资产负债表中的未分配利润。

表2-10　基础设施项目及相关主体出表的会计分录

个别财务报表	合并财务报表
借：货币资金（交易对价） 　贷：长期股权投资（项目公司股权） 　　　投资收益（差额） 借：长期股权投资（REITs基金份额） 　贷：货币资金（购买价款）	借：货币资金（净融资额） 　　　其他非流动资产（基金持有份额） 　贷：投资性房地产（账面价值） 　　　/固定资产（账面价值） 　　　/无形资产（账面价值） 　　　营业外收入（溢价部分） 借：本年利润（溢价部分） 　贷：未分配利润（溢价部分）

资料来源：兴业研究

并表的会计处理：若原始权益人及其一致行动人自持REITs份额高于50%，就通常会被认为原始权益人仍然对基础设施资产及其项目公司拥有实际控制权，在这种情况下个别报表出表，合并报表需要对REITs基金进行合并处理，与处置子公司部分股权但不丧失控制权的合并处理方法一致。

在个别财务报表层面，原始权益人长期股权投资中项目公司的股权出表，新增REITs基金的持有份额，且以权益法核算，净融资额计入货币资金，股权出让的溢价部分计入投资收益。对于证券化之前，原始权益人持有基础设施项目公司股权比例低于50%，而不纳入合并范围的项目，其公募REITs后的会计处理亦参照上述方法。

在合并财务报表层面，由于项目公司的一出一进，基础设施项目不会出合并资产负债表，无论收购交易对价情况如何，投资性房地产/固定资产/无形资产等相关科目的账面价值不会发生变化（投资性房地产的计量方法出现变更的除外），净融资额将计入货币资金，根据交易溢价部分相应调整少数股东权益、资本公积。由此可见，在基础设施项目资产出售价格高于或等于账面价值时，均可降低账面资产负债率。在利润表方面，在交易完成后基础设施项目收入亦并表，不影响原始权益人的利润表，原始权益人收取的管理费用因为并表而冲抵，也不体现在利润表中。基于此，利润表不会发生变化，现金流量表不变。

表2-11　原始权益人对公募REITs并表的会计分录

个别财务报表	合并财务报表
借：货币资金（交易对价） 贷：长期股权投资（项目公司股权） 　　投资收益（差额） 借：长期股权投资（REITs基金份额） 贷：货币资金（购买价款）	借：货币资金（净融资额） 贷：资本公积（溢价部分） 　　少数股东权益（净融资额—溢价部分）

资料来源：兴业研究

公募REITs上市后，原始权益人无论是否对其整体做并表处理，其资产负债率均不会攀升。出表之时，若资产平价转让，则资产负债率并未因此发生变化；并表之时，由于净融资额计入少数股东权益和资本公积，原始权益人的资产负债率大幅下降。

4.商业银行在公募REITs盘活园区存量资产中的业务机会

园区作为公募REITs的试点行业范围，政策支持力度大，商业银行及其子公司可从以下环节参与公募REITs业务。

（1）投行业务

《公募REITs试行指引》要求，由基金管理人负责在公募REITs上市过程中进行基础设施项目的尽调，聘请符合规定的专业机构提供评估、法律、审计等专业服务，基金注册、份额发售、投资运作等一系列发行工作，必要时可以聘请财务顾问开展尽职调查。因此商业银行旗下具有公募基金牌照的机构可作为基金管理人参与公募REITs发行及运营，旗下取得保荐业务资格的证券公司可作为财务顾问参与公募REITs发行。由于公募REITs采用"公募金+ABS专项计划"嵌套结构，《公募REITs试行指引》要求资产支持证券管理人和基金管理人满足"实际控制关系或受同一实际控制人控制"，在中标基金管理人的同时，亦获取了资产支持证券管理人业务。

我国可担任公募REITs管理人的金融机构需具备证监会批准的公募基金牌照，截至2022年2月26日共计160家，以基金公司为主，证券公司、券商资管、保险资管为辅，其中成立超过3年的有143家，银行系有15家。按照2014年11月21日证监会发布的《证券公司及基金管理公司子公司资产证券化业务管理规定》（证监会公告〔2014〕49号），基础设施资产支持证券管理人应为证券公司及基金管理子公司。从已发行的公募REITs财务顾问和资产支持证券管理人花落头部证券公司来看，证券公司作为市场上最具创新性和产品设计能力的投行机构，在公募REITs发行过程中的主导地位明显。

（2）托管和监管业务

公募REITs在基金层面和资产支持证券层面均需要商业银行提供托管服务，且要求二者是同一托管人，公募REITs封闭式运作，期限长，单一体量规模大，双重费率，营销性价比高。在托管协议和收费方面，可以由公募

REITs基金管理人代替REITs基金、由资产支持证券管理人代替资产支持证券专项计划，分别与托管人签署《基金托管协议》和《资产支持证券托管协议》；亦可由REITs基金管理人与托管人签署一揽子托管服务协议，采用统一口径付费。

在项目公司层面，公募REITs需要商业银行提供账户监管服务。若项目公司公募REITs上市前已有收款账户，可以继续使用当前账户进行监管。若项目公司是为公募REITs上市发行在资产重组过程中新设立的，那么，其收款账户亦需重新开立，此时商业银行可在这一环节作为监管银行参与业务。

值得注意的是，受《基金法》中"基金托管人与基金管理人不得为同一人，不得相互出资或者持有股份"的规定限制，商业银行不能参与其持股的基金公司或券商作管理人的公募REITs的托管。

（3）贷款业务

商业银行可在公募REITs发行和运营阶段为其提供包括并购贷款、置换贷款、运营贷款在内的多项贷款服务，由于公募REITs杠杆使用要求严苛，基础设施项目现金流相对稳定，其信用风险相对较低，是较好的商业银行贷款客户。

在并购贷款方面，商业银行可在发行期为公募REITs资产重组环节的SPV公司提供用于并购基础设施项目公司股权的贷款，也可以在扩募时采用公募REITs收购新的基础设施项目环节为其提供并购贷款，还款方式可根据未来公募REITs现金流情况或未来扩募安排来灵活设计。

在置换贷款方面，很多备选基础设施项目普遍存在以项目产权抵押或收益权质押的贷款，附有一定的权利负担，按照《公募REITs试行指引》的合规性要求，需在上市前解除基础设施项目抵质押，商业银行可在公募REITs发行期为附有上述权利负担的基础设施项目提供置换贷款，协助解除权利负担，形成其在存续期内的债务；亦可在运营期对存在贷款集中偿付压力的公募REITs提供置换贷款。

在运营贷款方面，若公募REITs因基础设施项目大型维修和改造升级存在大额资金需求，商业银行可为其提供运营贷款，但需要评估基础设施项目在此次大型维修/改造升级带来的收益是否能够覆盖贷款本息。

（4）投资业务

按照《公募REITs试行指引》，商业银行及其理财子公司可参与公募REITs的发行阶段的战略投资和网下投资，前者100%配售，但限售期为12个月，后者无限售要求，但配售比例很低。商业银行及其理财子公司还可参与二级市场投资，目前上市公募REITs的总收益相对可观，但差异化明显、近期价格高位回撤，择时择券重要性凸显。

表2-12 公募REITs投资者构成要求

投资者类型	投资者范围	比例要求	持有期限要求	商业银行理财子公司是否可参与
战略投资者	基础设施项目原始权益人或其同一控制下的关联方	≥ 20%	基金份额发售总量的20%部分持有期自上市之日起不少于60个月，超过20%部分持有期自上市之日起不少于36个月，基金份额持有期间不允许质押。	—
	基础设施项目原始权益人或其同一控制下的关联方以外的专业机构投资者		持有基金份额期限自上市之日起不少于12个月。	可以
网下投资者	证券公司、基金管理公司、信托公司、财务公司、保险公司、合格境外机构投资者、商业银行及其理财子公司、符合规定的私募基金管理人以及其他中国证监会认可的专业机构投资者	≥（本次公开发售数量–战略投资者持有份额）×70%	—	可以
公众投资者	—	—	—	可以

资料来源：《公募REITs试行指引》，兴业研究

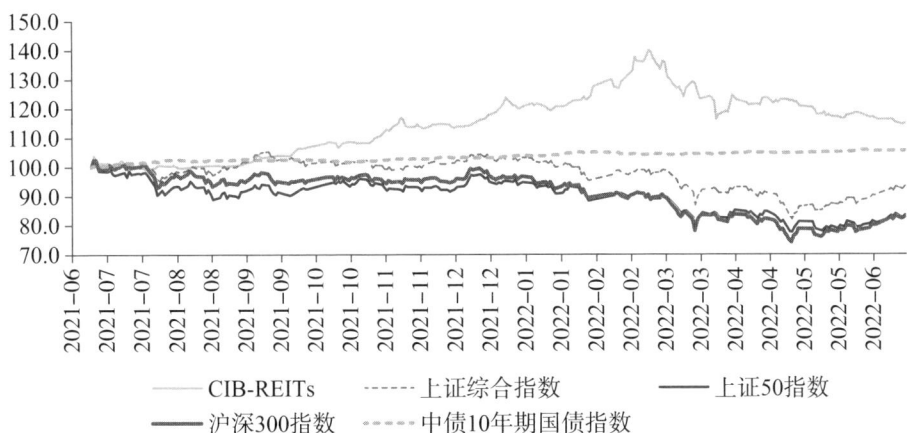

图2-29 CIB-REITs 指数与其他资产指数走势

资料来源：Wind，兴业研究

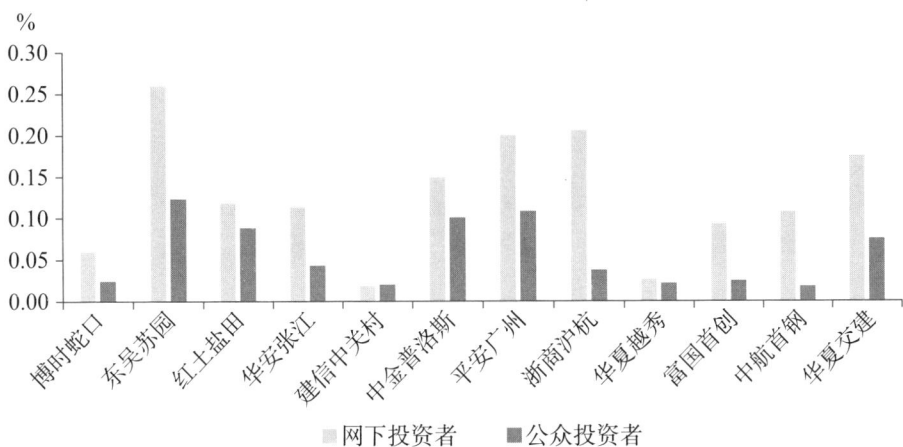

图2-30 公募REITs 网下投资者和公众投资者配售比例

资料来源：Wind，兴业研究

由于《商业银行资本管理办法（试行）》的发布早于公募REITs试点，因此并无商业银行自营投资公募REITs的风险权重要求。若比照投资股权和非自用不动产的风险权重要求，商业银行自营投资公募REITs将按照1250%风险权重进行计提，成本人高。因此，目前商业银行以理财子公司为主要参与机构。从参与战略投资的规模来看，截至目前商业银行理财子公司参与公募REITs的体量并不大。

表2-13 截至2022年5月末商业银行理财子公司参与公募REITs战投情况

所涉商业银行	初始战投金额（亿元）	涉及理财产品只数
光大银行	6.16	6
招商银行	4.61	9
工商银行	4.22	9
广州银行	1.18	1
中国银行	1.12	4
民生银行	0.49	1
合计	17.78	30

资料来源：兴业研究

（5）代销业务

商业银行本身、基金公司、证券公司均可参与场外代销公募REITs业务。截至2022年5月末，参与已上市发行的12只公募REITs的代销机构，多则140家，少则98家，业务竞争激烈，其中招商银行和平安银行分别参与了6只和5只REITs基金的代销业务。

表2-14 截至2022年5月末参与代销公募REITs的商业银行明细

基金代销机构	代销REITs基金只数
招商银行股份有限公司	6
平安银行股份有限公司	5
华夏银行股份有限公司	2
上海浦东发展银行股份有限公司	2
兴业银行股份有限公司	1
中国农业银行股份有限公司	1
中国民生银行股份有限公司	1
中信银行股份有限公司	1
中国建设银行股份有限公司	1
中国光大银行股份有限公司	1
交通银行股份有限公司	1
北京银行股份有限公司	1

资料来源：兴业研究

（6）公募 REITs 回收资金再投资项目金融业务

按照 40 号文要求，"发起人（原始权益人）通过转让基础设施取得资金的用途应符合国家产业政策，鼓励将回收资金用于新的基础设施和公用事业建设，重点支持补短板项目，形成投资良性循环"，此后国家发展改革委多次发文均要求用好回收资金，形成良性循环。2022 年 1 月 29 日，国家发展改革委官方微博表示，已上市的 11 只公募 REITs 共发售基金 364 亿元，其中用于新增投资的净回收资金约 190 亿元，可带动新项目总投资超过 1900 亿元。

公募 REITs 发起人投放新项目的过程中，对长期贷款、发行债券等外部融资需求旺盛，商业银行可在后 REITs 周期持续跟踪发起人新项目投放过程中的资金需求，为其提供包括项目贷款、发行和投资债券在内的金融服务。

5.可通过公募 REITs 盘活的园区存量资产类型

公募 REITs 作为基础设施项目的终级盘活方式，由于面向公众发售，对基础设施项目的要求较高。园区存量资产需要满足合规性要求、项目成熟稳定、原则上具备 3 年运营时间、近 3 年盈利或经营性净现金流为正、收益率达标、收益持续稳定且来源合理分散、首发规模不低于 10 亿元等各方面要求才可能以公募 REITs 的方式盘活。因此对外出租、运营的园区办公（含科研平台、孵化器、产业研发平台）、仓储物流、工业厂房、公用设施等满足上述要求后均可尝试通过公募 REITs 进行盘活；而运营效率相对低下的上述资产、纯公益性的路桥绿化等资产则无法通过公募 REITs 进行盘活。

（二）ABS

园区存量资产以发行 ABS 的方式进行盘活，主要是通过企业 ABS 和 ABN，可行的 ABS 类型包括公用事业收费收益权 ABS、CMBS 和类 REITs。

1.ABS 业务规则

企业 ABS 目前执行的是证监会于 2014 年 11 月 19 日发布的《证券公司及基金管理子公司资产证券化业务管理规定》（中国证监会公告〔2014〕49 号）及配套规则，并就基础资产筛选实行负面清单管理制，要求基础资产不可是：1.以地方政府为直接或间接债务人的基础资产，PPP 项目除外。2.以地方融资平台公司为债务人的基础资产。3.以下不动产：因空置等原因不能产生现金流的不动产租金债权；待开发或在建占比超过10%的不动产或相关不动产权益，列入国家保障房计划的除外。4.不同类型且缺乏相关性的资产组合。此后交易所就各类基础资产ABS发布信息披露指引。

ABN目前执行的是交易商协会于2023年3月16日发布的《关于发布〈银行间债券市场企业资产证券化业务规则〉及〈银行间债券市场企业资产证券化业务信息披露指引〉的公告》（协会公告〔2023〕3号），除交易结构所使用的业务载体不同外，在基础资产和信息披露等相关要求方面均与企业ABS趋于一致。

在交易结构方面，企业ABS以资产支持专项计划（以下简称专项计划）为载体，原始权益人将基础资产"转让"至专项计划；而ABN以特殊目的信托为载体，发起机构将基础资产"信托"至特殊目的载体，两种交易结构皆可实现基础资产的真实出售。

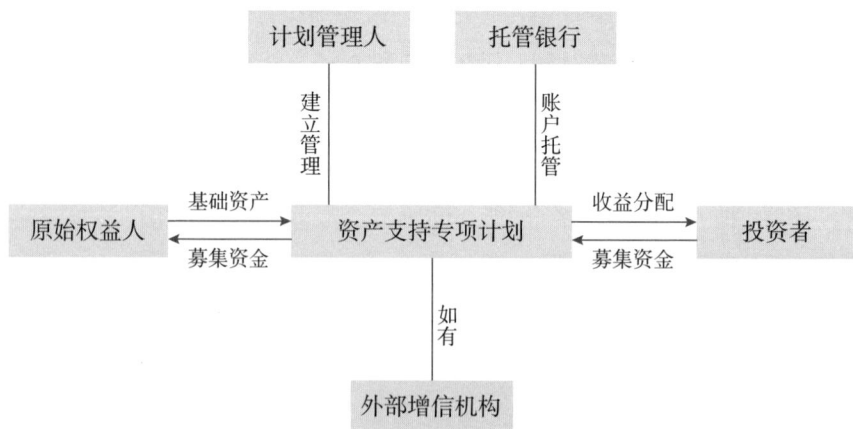

图2-31　企业ABS交易结构

资料来源：兴业研究

在基础资产方面，企业ABS和ABN均要求基础资产为权属明确，可以产生独立、可预测的现金流且可特定化的财产权利或者财产，存在权利负担的，要合理安排解除基础资产的相关担保负担和其他权利限制。

在参与方方面，企业ABS的管理人要求是证券公司、基金管理公司子公司，而ABN的受托机构是信托公司，商业银行可以作为承销商参与ABN。

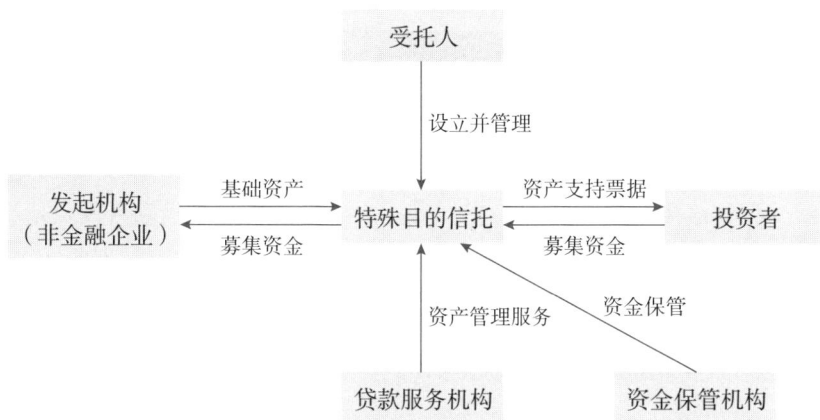

图2-32　ABN交易结构

资料来源：兴业研究

2.公用事业收费收益权ABS

2019年4月19日，证监会在其发布的《资产证券化监管问答（三）》中将收费收益权ABS锁定在基础设施收费等未来经营收入类领域，包括燃气、供电、供水、供热、污水及垃圾处理等市政设施，公路、铁路、机场等交通设施等。而对于电影票款、不具有垄断性和排他性的入园凭证等未来经营性收入，物业服务费、缺乏实质抵押品的商业物业租金（不含住房租赁）则不得作为资产证券化产品的基础资产。园区成熟运营的公用设施可开展收费收益权ABS业务。

公用事业收费权ABS是原始权益人以其持有的未来特定期间内的因特许经营权或其他公用设施运营产生的现金流对应的收益权为基础资产发行的一类ABS，证券端普遍分为优先1—N期和次级，优先1—N期限依次递增，按期付息，到期一次还本，期限匹配基础资产的特定期限；次级，期限同优先N，其间可安排付息，到期获取剩余现金流。相较于债权资产，收费收益权是一类未来现金流资产，体现在会计处理上无法实现资产出表，收费收益权ABS计为一项债务融资，净融资额计入长期应付账款和一年内到期的非流动负债，资产端计入货币资金。在法律层面，基础资产可实现与原始权益人的真实出售，但其现金流的持续产生仍依赖原始权益人的稳定运营，正因如此，在原始权益人信用质量较弱的情况下，普遍由其股东提供差额支付或外部担保。

3. CMBS 和类 REITs

园区的存量不动产可通过 CMBS 和类 REITs 开展 ABS 业务。CMBS 作为以不动产为基础资产和现金流来源的 ABS 产品，与类 REITs 在交易结构方面差异较大，但在现金流还款来源方面相似度颇高。交易结构以"专项计划+单一资金信托"的双 SPV 为主，受托人以过桥资金向借款人发放信托贷款，借款人以不动产产权及租金收入对信托贷款提供抵质押，并附有差补/担保等其他外部支持，有些项目的外部支持作用在专项计划层面，信用来源多元化。而类 REITs 则是通过专项计划持有私募基金份额、私募基金持有不动产所在项目公司股权和债权的形式发行 ABS，融资人会以权利维持费的形式给予外部支持。类 REITs 间接持有了不动产产权，与 CMBS 仅以不动产为抵质押不同，这也导致类 REITs 在对价合理和自持比例不高的情况下，可实现出表融资，在自持比例超过 50% 的情况下，则需要将整个类 REITs 纳入合并范围，其具体的会计处理与公募 REITs 相对一致；而 CMBS 仅是表内债务融资，不能实现资产出表，其会计处理与收费收益权 ABS 相对一致。期限方面，CMBS 和类 REITs 普遍存在两种设计，3+2 年，或 3+3+……+3 年，在第 3 年会进行回售或回购，对于存量资产的盘活作用是相对短期的。

园区存量资产中的园区办公、仓储物流、工业厂房等稳定运营、能产生稳定现金流且产权清晰、不附带权利负担的存量不动产均可通过 CMBS 和类 REITs 进行短期盘活。

表 2-15　园区存量资产可开展的 ABS 类型梳理

	收费收益权 ABS	CMBS	类 REITs
基础资产	收费收益权/委托贷款债权	信托受益权	基金份额/信托受益权+项目公司股+债
增信措施	现金流超额覆盖、优先/次级分层（基本无效果）、差额支付承诺、担保等	融资方特定租金应收账款质押、特定地产抵押、差额支付承诺、担保等	优先/次级分层、差额支付承诺、担保、优先权权利维持费等

	收费收益权 ABS	CMBS	类 REITs
还款来源	收费收益权费、外部支持提供的现金流（如有）	不动产项目公司应付信托贷款本息、标的物业租金收入、标的物业处置收入、外部支持提供的现金流（如有）	标的物业租金收入、标的物业的处置收入、外部支持提供的现金流（如有）
能否与原始权益人实现破产隔离	不能	不能	可以
能否实现原始权益人出表	不能	不能	可以

资料来源：兴业研究

4.商业银行在园区存量资产ABS中的业务机会

（1）投行业务

企业ABS的管理人是证券公司和基金管理公司子公司，ABN的受托人是信托公司，承销商可以是商业银行。因此，商业银行可以通过旗下具有相关牌照的子公司参与企业ABS和ABN的投行业务，也可以作为承销商参与ABN的投行业务。

（2）账户及托管业务

企业ABS管理人或ABN受托人需要为资产证券化产品开立新的账户，并需要商业银行提供托管服务，有些双层"SPV"结构的ABS/ABN还需要商业银行提供监管服务，商业银行可及时跟进上述业务。

（3）投资业务

商业银行自营、理财子公司及旗下其他投资机构可参与投资企业ABS/ABN，其中商业银行自营投资企业ABS/ABN需要按照2012年银监会发布的《商业银行风险资本管理办法》（试行）（中国银行业监督管理委员会令2012年第1号）附件9进行风险计提，即商业银行自营投资"至少两个不同信用风险档次的证券的资产证券化交易"，信用评级在AA-及以上级别的证券按照20%进行风险计提。

（三）PPP

1.政策支持PPP作为盘活存量资产的重要方式之一

在19号文发布之前，早在2014年11月16日，国务院在其发布的《关于创新重点领域投融资机制鼓励社会投资的指导意见》（国发〔2014〕60号）中便提出"鼓励通过PPP方式盘活存量资源，变现资金要用于重点领域建设"，这是我国基建领域持续投资多年后，首次针对积累的大量存量资产提出以PPP方式进行盘活。

2017年7月3日，国家发展改革委发布《关于加快运用PPP模式盘活基础设施存量资产有关工作的通知》（发改投资〔2017〕1266号，以下简称1266号文），针对运用PPP模式盘活基础设施存量资产提供指导意见，该文件对不同阶段的存量基础设施项目提出了不同的PPP模式盘活方案：（1）对拟采取PPP模式的存量基础设施项目，根据项目特点和具体情况，可通过转让—运营—移交（Transfer-Operate-Transfer，TOT）、改建—运营—移交（Rehabilitate-Operate-Transfer，ROT）、转让—拥有—运营（Transfer-Own-Operate，TOO）、委托运营（Operation & Maintenace，O&M）、股权合作等多种方式，将项目的资产所有权、股权、经营权、收费权等转让给社会资本；（2）对已经采取PPP模式且政府方在项目公司中占有股份的存量基础设施项目，可通过股权转让等方式，将政府方持有的股权部分或全部转让给项目的社会资本方或其他投资人；（3）对在建的基础设施项目，也可积极探索推进PPP模式，引入社会资本负责项目的投资、建设、运营和管理，减少项目前期推进困难等障碍，更好地吸引社会资本特别是民间资本进入。

2017年11月10日，财政部发布的《关于规范政府和社会资本合作（PPP）综合信息平台项目库管理的通知》（财办金〔2017〕92号）明确表示，要严格新项目入库标准，优先支持存量项目。

2. PPP进入严监管、规范化运营阶段

2014年9月23日，财政部发布《关于推广运用政府和社会资本合作模式有关问题的通知》（财金〔2014〕76号），首次提出运用PPP促进政府职能加快转变，并要求尽快形成PPP制度体系。随后，2014年11月29日，财政部发布《关于印发政府和社会资本合作模式操作指南（试行）的通知》（财金〔2014〕113号，以下简称113号文），该文件对PPP业务的操作流程、风险分配和承担、运作方式、回报机制、合同体系等均作了详细指导和规定。由于113号文有效期为3年，因此2017年11月29日，该文件便已失效，2019年11月7日财政部下发《政府和社会资本合作模式操作指南（修订稿）》（征求意见稿）（财办金〔2019〕94号，以下简称94号文），被认为是113号文的更新文件，但迟迟未发布定稿，因此2018年以后发布的PPP相关文件中的部分业务流程描述仍然沿用了113号文，当前行业亦急需落地行之有效的PPP操作指南。

在2014年推广运用PPP之后，中央层面在金融、财政方面都配套了相应的支持措施，包括支持PPP发行项目收益债和ABS进行融资。2016—2017年，PPP入库项目数量和投资额快速增加，项目落地率大幅提高。

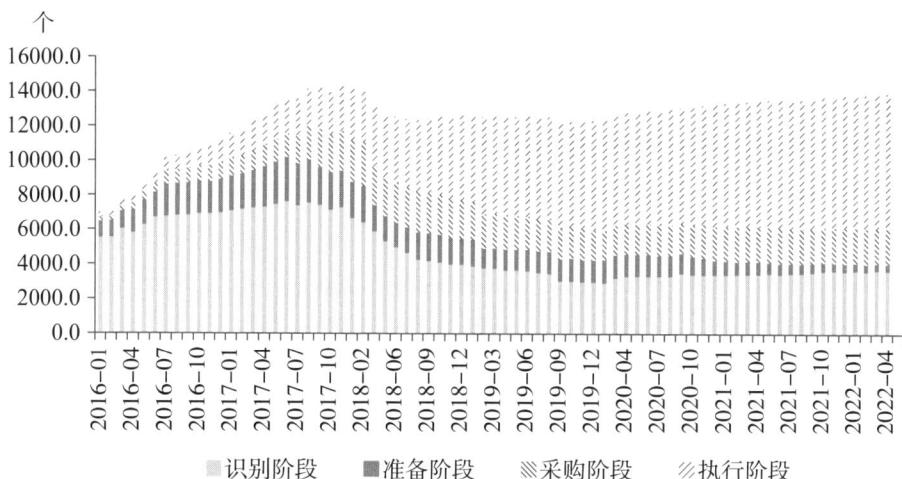

图2-33　我国PPP入库项目数量

资料来源：Wind，兴业研究

万亿元

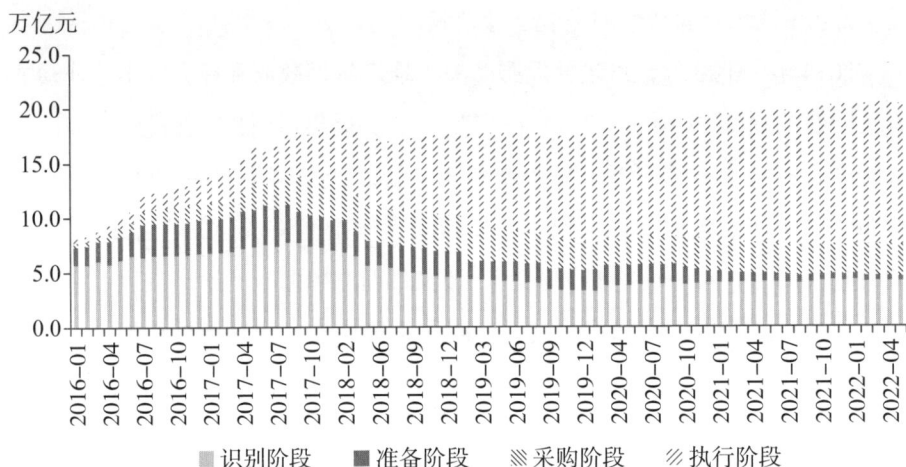

图2-34　我国PPP入库项目投资金额

资料来源：Wind，兴业研究

%

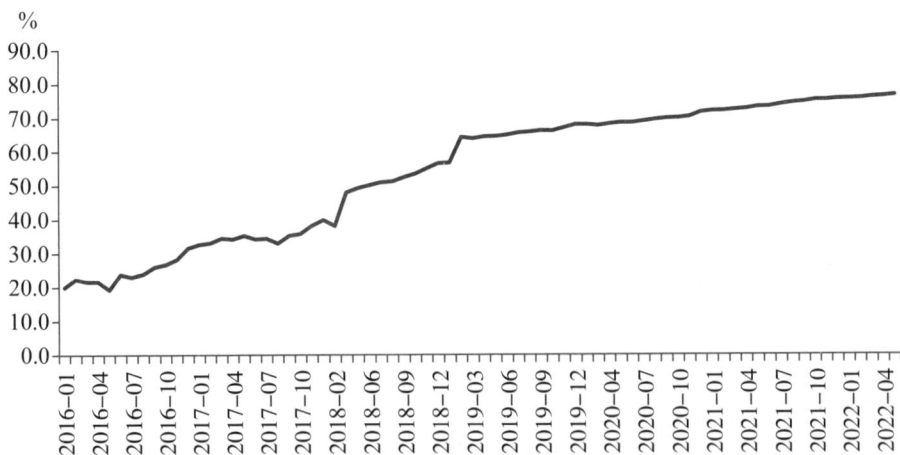

图2-35　我国PPP落地率

资料来源：Wind，兴业研究

初期PPP政策的大力支持使得PPP业务在快速发展的同时，PPP项目泛化滥用现象频出，2017年11月10日，财政部发布《关于规范政府和社会资本合作（PPP）综合信息平台项目库管理的通知》（财办金〔2017〕92号），落实严格把关，进一步规范PPP入库标准，集中清理条件不符合、操作不规范、信息不完善的已入库项目，拉开了 PPP 进一步规范化发展的序幕。2019年 3 月 7 日，财政部发布《关于推进政府和社会资本合作规范发展的实施意见》（财金〔2019〕10 号，以下简称《实施意见》），明确了规范的 PPP 项目应满足的条件，尤其对新上政府付费项目和财政支出责任提出了严格的要求：（1）财政支出责任占比超过 5% 的地区，不得新上政府付费项目；（2）使用者付费比例低于 10% 的，不予入库；（3）每一年度本级全部 PPP 项目从一般公共预算列支的财政支出责任，不超过当年本级一般公共预算支出的 10%；（4）对财政支出责任占比超过 7% 的地区进行风险提示，对超过 10% 的地区严禁新项目入库，防范 PPP 项目成为增加地方政府隐性债务的渠道。随后，财政部在 2019 年 4 月 28 日发布的《关于梳理 PPP 项目增加地方政府隐性债务情况的通知》（财办金〔2019〕40 号）中强调，坚决遏制假借 PPP 名义增加地方政府隐性债务风险，严格对照《实施意见》有关规定甄别项目是否增加地方政府隐性债务。2020 年 3 月，财政部印发《政府和社会资本合作（PPP）项目绩效管理操作指引》（财金〔2020〕13 号），提出了 PPP 项目绩效目标编制要求和绩效指标管理要求，并要求项目实施机构根据项目合同约定，在执行阶段结合年度绩效目标和指标体系开展 PPP 项目绩效评价。因此 2018 年以后 PPP 入库项目数量和投资额增速放缓，短期内甚至出现了一定的下降，系不规范项目清理出库所致。与此同时，PPP 作为补短板、稳投资的工具之一，仍然受到政策支持，2020 年 2 月 10 日，财政部政府和社会资本合作中心发布《关于加快加强政府和社会资本合作（PPP）项目入库和储备管理工作的通知》（财政企函〔2020〕1 号），要求在确保入库项目质量的前提下，加快项目入库进度，加快建立项目协同滚动开发机制，突出重点、精准发力，开设绿色通道。

表 2-16　2017 年底至今 PPP 规范化发展相关文件

时间	发文部门	文件名称	主要内容
2017/11/10	财政部	《关于规范政府和社会资本合作（PPP）综合信息平台项目库管理的通知》（财办金〔2017〕92 号）	进一步规范政府和社会资本合作（PPP）项目运作，防止 PPP 异化为新的融资平台，坚决遏制隐性债务风险增量。许多不适合采用 PPP 模式的项目纷纷退库。

时间	发文部门	文件名称	主要内容
2019/3/7	财政部	《关于推进政府和社会资本合作规范发展的实施意见》（财金〔2019〕10号）	牢牢把握推动PPP规范发展的总体要求，规范的PPP项目应满足的条件，新上政府付费项目应满足的条件。
2019/4/28	财政部	《关于梳理PPP项目增加地方政府隐性债务情况的通知》（财办金〔2019〕40号）	坚决遏制假借PPP名义增加地方政府隐性债务风险，夯实PPP高质量发展基础。如增加地方政府隐性债务的项目，应当中止实施或转为其他合法合规方式继续实施，省级财政部门应主动从项目库中清退。对已纳入政府性债务监测平台但认定存在争议的项目，项目所属本级财政部门应当组织开展项目合规性论证，严格对照《实施意见》有关规定甄别项目是否增加地方政府隐性债务。
2019/11/7	财政部	《政府和社会资本合作模式操作指南（修订稿）》（征求意见稿）（财办金〔2019〕94号）	对PPP项目操作流程、风险分配和承担、运作方式、回报机制、合同体系等操作指南进行修订，并向社会征求意见，但尚未发布定稿。
2019/12/17	财政部	《关于印发〈政府会计准则第10号——政府和社会资本合作项目合同〉的通知》（财会〔2019〕23号）	满足"双特征""双控制"下的PPP项目，政府方的会计处理细则。
2020/2/10	财政部政府和社会资本合作中心	《关于加快加强政府和社会资本合作（PPP）项目入库和储备管理工作的通知》（财政企函〔2020〕1号）	进一步提高PPP项目入库和储备管理效率，加快项目入库工作。
2020/3/16	财政部	《政府和社会资本合作（PPP）项目绩效管理操作指引》（财金〔2020〕13号）	规范政府和社会资本合作（PPP）项目全生命周期绩效管理工作，提出绩效目标和指标管理要求，并要求项目实施机构按合同要求进行绩效评价。
2021/1/26	财政部	《关于印发〈企业会计准则解释第14号〉的通知》（财会〔2021〕1号）	满足"双特征""双控制"下的PPP项目，社会参与方的会计处理细则。

续表

时间	发文部门	文件名称	主要内容
2022/11/11	财政部	《关于进一步推动政府和社会资本合作（PPP）规范发展、阳光运行的通知》（财金〔2022〕119号）	一、做好项目前期论证，重点包括财政承受能力论证、PPP项目入库审核与地方政府隐性债务风险防范工作协同和信息共享。 二、推动项目规范运作，重点包括TOT项目不得通过"自我循环"虚增财政收入、将PPP项目绩效评价结果作为按效付费的重要依据。 三、严防隐性债务风险，重点包括做好PPP合同审查，严禁地方财政兜底条款，政府方相关支出纳入财政预算管理。 四、保障项目阳光运行，重点包括财政承受能力动态监测。

资料来源：公开资料整理，兴业研究

表2-17　2019年以后规范的PPP项目入库条件

	主要内容
规范的PPP项目应满足的条件	1. 属于公共服务领域的公益性项目，合作期限原则上在10年以上，按规定履行物有所值评价、财政承受能力论证程序。
	2. 社会资本负责项目投资、建设、运营并承担相应风险，政府承担政策、法律等风险。
	3. 建立完全与项目产出绩效相挂钩的付费机制，不得通过降低考核标准等方式，提前锁定、固化政府支出责任。
	4. 项目资本金符合国家规定比例，项目公司股东以自有资金按时足额缴纳资本金。
	5. 政府方签约主体应为县级及县级以上人民政府或其授权的机关或事业单位。
	6. 按规定纳入全国PPP综合信息平台项目库，及时充分披露项目信息，主动接受社会监督。
新上政府付费项目应额外满足的条件	1. 财政支出责任占比超过5%的地区，不得新上政府付费项目。按照"实质重于形式"原则，污水、垃圾处理等依照收支两条线管理，表现为政府付费形式的PPP项目除外。

	主要内容
	2.采用公开招标、邀请招标、竞争性磋商、竞争性谈判等竞争性方式选择社会资本方。
	3.严格控制项目投资、建设、运营成本，加强跟踪审计。
	4.对于规避上述限制条件，将新上政府付费项目打捆、包装为少量使用者付费项目、项目内容无实质关联、使用者付费比例低于10%的，不予入库。
财政支出监管要求	1.每一年度本级全部PPP项目从一般公共预算列支的财政支出责任，不超过当年本级一般公共预算支出的10%。
	2.新签约项目不得从政府性基金预算、国有资本经营预算安排PPP项目运营补贴支出。
	3.对财政支出责任占比超过7%的地区进行风险提示，对超过10%的地区严禁新项目入库。
	4.不得出现以下情形：存在政府方或政府方出资代表向社会资本回购投资本金、承诺固定回报或保障最低收益的。项目形成的财政支出责任，应当认定为地方政府隐性债务。以债务性资金充当项目资本金，虚假出资或出资不实的。

资料来源：《实施意见》，兴业研究

3.PPP业务规则

本节将结合113号文、94号文以及2017年以后PPP严监管的相关政策探讨PPP的业务规则。

（1）操作流程

113号文中的PPP项目操作流程包括项目识别、准备、采购、执行和移交五个阶段，前三个阶段以政府为主导，而执行阶段以社会资本方为主导，政府进行监管和协助。94号文修改了PPP操作流程，将PPP流程精简为准备、采购和执行三个阶段，原识别和准备阶段合并为准备阶段，原移交阶段纳入执行阶段进行管理。整个过程中，社会资本负责项目投资、建设、运营并承担相应风险，政府承担政策、法律等风险。PPP项目要求由县级及县级以上政府或其授权的机关或事业单位发起，为项目实施机构。

| 项目识别 | 项目发起 → 项目筛选 → 物有所值评价 → 财政承受能力论证 |

| 项目准备 | 管理架构组建 → 实施方案制定 → 实施方案审核 |

| 项目采购 | 资格预审 → 采购文件编制 → 响应文件评审 → 谈判与合同签署 |

| 项目执行 | 项目公司设立 → 融资管理 → 绩效监测与支付 → 中期评估 |

| 项目移交 | 移交准备 → 性能测试 → 资产交割 → 绩效评价 |

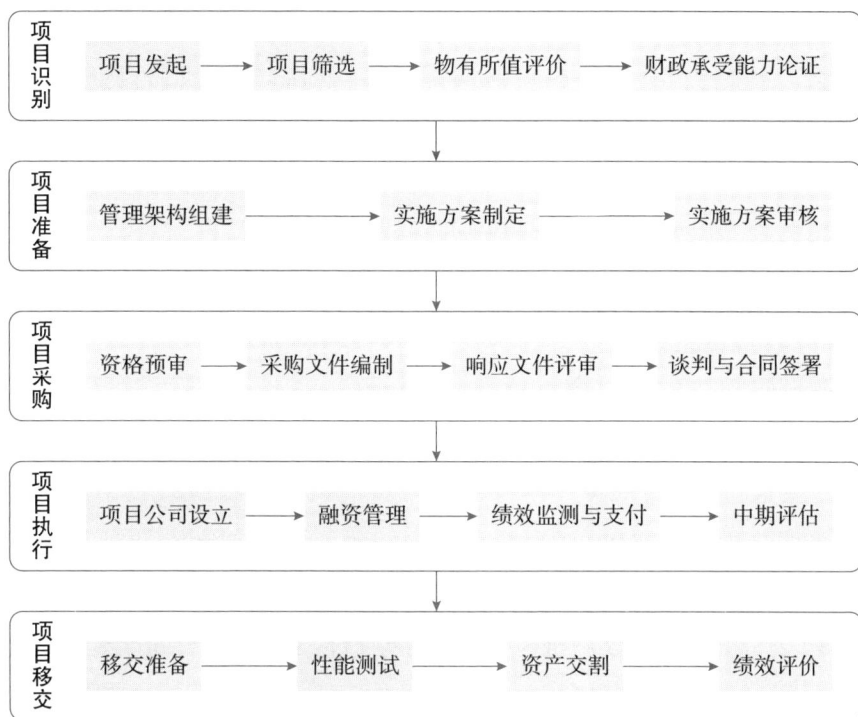

图 2-36　113 号文中规定的 PPP 操作流程

资料来源：94 号文，兴业研究

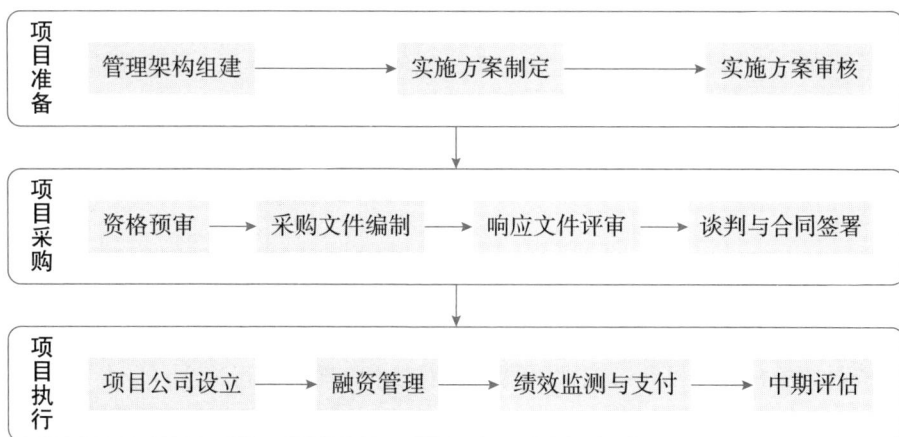

| 项目准备 | 管理架构组建 → 实施方案制定 → 实施方案审核 |

| 项目采购 | 资格预审 → 采购文件编制 → 响应文件评审 → 谈判与合同签署 |

| 项目执行 | 项目公司设立 → 融资管理 → 绩效监测与支付 → 中期评估 |

图 2-37　94 号文中 PPP 操作流程发生变化

资料来源：94 号文，兴业研究

准备阶段，需要重点做两方面的工作：①项目实施机构组织编制项目实施方案，主要包含项目概况、风险分配框架、运作方式、交易结构、合同体系、边界条件、监督管理架构、项目采购、财务测算等内容，此外，还需要编制总体绩效目标和绩效指标体系；②进行物有所值评价和财政承受能力论证，审核通过的项目方可纳入 PPP 项目开发目录，进入下一阶段。物有所值评价用于判断是否采用 PPP 模式代替政府传统投资运营方式提供公共服务项目，采用先定量、后定性的方法进行评价，初始评价过程中确定包括风险相关比例和数值、折现率、社会资本收益率等在内的核心要素和参数，这些要素和参数与财政承受能力论证、采购文件编制、PPP 项目合同起草等过程中的相关要素和参数要一致。

采购阶段，目前 PPP 项目采购依据的政策是 2014 年 12 月 31 日《财政部关于印发〈政府和社会资本合作项目政府采购管理办法〉的通知》（财库〔2014〕215 号），项目实施机构应编制采购文件、PPP 项目合同草案等，上述文件应与经政府审核同意的实施方案相关实质性内容保持一致，以公开招标和竞争性磋商作为 PPP 项目的主要采购方式。

执行阶段，PPP 项目融资、建设和运营由项目公司负责，未设立项目公司的，由社会资本方负责。项目实施机构应每 3—5 年对项目进行中期评估，重点分析项目运行状况，验证物有所值实现情况，按效付费执行情况以及项目合同的适应性和合理性。在执行阶段的绩效监控方面，项目实施机构应根据项目合同约定定期开展 PPP 项目绩效监控，项目公司（社会资本）负责日常绩效监控。待合作期限结束，政府方按照项目合同约定收回项目资产（即移交）。

目前，相关统计数据仍按照 113 号文对 PPP 项目所处阶段进行分类，截至 2022 年 5 月末，已有 63.42% 投资金额的 PPP 项目处于执行阶段，20.37% 投资金额的 PPP 项目处于识别阶段，尚未有 PPP 项目进行移交。

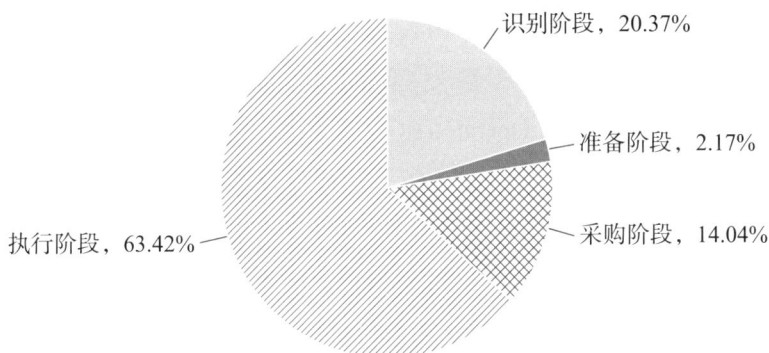

图 2-38　截至 2022 年 5 月末 PPP 项目各阶段分布（按投资金额）

资料来源：Wind，兴业研究

（2）以项目公司为 PPP 执行主体，按照 PPP 项目合同履约

PPP 项目普遍以项目公司作为项目执行主体，按照签署的 PPP 项目合同履约。

PPP 项目合同应约定好运作方式及合作期限、政府承诺和保障、投融资期限及方式、项目建设、运营维护、社会资本取得收益的方式及标准、项目绩效目标和指标体系、履约担保机制、应急预案和临时接管预案、项目合同变更、提前终止及终止补偿等重要内容，并应明确约定移交形式、补偿方式、移交内容和移交标准。

设立项目公司的，PPP 项目合同还应当载明项目公司的注册资本、股权结构、股权变更限制以及社会资本对项目公司履行 PPP 合同的保障机制等事项。原则上，项目建设期内社会资本不得对外转让项目公司股权。PPP 项目进入运营期后，社会资本可根据项目合同约定，在不影响项目正常运营的前提下，经政府书面同意，对外转让项目公司股权。

需要注意的是，PPP 项目合同中不得约定由政府或政府方出资代表回购社会资本投资本金、承诺固定收益回报、为项目融资提供各种形式的担保、还款承诺等由政府实际兜底项目投资建设运营风险的内容，且不得提前锁定、固化政府支出责任，不得减轻或免除社会资本的投资建设运营责任。

（3）盘活存量资产的运作模式以 TOT、ROT、TOO 为主，辅以 O&M 和 MC

PPP项目运作方式包括委托运营（O&M）、管理合同（Management Contract，MC）、建设—运营—移交（Build-Operate-Transfer，BOT）、建设—拥有—运营（Build-Own-Operate，BOO）、转让—运营—移交（TOT）和改建—运营—移交（ROT）等，但不得采用建设—移交（Build-Transfer，BT）方式。

根据具体项目情况确定不同运作方式，新建项目通常选择BOT、BOO，改建项目以ROT为主，有运营需求的存量项目通常选择O&M、MC、TOT、TOO和ROT。而针对园区存量资产的盘活，1266号文提出可通过转让—运营—移交（TOT）、改建—运营—移交（ROT）、转让—拥有—运营（TOO）、委托运营（O&M）、股权合作等多种方式，将项目的资产所有权、股权、经营权、收费权等转让给社会资本。

由于目前新建PPP项目较多，而盘活存量项目的PPP相对较少，从数据来看，BOT模式的投资金额占比高达80.65%，其他类型合计占比不足20%，而TOT、ROT、TOO、O&M等几类盘活存量资产的PPP运作模式投资金额当前合计占比仅为3.84%。

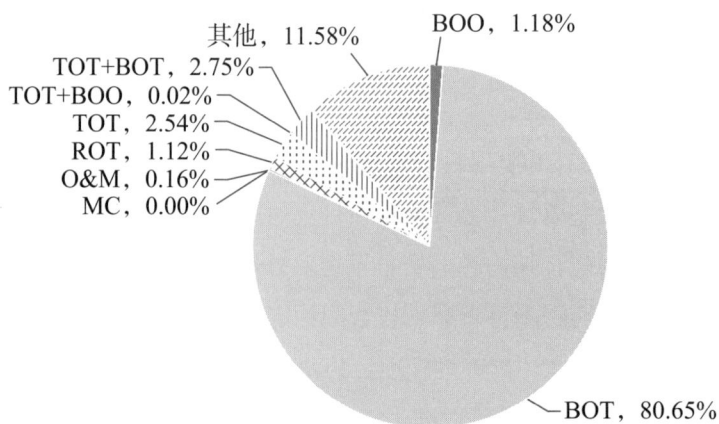

图2-39　截至2022年5月末PPP项目运营方式分布（按投资金额）

资料来源：Wind，兴业研究

园区存量资产盘活采用PPP盘活的运作方式有：1. O&M：政府将存量

公共资产的运营维护职责委托给社会资本或项目公司，社会资本或项目公司不负责用户服务，政府保留资产所有权，只向社会资本或项目公司支付委托运营费，该模式合同期限一般不超过 8 年。2. MC：政府将存量公共资产的运营、维护及用户服务职责授权给社会资本或项目公司，政府保留资产所有权，只向社会资本或项目公司支付管理费，管理合同通常作为转让—运营—移交的过渡方式，该模式合同期限一般不超过 3 年。3. TOT：政府将存量资产所有权有偿转让给社会资本或项目公司，并由其负责运营、维护和用户服务，合同期满后资产及其所有权等移交给政府的项目运作方式，该模式合同期限一般为 20—30 年。4. ROT：政府在 TOT 模式的基础上，增加改扩建内容的项目运作方式，该模式合同期限一般为 20—30 年。5. TOO：政府将存量资产所有权有偿、永久转让给社会资本或项目公司，并由其负责运营、维护和用户服务。在目前"属于公共服务领域的公益性项目，合作期限原则上在 10 年以上"的 PPP 项目才能入库的条件下，TOT、ROT、TOO 的运作模式更易入库，而 O&M 和 MC 则需要考虑完善项目合同、拉长合作期限、选择优质存量资产，以期尽量入库。

（4）使用者付费、政府付费和可行性缺口补助三种回报机制并行

目前，PPP 项目回报机制主要包括使用者付费、政府付费和可行性缺口补助三种支付方式，具体采用哪种方式一般需要综合考量 PPP 项目产出是否可计量、财政承受能力、项目公司能否获得合理回报、对融资方的吸引等因素后确定。而过度依赖财政的政府付费和可行性缺口补助项目，在财政支出责任超限的情况下，不可入库，具体入库条件可参见前文。

表 2-18　PPP 项目回报机制梳理

	使用者付费	政府付费	可行性缺口补助
内涵	最终消费用户直接付费购买公共产品和服务	政府直接付费购买公告产品和服务	使用者付费不足以满足项目公司成本回收和合理回报时，由政府给予项目公司一定经济补助，以弥补使用者付费之外的缺口部分

	使用者付费	政府付费	可行性缺口补助
定价机制/补助方式	1. 根据《价格法》确定 2. PPP项目合同中约定 3. 根据实时市场价格确定 4. 政府设定或合同中约定区域内某一行业的统一价/最高价，若最高价也无法回收成本，则提供可行性缺口补助	1. 项目设施的可用性，如奥运场馆、学校、部分改造项目 2. 产品或服务的使用量，与实际使用量挂钩，可采用分层级使用量付费机制 3. 绩效付费，设置绩效标准及监控机制，未达标的要扣减 4. 设置合理调价机制	土地划拨、投资入股、投资补助、优惠贷款、贷款贴息、放弃分红权、授予项目相关开发收益权等
适用项目	1. 高速公路、桥梁、地铁等公共交通项目，供水、供热等公用设施项目 2. 需求可预测、收费具有实际可操作性	公用设施类、公益服务类、部分公共交通项目	使用者付费无法使社会资本获得合理回报的项目，如地铁项目
考量因素	使用者对于价格变动的敏感度、是否超出可承受范围、项目公司合理收益、社会和经济效益等	项目公司合理收益、财政承受能力	

资料来源：113号文，兴业研究

截至2022年5月末，我国PPP项目采用使用者付费、政府付费和可行性缺口补助的投资金额占比分别为13.03%、20.73%和66.24%，使用者付费占比太低。

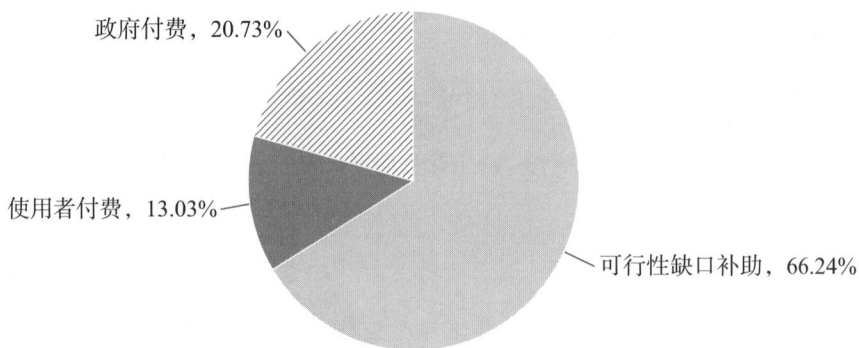

政府付费，20.73%
使用者付费，13.03%
可行性缺口补助，66.24%

图2-40　截至2022年5月末PPP项目回报机制分布（按投资金额）

资料来源：Wind，兴业研究

4. PPP 业务发展现状

截至 2022 年 5 月末，我国 PPP 入库项目数量 13930，投资金额共计 20.33 万亿元，落地率达到了 76.6%。

在区域分布方面，PPP 项目投资金额占比超过 5% 的省份有 7 个，分别为贵州、四川、河南、浙江、云南、山东、湖北，占比分别为 9.39%、7.41%、7.14%、6.34%、5.83%、5.75%、5.21%。

在行业分布方面，PPP 项目主要投向了交通运输、市政工程、片区开发、生态建设和环境保护，投资金额占比分别为 34.01%、27.11%、11.88%、6.48%。园区资产中涉及市政工程和片区开发通过 PPP 来进行盘活是切实可行的。

在投资年限方面，PPP 项目投资年限普遍较长，1—10 年期的项目占比较少，11—20 年、21—30 年和 31 年及以上的项目占比分别为 36.87%、36.89% 和 21.35%，按照《实施意见》的最新要求，新入库的 PPP 项目"合作期限原则上在 10 年以上"。所以 PPP 仅是政府方资本退出或盘活资产的一种方式，待项目运营成熟后，社会资本方仍然存在很大诉求寻求资本的彻底退出，公募 REITs 是其最好的选择。

万亿元

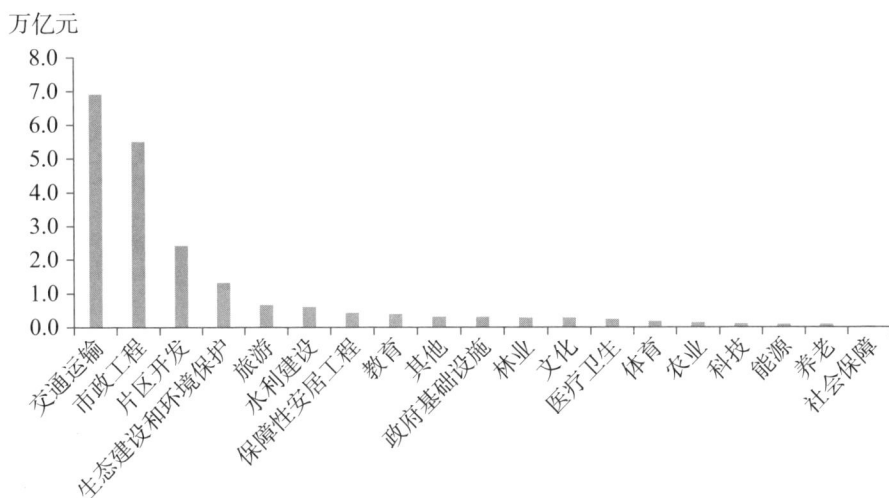

图 2-41　截至 2022 年 5 月末 PPP 项目行业分布（按投资金额）

资料来源：Wind，兴业研究

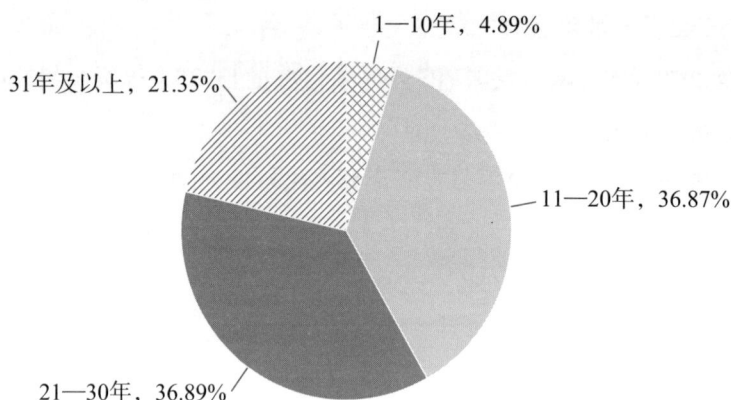

图2-42　截至2022年5月末PPP项目投资年限分布（按投资金额）

资料来源：Wind，兴业研究

　　从社会资本方的参与情况来看，在2018年PPP严监管以后，PPP项目出现"国进民退"的趋势，叠加建筑行业获取工程施工订单需求，目前PPP业务集中

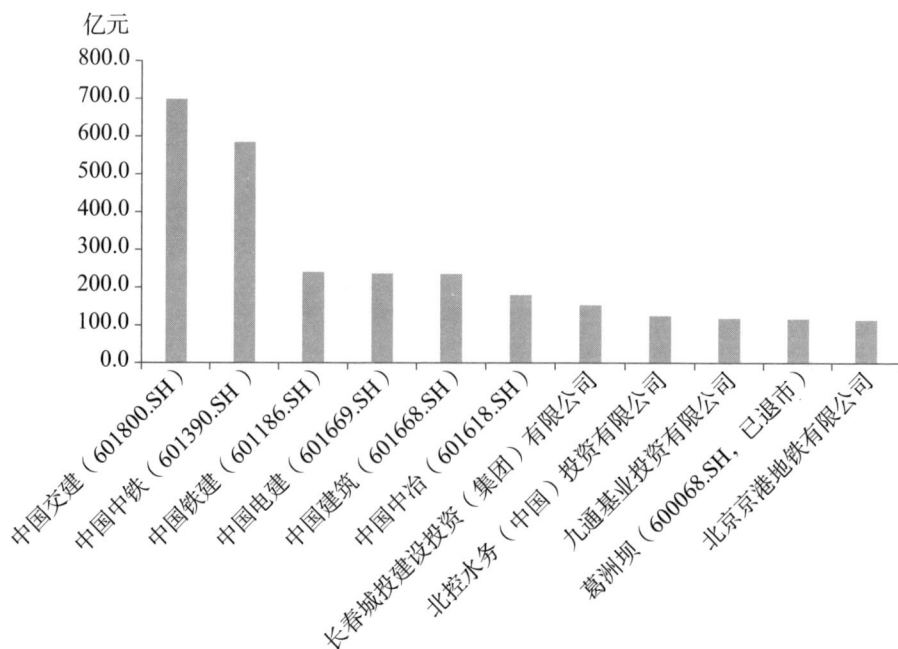

图2-43　截至2022年5月末出资额超过100亿元的PPP项目社会参与方

资料来源：Wind，兴业研究

在建筑行业龙头、产业龙头以及地方政府投资集团手里，以央企建筑行业为最。截至 2022 年 5 月末，出资额前 100 的社会资本方中鲜有民企出现，出资额超过 100 亿元的有 11 家，以央企建筑龙头为主，辅以产业龙头和地方投资集团。园区存量资产以办公楼、工业厂房、仓储物流、公用事业为主，上述资产以运营需求为主，辅以改造升级，几无大规模工程施工需求，因此盘活园区存量资产的 PPP 项目的社会参与方将以产业龙头及地方政府资产管理及运营平台为主。

5. PPP 的会计处理

PPP 项目普遍以项目公司为主体进行建设和运营，PPP 项目的会计处理涉及政府方会计处理和企业参与方会计处理。政府方是指政府授权或指定的 PPP 项目实施机构，其会计处理主要参照财政部 2019 年 12 月 17 日发布的《关于印发〈政府会计准则第 10 号——政府和社会资本合作项目合同〉的通知》（财会〔2019〕23 号）；而企业参与方，主要是社会资本方，指的是与政府方签署 PPP 项目合同的社会资本或项目公司，系 PPP 项目负责人，而非 PPP 项目的政府代理人，其会计处理主要参照财政部 2021 年 1 月 26 日发布的《关于印发〈企业会计准则解释第 14 号〉的通知》（财会〔2021〕1 号）。由于商业银行参与 PPP 项目主要是为社会资本方提供金融服务，因此本文主要讨论社会资本方参与 PPP 项目的会计处理。

（1）适用范围

按照《企业会计准则解释第 14 号》，若 PPP 项目合同应同时具有如"双特征"和"双控制"（"双特征"和"双控制"在《企业会计准则解释第 14 号》和《政府会计准则第 10 号——政府和社会资本合作项目合同》中的解释一致），且社会资本方系 PPP 项目负责人，则适用该准则。

"双特征"：①社会资本方在合同约定的运营期间内代表政府方使用 PPP 项目资产提供公共产品和服务；②社会资本方在合同约定的期间内就其提供的公共产品和服务获得补偿。"双控制"：①政府方控制或管制社会资本方使用 PPP 项目资产必须提供的公共产品和服务的类型、对象和价格；② PPP 项目合同终止时，政府方通过所有权、收益权或其他形式控制 PPP 项目资产的重大剩余权益。按照上述定义，PPP 项目中采用建设—运营—移交（BOT）、转让—运营—移交（TOT）、改建—运营—移交（ROT）方式运作的PPP项目合同，通常情况下都能同时满足"双特征"与"双控制"标准，部分采用建设—拥有—经营—移交（BOOT）、委托运营（O&M）等其他运作方式的项目合同，也有满足"双特征""双控制"标准的。而BOO、TOO等不需要移交的PPP项目普遍不满足"双控制"的第二条。

（2）相关会计处理

按照《企业会计准则解释第14号》，满足"双特征"和"双控制"的PPP项目，社会资本方对其会计处理普遍分三种情况：

第一，有权收取可确定金额的现金的，计入合同资产科目（一年内变现）或其他非流动资产（长期变现），并于每年度结转收入，冲抵资产；

第二，有权向获取公共产品和服务的对象收取费用，但收费金额不确定的，计入无形资产科目，建造期间不产生收入，运营期间以实际对价确认收入，计提无形资产折旧；

第三，有权收取可确定金额，但PPP项目资产的对价金额或确认的建造收入金额超过有权收取可确定金额的，有权收取可确定金额的部分计入合同资产或其他非流动资产，并于每年度结转收入，冲抵资产，差额部分待PPP项目达到预定可使用状态后计入无形资产，并于运营期间每年度以实际对价确认收入，同时计提无形资产折旧。

凡涉及计入无形资产的部分，建造期间产生的现金流计入投资活动现金流支出（用于构建无形资产），运营期间产生的现金流计入经营活动现金流入。需要注意的是，社会资本方不得将PPP项目资产确认为其固定资产。

对于不满足"双特征"和"双控制"的PPP项目，社会资本方根据其业务性质按照相关企业会计准则进行会计处理，无须做额外会计处理。如委托运营，社会资本方不涉及项目股权投入，仅进行运营管理，则于每年度确认委托收入和成本即可；BOO项目，无须在运营期结束后进行移交，则BOO项目公司与社会资本方投资的其他项目一样，根据对其是否控制判断是否纳入合并范围，相关资产根据其业务性质计入无形资产或固定资产。

6.商业银行在PPP盘活园区存量资产中的业务机会

从PPP项目全生命周期来看，执行阶段才会涉及盘活存量资产PPP项目的改建、运营等存在较大资金需求的环节。商业银行参与PPP盘活园区存量资产的业务机会主要集中在这一阶段。

（1）账户业务

PPP项目普遍以项目公司为主体运作项目，商业银行可对项目公司提供账户服务和资金监管服务。

（2）为社会资本方提供资金支持

并购贷款：以转让—运营—移交（TOT）、转让—拥有—运营（TOO）、股权转让等方式进行的PPP项目，在项目转让或项目公司股权转让过程中，商业银行可向社会资本方提供并购贷款解决其资金需求。为提高并购贷款的信用质量，商业银行可要求社会资本方以PPP项目资产提供抵押、以PPP项目公司股权和项目未来收益权提供质押。

长期贷款或非标业务：以改建—运营—移交（ROT）方式进行的PPP项目，改建过程中也需要大量的资金，商业银行可为社会资本方提供长期贷款或信托贷款等非标服务。

（3）为进入稳定运营的PPP项目提供盘活资产的金融服务

社会资本方以各种方式运作的PPP项目，当通过社会资本方的专业运营能力提升项目收益率达到证券化要求之后，可通过公募REITs进行最彻底的盘活，亦可发行ABS，为社会资本方资金退出提供渠道。2016年12月21日，国家发展改革委、证监会《关于推进传统基础设施领域政府和社会资本合作（PPP）项目资产证券化相关工作的通知》（发改投资〔2016〕2698号），推动PPP进行ABS融资，而在公募REITs试点的相关文件中，更是多次提及PPP项目可以作为基础设施项目发行公募REITs，但需要满足合规和收益率要求。因此，商业银行可参与存量资产PPP项目的REITs或ABS业务的发行和投资。

7.可通过PPP盘活的园区存量资产类型

目前政策优先支持存量资产PPP项目入库，但对存量资产PPP项目条件并未放松。PPP项目要求属于公共服务领域的公益性项目，合作期限原则上在10年以上，按规定履行物有所值评价、财政承受能力论证程序，新上项目要求当地所有PPP项目的财政支出责任占比不得超过其财政支出的5%；将新上政府付费项目打捆、包装为少量使用者付费项目，项目内容无实质关联、使用者付费比例不得低于10%。

园区存量资产中园区办公、仓储物流、工业厂房等由于不属于公共服务领域，普遍不可以PPP方式进行盘活；公用设施项目，收入来源于园区入驻企业，且普遍收益率尚可，可以作为采用使用者付费机制PPP方式盘活，尤其对于运营相对低效的此类资产，可通过PPP引入社会资本方对项目进行改造升级、提升运营能力，此后再通过公募REITs实现社会资本的退出；路桥绿化、配套公益项目，无收益但需要维护运营，建设成本需要盘活回收，单独进行PPP盘活，无疑属于政府付费项目，可与公用设施项目打包进行PPP盘活，作为可行性缺口补贴的PPP项目，需要注意使用者付费比例高于10%，引入社会资本方降低该类项目的维护运营成本，以降本增效，19号文中也提出"研究通过资产合理组合等方式，将准公益性、经营性项目打包，提升资产吸引力"。

（四）闲置低效资产的盘活方式

1.以产权交易为主的闲置低效资产的盘活方式

19号文在优化完善存量资产盘活方式方面，除了提到公募REITs、PPP、产权交易所等方式外，还强调以下方式：（1）发挥国有资本投资、运营公司功能作用。鼓励国有企业依托国有资本投资、运营公司，按规定通过进场交易、协议转让、无偿划转、资产置换、联合整合等方式，盘活长期闲置的存量资产，整合非主业资产。通过发行债券等方式，为符合条件的国有资本投资、运营公司盘活存量资产提供中长期资金支持。（2）探索促进盘活存量和改扩建有机结合。吸引社会资本参与盘活城市老旧资产资源特别是老旧小区改造等，通过精准定位、提升品质、完善用途等进一步丰富存量资产功能、提升资产效益。因地制宜积极探索污水处理厂下沉、地铁上盖物业、交通枢纽地上地下空间综合开发、保障性租赁住房小区经营性公共服务空间开发等模式，有效盘活既有铁路场站及周边可开发土地等资产，提升项目收益水平。在各级国土空间规划、相关专项规划中充分考虑老港区搬迁或功能改造提升，支持优化港口客运场站规划用途，实施综合开发利用。（3）挖掘闲置低效资产价值。推动闲置低效资产改造与转型，依法依规合理调整规划用途和开发强度，开发用于创新研发、卫生健康、养老托育、体育健身、休闲旅游、社区服务或作为保障性租赁住房等新功能。支持金融资产管理公司、金融资产投资公司以及国有资本投资、运营公司通过不良资产收购处置、实质性重组、市场化债转股等方式盘活闲置低效资产。（4）支持兼并重组等其他盘活方式。积极探索通过资产证券化等市场化方式盘活存量资产。在符合反垄断等法律法规前提下，鼓励行业龙头企业通过兼并重组、产权转让等方式加强存量资产优化整合，提升资产质量和规模效益。通过混合所有制改革、引入战略投资方和专业运营管理机构等，提升存量资产项目的运营管理能力。

上述方式主要用于盘活闲置低效资产，结合园区存量资产类型，我们认为可通过以下方式进行盘活：

（1）改扩建，这一盘活方式主要用于园区及周边的老旧小区改造。

（2）开发闲置低效资产新功能，用于创新研发或作为保障性租赁住房等。该方式主要用于产权类型的资产，如园区内原有资产布局不甚合理，缺乏用于创新研发的资产，而存在闲置厂房，则可以将闲置厂房用于重新开发并重新定位。闲置低效资产可能是园区开发平台持有，也可能是园区入驻企业持有，二者均可自行开发，亦可通过股权合作的模式，与第三方合作开发。

（3）以股权合作、并购重组、混合所有制改革、股权转让、委托运营、管理合同等模式引入产业龙头或专业运营管理机构，提升存量资产项目的运营管理能力，提高存量资产收益率。也可以依托国有资本投资、运营公司，按规定通过进场交易、协议转让、无偿划转、资产置换、联合整合等方式，盘活长期闲置的存量资产，整合非主业资产。园区低效资产之所以存在，主要源于两种情形：①园区成熟度低，招商引资能力较弱，产业发展乏力，园区经济和财政始终难以提振，园区和周边企业及人口不足，存量资产利用率低。在这种情形下，并不是盘活某一低效资产就可以解决问题，需要将整个园区作为低效资产，提升其整体运营效率和成熟度，可行的方案是将园区的开发模式从政府主导模式向政企合作模式转变，引入第三方专业园区运营管理机构提供招商引资和对入驻企业服务，提高园区成熟度，从而提高园区内存量资产的利用率，该过程中会涉及园区整体运营层面的股权合作或委托运营，而具体到单一资产运营层面，会出现重新布局园区资产、开发闲置资产新功能的需求。②园区招商引资和成熟度尚可，但园区的公用设施项目运营效率低，尤其是其成本控制能力较弱，导致园区内部分存量资产的收益率不及预期，这种情况下，园区开发模式不发生变化，可以采用股权合作、股权转让、委托管理、管理合同等模式引入专业的公用设施运营机构对单一项目进行盘活，提升其运营能力。

（4）对园区及入驻企业持有的不良资产进行出售处置。园区所涉不良资产主要有四类：①园区平台下属金融投资公司持有的不良债权资产，相较大量的不动产资产，这类金融债权不良资产规模很小，主要适用金融投资公司处置不良资产的方式；②出现信用风险的民营地产商参与开发的园区及周边项目资产，主要适用烂尾项目处置方式，如兼并购、项目公司出售；③出现信用风险的园区入驻企业所持有、已停产、拟出售的不动产，包括自有工业厂房、自有仓储等；④园区平台所持有的运营效率极低的不动产项目。

2.产权交易的可行场所——产权交易所

园区存量资产盘活中会存在各种形式的资产交易，除非公开交易外，还可以在产权交易所进行相对标准化的产权交易。19号文也提出，要"充分发挥产权交易所的价值发现和投资者发现功能，创新交易产品和交易方式"。目前，产权交易所按照财政部2020年10月14日印发的《规范产权交易机构开展金融企业国有产权交易管理暂行规定》（财金〔2020〕92号）开展业务，该文件明确了产权交易机构开展金融企业国有产权交易应当具备的五项基本条件：一是省级人民政府批准设立或确认的产权交易机构；二是严格遵守国家法律法规以及国有金融资本管理的相关制度规定，近3年没有违法违规记录；三是能够履行产权交易机构职责，严格审查产权交易主体的资格和条件，自觉接受金融企业国有资产交易行为监督检查，信息化建设和管理水平能够满足财政部门业务动态监测需要；四是具有健全的内部管理制度，产权交易规则透明、操作规范，竞价机制完善，按照国家有关规定公开披露产权交易信息，能够按要求及时向省级以上财政部门报告场内金融企业国有产权交易情况；五是权属清晰，能够按要求办理国有金融资本产权登记。同时，产权交易机构应严格遵守相关法律法规，确保交易行为公开、公平、公正，促进国有金融资本保值增值、防范国有金融资产流失，除此之外，开展中央金融企业国有产权交易的产权交易机构，除满足上述条件外，还应具备开展中央金融企业国有产权交易的经验，客户群体广泛，能够有效发挥竞价作用。

目前，我国地方产权交易所共计33家，各地方产权交易所普遍可进行产权转让、企业增资、资产转让和债权转让中的一项或多项，并相应配套上述转让业务的业务规则和流程，如北京产权交易所针对企业国有产权转让规定了预披露转让信息、受理转让申请、发布转让信息、登记受让意向、组织交易签约、结算交易资金、出具交易凭证等步骤的详细操作要求。

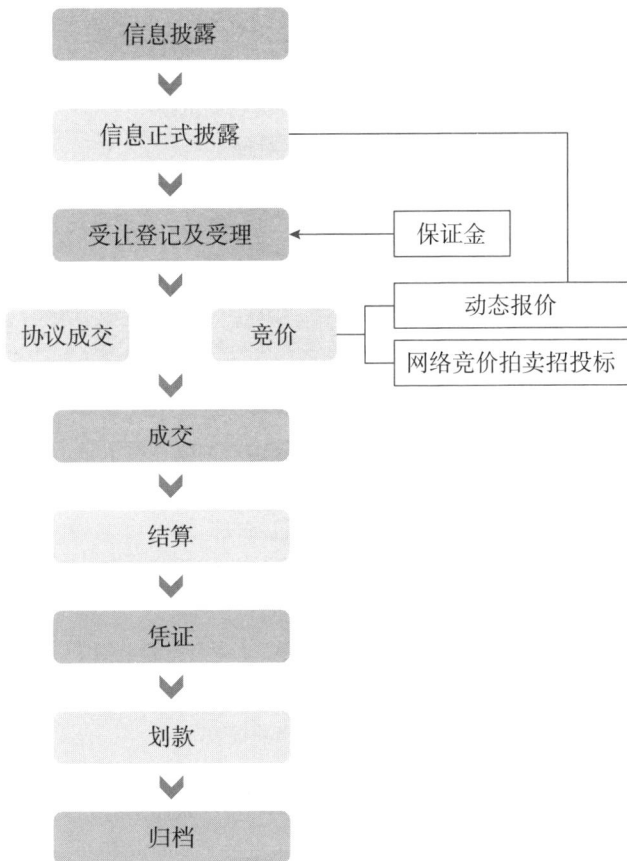

图2-44　北京产权交易所企业国有产权转让交易流程图

资料来源：北京产权交易所官方网站

3.股权交易的会计处理

本节所述的园区存量资产盘活方式中最基本的是股权交易，需要判断标的公司是否纳入买卖双方的合并报表。

根据准则33号和准则2号，若股东对标的公司的持股比例超过50%，则可纳入合并财务报表的合并范围，项目资产计入相应资产科目；若股东对标的公司的持股比例未能超过50%，将其所持股份计入长期股权投资科目，若交易对价和账面价值存在差额，卖方要相应调整资本公积和利润表。

表2-19　合并报表中股权交易的会计处理

	交易前持股比例	交易后持股比例	会计处理
卖方	50%以上	50%以上	标的公司仍然纳入合并范围 借：货币资金（对价） 贷：资本公积（溢价部分） 　　少数股东权益（对价 – 溢价部分）
		50%以下	标的公司不再纳入合并报表 借：货币资金（对价） 　　长期股权投资（剩余持股金额）（可为0） 贷：投资性房地产（账面价值） 　　/固定资产（账面价值） 　　/无形资产（账面价值） 　　营业外收入（溢价部分） 借：本年利润（溢价部分） 贷：未分配利润（溢价部分）
	50%以下	50%以下	借：货币资金（对价） 贷：长期股权投资（剩余持股金额）（可为0） 　　资本公积（溢价部分）
买方	50%以上	50%以上	标的公司纳入合并报表 借：投资性房地产（对价＋账面价值） 　　/固定资产（对价＋账面价值） 　　/无形资产（对价＋账面价值） 贷：货币资金（对价） 　　长期股权投资（账面价值）（原来持股比例不为0）
	50%以下	50%以下	标的公司不纳入合并报表 借：长期股权投资（对价） 贷：货币资金（对价）

资料来源：相关会计准则，兴业研究（未考虑标的公司单独报表其他科目的抵销）

4.商业银行在上述园区存量资产盘活中的业务机会

（1）多种融资形式支持国有资本投资、运营公司参与存量资产盘活

银行可以通过贷款、债券、股权融资等多种形式，支持国有资本投资、运营公司参与存量资产盘活。

一是使用传统表内贷款提供中长期资金支持。为向国有资本投资、运营公司进行中长期资金支持，助力其通过收购、整合等方式盘活存量闲置资产。银行可以选择整体杠杆率相对较低、企业经营情况相对较好的国有资本投资、运营公司进行中长期贷款支持。从2020年开始，国务院及各级监管机构多次要求增加企业中长期贷款的占比，然而，2022年初至今，由于境内外形式等多重原因影响，金融机构中长期贷款的占比由2022年1月的66.68%下降至2022年5月的65.93%，降幅为近6年来最大。在此背景下，向资质良好的国有资本投资、运营公司提供中长期贷款，支持其收购、盘活存量闲置资产，也将有助于银行满足相应监管导向和要求。

图2-45　金融机构在盘活存量资产中提供的融资支持

资料来源：Wind，兴业研究

二是通过协助发行债券、认购债券等形式提供中长期资金支持。19号文明确指出要"通过发行债券等方式"来为支持国有资本投资、运营公司盘活存量资产提供"中长期资金支持"。这也就为部分国有资本投资、运营公司发行中长期限的债券购买、盘活相关资产提供了机会，银行可以为这些地

方国有企业发行的中长期债券提供发行承销、认购支持等相关配套服务。应当指出的是，当前由于投资者对于信用、利率风险的顾虑，中长期限公司信用类债券相对较少。截至2022年6月22日，存量公司信用类债券中，初始存续期限大于等于5年的债券余额为13.85万亿元，其中初始存续期限大于等于10年的债券余额为1.65万亿元，在公司信用类债券总额中的占比分别为43%、5%左右。5月27日，交易商协会开始资产担保债务融资工具（CB，Covered Bond）试点工作，该型债券偿债来源更为多样，投资者可实现对发行人及资产的"双重追索"，从而可以在一定程度上缓解债券投资者的信用风险顾虑。未来，银行可以探索支持各级国有资本投资、运营公司探索将收购、整合、盘活的资产作为担保资产，发行中长期限的资产担保债务融资工具（CB），从而提升债券的投资者认可度。

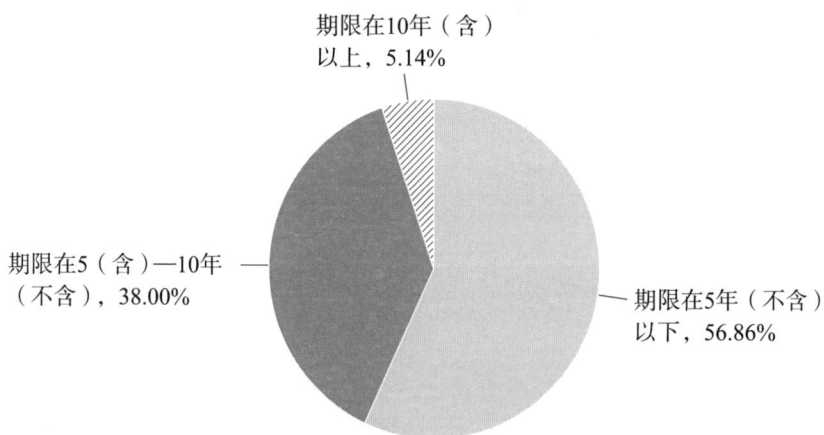

图2-46　不同初始期限公司信用类债券占比（2022年6月22日）

资料来源：Wind，兴业研究

（2）与外部机构合作，参与城市更新项目融资

金融机构可以积极与政府融资担保机构合作开展融资，并参与城市更新基金，以此介入和参与城市老旧资产资源的盘活和扩建服务。

一是与政府融资担保机构合作进行贷款。近年来部分地方政府公开发布了文件鼓励社会资本参与老旧小区改造和城市老旧资产资源的盘活和扩建。

其中，安徽省住建厅在发布的《关于支持社会力量参与老旧小区改造的通知》（建房〔2021〕98号）中明确指出："鼓励和引导政府融资担保机构向参与老旧小区改造的企业融资提供必要担保。"为提升金融机构为企业提供融资参与老旧小区改造和城市更新的积极性，未来其他地区政府或也将复制、参照这一模式。在此背景下，可以积极关注相关政策，与地方政府性融资担保机构进行合作增信，向相关企业进行贷款，降低相关贷款的风险。

二是参与投资相关老旧小区改造等城市更新基金。此前，北京市住建委在发布的《关于引入社会资本参与老旧小区改造的意见》（京建发〔2021〕121号）中，明确提出了"鼓励金融机构参与投资市区政府设立的老旧小区改造等城市更新基金"的要求。为了更为立体地支持老旧小区改造和城市更新，金融机构未来可以通过各类资管产品，选择有较好发展前景的城市，通过长封闭期限的资管产品，投资入股这些城市的各类城市更新基金。

（3）通过不良收购、处置及市场化债转股挖掘盘活低效资产

商业银行可以运用好金融资产投资公司牌照，通过不良收购处置及市场化债转股方式支持挖掘盘活低效资产。

一是运用金融资产投资公司，开展不良资产收购与处置。为了探索加强不良资产处置和收购能力，近年来银保监会允许商业银行设立金融资产投资公司，主营不良资产相关业务。而19号文也提及"支持金融资产管理公司、金融资产投资公司"通过"不良资产收购处置、实质性重组、市场化债转股等方式盘活闲置低效资产"。在此背景下，商业银行可以用好金融资产投资公司牌照，选择有盘活价值的闲置低效资产进行收购处置或市场化债转股。

二是通过市场化债转股形式，盘活闲置低效资产。商业银行对于表内持有的闲置低效资产债权，还可以进一步主动进行债转股业务，从而主动介入相关资产的盘活运营工作，主动出击增加资产价值。不过应当指出的是，由于当前我国资本管理规则的约束，银行表内资金参与市场化债转股仍需较高的资本风险权重，对于资本的消耗仍然较大。因此，除了被动持有债权的情况，商业银行应慎重主动持有闲置低效资产债权并开展债转股业务。

（4）以并购贷款及未上市股权融资支持兼并收购等其他盘活方式

除了上文所提及的资产证券化方式之外，商业银行还可以通过提供并购贷款、为混合所有制改革提供融资等方式支持存量资产盘活。

一是为兼并重组项目提供并购贷款融资。19号文中提出要"鼓励行业龙头企业通过兼并重组、产权转让等方式加强存量资产优化整合"，这也为行业龙头企业提供了兼并重组其他企业的机会。当前，参照监管规定，获得并购贷款业务资格的银行可以为企业开展控股型并购提供并购贷款支持。为此，商业银行可以向龙头企业提供并购贷款，为其开展兼并重组提供资金支持。

二是通过未上市股权投资等方式，为混合所有制改革引入资金活水。一方面，商业银行可以将各类资管产品的资金通过创设私募基金，入股各类产业基金的方式，直接参与混合所有制改革的股权投资项目；另一方面，获得参股型并购贷款资格的商业银行，可以直接以参股型并购贷款服务员工持股计划。在此之前，针对南航物流混合所有制改革，为了服务南航物流员工持股计划增资入股南航物流，招行曾通过员工持股平台股权质押、员工提供担保的方式，支持南航物流的员工持股平台——珠海员祺企业管理合作企业（有限合伙）获得混改后南航物流公司4.5%的股权。

（5）账户监管等其他业务

在园区存量资产盘活过程中，若针对项目资产另行开设项目公司，可为项目公司开立账户，提供账户服务。若存在联合经营项目公司，在成本开支和收益分配方面需要商业银行提供账户监管服务，商业银行亦可参与这一环节。

四、园区存量资产盘活所涉政策梳理

前文所述园区存量资产的盘活方式，在业务过程中普遍会涉及土地用途调整、国有资产交易、混合所有制改革、不良金融资产处置、特许经营权交易等流程，上述业务流程均需满足相关政策规定。

（一）土地用途及开发强度调整相关政策

开发闲置低效资产新用途，用于创新研发或作为保障性租赁住房等新功能，会涉及土地用途及开发强度调整的相关政策。

在审批方面，根据2019年8月26日修订的《中华人民共和国土地管理法》（中华人民共和国主席令第32号），建设单位使用国有土地的，应当按照土地使用权出让等有偿使用合同的约定或者土地使用权划拨批准文件的规定使用土地；确需改变该幅土地建设用途的，应当经有关人民政府自然资源主管部门同意，报原批准用地的人民政府批准。其中，在城市规划区内改变土地用途的，在报批前，应当先经有关城市规划行政主管部门同意。

在土地出让金方面，改变土地用途或开发强度后，需按照相关规定调整土地出让金。根据2001年4月30日国务院发布的《关于加强国有土地资产管理的通知》（国发〔2001〕15号），土地使用者需要改变原批准的土地用途、容积率等，必须依法报经市、县人民政府批准。对原划拨用地，因发生土地转让、出租或改变用途后不再符合划拨用地范围的，应依法实行出让等有偿使用方式；对出让土地，凡改变土地用途、容积率的，应按规定补交不同用途和容积率的土地差价。根据2019年8月26日修订的《中华人民共和国城市房地产管理法》（中华人民共和国主席令第32号），土地使用者需要改变土地使用权出让合同约定的土地用途的，必须取得出让方和市、县人民政府城市规划行政主管部门的同意，签订土地使用权出让合同变更协议或者重新签订土地使用权出让合同，相应调整土地使用权出让金。以出让方式取得土地使用权的，转让房地产后，受让人改变原土地使用权出让合同约定的土地用途的，必须取得原出让方和市、县人民政府城市规划行政主管部门的同意，签订土地使用权出让合同变更协议或者重新签订土地使用权出让合同，相应调整土地使用权出让金。

（二）国有资产交易相关政策

园区存量资产盘活的过程中，很多方式如公募REITs、股权合作、产权转让、资产重组等均涉及了国有资产交易。涉及企业国有资产交易，目前执行的是2016年6月24日国资委发布的《企业国有资产交易监督管理办法》（国务院国有资产监督管理委员会、财政部令第32号）和2022年6月7日国资委发布的《关于企业国有资产交易流转有关事项的通知》（国资发产权规〔2022〕39号）。

国有资产交易行为包括："（一）履行出资人职责的机构、国有及国有控股企业、国有实际控制企业转让其对企业各种形式出资所形成权益的行为（以下简称企业产权转让）；（二）国有及国有控股企业、国有实际控制企业增加资本的行为（以下简称企业增资），政府以增加资本金方式对国家出资企业的投入除外；（三）国有及国有控股企业、国有实际控制企业的重大资产转让行为（以下简称企业资产转让）。"19号文提出的多种盘活方式中，企业产权转让和企业增资是未来使用相对频繁的两种国有资产交易方式。

在交易标的方面，企业国有资产交易标的应当权属清晰，不存在法律法规禁止或限制交易的情形。已设定担保物权的国有资产交易，应当符合《中华人民共和国物权法》《中华人民共和国担保法》等有关法律法规规定。涉及政府社会公共管理事项的，应当依法报政府有关部门审核。

在外部审批方面，国资监管机构负责审核国家出资企业的产权转让事项/增资行为，因产权转让或增资行为"致使国家不再拥有所出资企业控股权的，须由国资监管机构报本级人民政府批准"。转让方/增资方"为多家国有股东共同持股的企业，由其中持股比例最大的国有股东负责履行相关批准程序；各国有股东持股比例相同的，由相关股东协商后确定其中一家股东负责履行相关批准程序"。

在内部审批方面，产权转让/增资行为应当由转让方/增资方"按照企业章程和企业内部管理制度进行决策，形成书面决议"。除此之外，产权转让导致国有股东持有上市公司股份间接转让的、企业增资涉及上市公司实际控制人发生变更的，"应当同时遵守上市公司国有股权管理以及证券监管相关规定"。

在交易价格方面，产权转让价格的确定应以经核准或备案的评估结果为基础。信息披露期满未征集到意向受让方的，可以延期或在降低转让底价、变更受让条件后重新进行信息披露。新的转让底价低于评估结果的90%时，应当经转让行为批准单位书面同意。受让方确定后，转让方与受让方应当签订产权交易合同，交易双方不得以交易期间企业经营性损益等理由对已达成的交易条件和交易价格进行调整。

在交易方式方面，企业产权转让原则上通过产权市场公开进行。涉及政府或国有资产监督管理机构主导推动的国有资本布局优化和结构调整，以及专业化重组等重大事项，企业产权在不同的国家出资企业及其控股企业之间转让，且对受让方有特殊要求的，可以采取协议方式进行。

在其他方面，企业产权转让涉及交易主体资格审查、反垄断审查、特许经营权、国有划拨土地使用权、探矿权和采矿权等政府审批事项的，按照相关规定执行。

表2-20　国有企业产权转让和国有企业增资主要监管要求

时间	企业产权转让	企业增资
审核机构	国资监管机构	
因该行为不再拥有所出资企业控股权的审核	由国资监管机构报本级人民政府批准	
负责履行相关审批程序的一方	转让方/增资方为多家国有股东共同持股的企业，由其中持股比例最大的国有股东负责履行相关批准程序；各国有股东持股比例相同的，由相关股东协商后确定其中一家股东负责履行相关批准程序	
是否需要内部决策、形成书面决议	需要	
应当同时遵守上市公司国有股权管理以及证券监管相关规定的情形	产权转让导致国有股东持有上市公司股份间接转让的	企业增资涉及上市公司实际控制人发生变更的

资料来源：根据《企业国有资产交易监督管理办法》整理，兴业研究

在国有产权无偿划转方面，在审批方面，企业国有产权在同一国资监管

机构所出资企业之间无偿划转的，由出资企业共同报国资监管机构批准。企业国有产权在不同国资监管机构所出资企业之间无偿划转的，依据划转双方的产权归属关系，由出资企业分别报同级国资监管机构批准。

在划转限制方面，有下列情况之一的，不得实施无偿划转：（一）被划转企业主业不符合划入方主业及发展规划的；（二）中介机构对被划转企业划转基准日的财务报告出具否定意见、无法表示意见或保留意见的审计报告的；（三）无偿划转涉及的职工分流安置事项未经被划转企业的职工代表大会审议通过的；（四）被划转企业或有负债未有妥善解决方案的；（五）划出方债务未有妥善处置方案的。

在产权整合方面，国有控股、实际控制企业内部实施重组整合，经国家出资企业批准，该国有控股、实际控制企业与其直接、间接全资拥有的子企业之间，或其直接、间接全资拥有的子企业之间，可比照国有产权无偿划转管理相关规定划转所持企业产权。

另外，国资委于2022年5月16日发布的《关于企业国有资产交易流转有关事项的通知》（国资发产权规〔2022〕39号）中还要求"国家出资企业及其子企业通过发行基础设施REITs盘活存量资产，应当做好可行性分析，合理确定交易价格，对后续运营管理责任和风险防范作出安排，涉及国有产权非公开协议转让按规定报同级国有资产监督管理机构批准"。

（三）混合所有制改革相关政策

1. 混改思路

根据2015年9月23日国务院发布的《关于国有企业发展混合所有制经济的意见》（国发〔2015〕54号），混合所有制改革遵循分类、分层推进的思路。具体对于国有园区开发平台和国有园区入驻企业，需要遵循"对主业处于关系国家安全、国民经济命脉的重要行业和关键领域、主要承担重大专项任务的商业类国有企业，要保持国有资本控股地位，支持非国有资本参股。对自然垄断行业，实行以政企分开、政资分开、特许经营、政府监管为主要内容的改革，根据不同行业特点实行网运分开、放开竞争性业务，促进公共资源配置市场化，同时加强分类依法监管，规范营利模式"，"对于公益类国有企业混合所有制改革，要规范开展。在水电气热、公共交通、公共设施等提供公共产品和服务的行业和领域，根据不同业务特点，加强分类指导，推进具备条件的企业实现投资主体多元化"的分层推进思路。

第一，引导在子公司层面有序推进混合所有制改革。对国有企业集团公司二级及以下企业，以研发创新、生产服务等实体企业为重点，引入非国有资本，加快技术创新、管理创新、商业模式创新，合理限定法人层级，有效压缩管理层级。

第二，探索在集团公司层面推进混合所有制改革。在国家有明确规定的特定领域，坚持国有资本控股，形成合理的治理结构和市场化经营机制；在其他领域，鼓励通过整体上市、并购重组、发行可转债等方式，逐步调整国有股权比例，积极引入各类投资者，形成股权结构多元、股东行为规范、内部约束有效、运行高效灵活的经营机制。

2.混改方式

目前，混改的方式主要包括以下几种：

第一，非公有资本投资主体可通过出资入股、收购股权、认购可转债、股权置换等多种方式，参与国有企业改制重组或国有控股上市公司增资扩股以及企业经营管理。

第二，实行混合所有制企业员工持股，优先支持人才资本和技术要素贡献占比较高的转制科研院所、高新技术企业和科技服务型企业开展员工持股。

第三，引入外资参与国有企业改制重组、合资合作，鼓励通过海外并购、投融资合作、离岸金融等方式，发展混合所有制经济。

第四，政府和社会资本合作（PPP）模式。鼓励社会资本投资或参股基础设施、公用事业、公共服务等领域项目。

此外，国有资本参股非国有企业或国有企业引入非国有资本时，允许将部分国有资本转化为优先股。

3.价值评估

2017年11月29日，国家发展改革委发布的《关于深化混合所有制改革试点若干政策的意见》（发改经体〔2017〕2057号）中指出，科学准确地对国有资产进行定价，防止国有资产流失。国有资产价值评估主要依据2020年11月29日国务院修订的《国有资产评估管理办法》。

从评估对象来看，国有资产占有单位（以下简称占有单位）有下列情形之一的，应当进行资产评估：（一）资产拍卖、转让；（二）企业兼并、出售、联营、股份经营；（三）与外国公司、企业和其他经济组织或者个人开办外商投资企业；（四）企业清算；（五）依照国家有关规定需要进行资产评估的其他情形。

从评估方法来看，国有资产评估方法包括：（一）收益现值法；（二）重置成本法；（三）现行市价法；（四）清算价格法；（五）国务院国有资产管理行政主管部门规定的其他评估方法。

其中，用收益现值法进行资产评估的，应当根据被评估资产合理地预期获利能力和适当的折现率，计算出资产的现值，并以此评定重估价值。用重置成本法进行资产评估的，应当根据该项资产在全新情况下的重置成本，减去按重置成本计算的已使用年限的累计折旧额，考虑资产功能变化、成新率等因素，评定重估价值；或者根据资产的使用期限，考虑资产功能变化等因素重新确定成新率，评定重估价值。用现行市价法进行资产评估的，应当参照相同或者类似资产的市场价格，评定重估价值。用清算价格法进行资产评估的，应当根据企业清算时其资产可变现的价值，评定重估价值。

4.财税支持政策

按照国家发展改革委2017年11月29日发布的《关于深化混合所有制改革试点若干政策的意见》（发改经体〔2017〕2057号），混改获得了一定的财政支持。

从所得税来看，企业符合税法规定条件的股权（资产）收购、合并、分立、债务重组、债转股等重组行为，可按税法规定享受企业所得税递延纳税优惠政策；企业以非货币性资产投资，可按规定享受5年内分期缴纳企业所得税政策；企业符合税法规定条件的债权损失可按规定在计算企业所得税应纳税所得额时扣除。

从其他税种来看，在企业重组过程中，企业通过合并、分立、出售、置换等方式，将全部或者部分实物资产以及与其相关联的债权、负债和劳动力，一并转让给其他单位和个人，其中涉及的货物、不动产、土地使用权转让行为，符合规定的，不征收增值税；企业重组改制涉及的土地增值税、契税、印花税，符合规定的，可享受相关优惠政策。

（四）不良金融资产处置相关政策

2008 年，财政部《金融资产管理公司资产处置管理办法（修订）》对金融资产管理公司不良资产处置作出了详细的规定。

从处置方式来看，可通过追偿债务、租赁、转让、重组、资产置换、委托处置、债权转股权、资产证券化等多种方式处置资产。资产公司应在金融监管部门批准的业务许可范围内，探索处置方式，以实现处置收益最大化的目标。

从交易方式来看，转让资产原则上应采取公开竞价方式，包括但不限于招投标、拍卖、要约邀请公开竞价、公开询价等方式。其中，以招投标方式处置不良资产时，应按照《中华人民共和国招标投标法》的规定组织实施。以拍卖方式处置资产，应选择有资质的拍卖中介机构，按照《中华人民共和国拍卖法》的规定组织实施。

不过，以出售方式处置股权资产时，非上市公司股权资产（含国务院批准的债转股项目非上市股权，下同）的转让符合以下条件的，资产公司可采取直接协议转让的方式转让给原国有出资人或国资部门指定的企业：（一）因国家法律、行政法规对受让方有特殊要求的；（二）从事战略武器生产、关系国家战略安全和涉及国家核心机密的核心重点保军企业的股权资产；（三）资源型、垄断型等关系国家经济安全和国计民生行业的股权资产；（四）经相关政府部门认定的其他不宜公开转让的股权资产。

从评估价值来看，对债权资产进行处置时，可由外部独立评估机构进行偿债能力分析，或采取尽职调查、内部估值方式确定资产价值，不需向财政部办理资产评估的备案手续。以债转股、出售股权资产或出售不动产的方式处置资产时，除上市公司可流通股权资产外，均应由外部独立评估机构对资产进行评估。国务院批准的债转股项目股权资产，按照国家国有资产评估项目管理的有关规定进行备案；其他股权资产和不动产处置项目不需报财政部备案，由资产公司办理内部备案手续。资产公司应参照评估价值或内部估值确定拟处置资产的折股价或底价。

资产公司以出售方式处置股权资产时，除特殊情形外，国务院批准的债转股项目股权资产及评估价值在1000万元以上的其他非上市公司股权资产的转让均应按照国家有关规定的程序，在依法设立的省级以上产权交易市场公开进行。首次挂牌价格不得低于资产评估结果。当交易价格低于评估结果的90%时，应当暂停交易，重新履行资产公司内部处置审批程序。

（五）国有资本投资、运营公司相关政策

2018年7月，国务院发布的《关于推进国有资本投资、运营公司改革试点的实施意见》提出，通过改组组建国有资本投资、运营公司，构建国有资本投资、运营主体，改革国有资本授权经营体制，完善国有资产管理体制，实现国有资本所有权与企业经营权分离，实行国有资本市场化运作。

其中，国有资本投资公司主要以服务国家战略、优化国有资本布局、提升产业竞争力为目标，在关系国家安全、国民经济命脉的重要行业和关键领域，按照政府确定的国有资本布局和结构优化要求，以对战略性核心业务控股为主，通过开展投资融资、产业培育和资本运作等，发挥投资引导和结构调整作用，推动产业集聚、化解过剩产能和转型升级，培育核心竞争力和创新能力，积极参与国际竞争，着力提升国有资本控制力、影响力。国有资本运营公司主要以提升国有资本运营效率、提高国有资本回报为目标，以财务性持股为主，通过股权运作、基金投资、培育孵化、价值管理、有序进退等方式，盘活国有资产存量，引导和带动社会资本共同发展，实现国有资本合理流动和保值增值。

由此来看，国有资本投资公司和国有资本运营公司均能够参与到存量资产盘活中来，但国有资本投资公司更加适合投资属于重要行业或关键领域、需要优化业务管理的存量资产，而国有资本运营公司对其所投资的行业范围没有明确要求，且以财务性投资为主，对业务具体运营干预较少。不过，在部分地区，国有资本的投资业务和运营业务没有完全分开，存在将两类公司一体化运作的情况。

表2-21 国有资本投资、运营公司的比较

	国有资本投资公司	国有资本运营公司
发展目标	服务国家战略、优化国有资本布局、提升产业竞争力	提升国有资本运营效率、提高国有资本回报
布局领域	关系国家安全、国民经济命脉的重要行业和关键领域	无特别规定
持股方式	以战略性核心业务控股为主	以财务性持股为主
运作方式	投资融资、产业培育和资本运作等	股权运作、基金投资、培育孵化、价值管理、有序进退等
经营目的	发挥投资引导和结构调整作用，推动产业集聚、化解过剩产能和转型升级，培育核心竞争力和创新能力，积极参与国际竞争，着力提升国有资本控制力、影响力	盘活国有资产存量，引导和带动社会资本共同发展，实现国有资本合理流动和保值增值

资料来源：2018 年 7 月国务院发布的《关于推进国有资本投资、运营公司改革试点的实施意见》，兴业研究

从授权来看，根据2019年4月国务院发布的《改革国有资本授权经营体制方案》，国务院授权国资委、财政部及其他部门、机构作为出资人代表机构，对国家出资企业履行出资人职责。出资人代表机构对国有资本投资、运营公司及其他商业类企业（含产业集团，下同）、公益类企业等不同类型企业给予不同范围、不同程度的授权放权，定期评估效果，采取扩大、调整或收回等措施动态调整。

对于国有资本投资、运营公司，出资人代表机构根据国务院发布的《关于推进国有资本投资、运营公司改革试点的实施意见》（国发〔2018〕23号）的有关要求，结合企业发展阶段、行业特点、治理能力、管理基础等，一企

一策有侧重、分先后地向符合条件的企业开展授权放权，维护好股东合法权益。授权放权内容主要包括战略规划和主业管理、选人用人和股权激励、工资总额和重大财务事项管理等，亦可根据企业实际情况增加其他方面授权放权内容。因此，国有资本投资、运营公司在具体业务经营上有较大的自主权，但自主权的大小因地而异。

2019年6月，国务院国资委进一步发布了《国务院国资委授权放权清单（2019年版）》，提出了针对国有资本投资、运营试点企业的六点授权放权事项：一是授权董事会按照企业发展战略和规划决策适度开展与主业紧密相关的商业模式创新业务，国资委对其视同主业投资管理。二是授权董事会在已批准的主业范围以外，根据落实国家战略需要、国有经济布局结构调整方向、中央企业中长期发展规划、企业5年发展战略和规划，研究提出拟培育发展的1—3个新业务领域，报国资委同意后，视同主业管理待发展成熟后，可向国资委申请将其调整为主业。三是授权董事会在5%—15%的比例范围内提出年度非主业投资比例限额，报国资委同意后实施。四是授权国有资本投资、运营公司按照国有产权管理规定审批国有资本投资、运营公司之间的非上市企业产权无偿划转、非公开协议转让、非公开协议增资、产权置换等事项。五是授权董事会审批所属创业投资企业、创业投资管理企业等新产业、新业态、新商业模式类企业的核心团队持股和跟投事项，有关事项的开展情况按年度报国资委备案。六是授权中央企业探索更加灵活高效的工资总额管理方式。

从考核来看，国有资本投资、运营公司的考核目标不同。

2018年7月，国务院发布的《关于推进国有资本投资、运营公司改革试点的实施意见》指出，国有资本投资、运营公司要接受政府或国有资产监管机构的综合考核评价。考核评价内容主要包括贯彻国家战略、落实国有资本布局和结构优化目标、执行各项法律法规制度和公司章程，重大问题决策和重要干部任免，国有资本运营效率、保值增值、财务效益等方面。

2019年4月，国务院发布的《改革国有资本授权经营体制方案》指出，国有资本投资公司以对战略性核心业务控股为主，建立以战略目标和财务效益为主的管控模式，重点关注所出资企业执行公司战略和资本回报状况。国有资本运营公司以财务性持股为主，建立财务管控模式，重点关注国有资本流动和增值状况。

上述规定使国有资本投资、运营公司在盘活存量资产业务中关注的重点不同。国有资本投资公司更加关注存量资产是否符合其既定的战略导向，是否有利于提高其资本回报率；国有资本运营公司则更加关注国有资本流动性和增值能力。

从监管来看，2019年4月，国务院发布的《改革国有资本授权经营体制方案》提出了三点要求：一是搭建实时在线的国资监管平台。出资人代表机构要加快优化监管流程、创新监管手段，充分运用信息技术，整合包括产权、投资和财务等在内的信息系统，搭建连通出资人代表机构与企业的网络平台，实现监管信息系统全覆盖和实时在线监管。

二是统筹协同各类监督力量。加强国有企业内部监督、出资人监督和审计、纪检监察、巡视监督以及社会监督，结合中央企业纪检监察机构派驻改革的要求，依照有关规定清晰界定各类监督主体的监督职责，有效整合企业内外部监督资源，增强监督工作合力，形成监督工作闭环，加快建立全面覆盖、分工明确、协同配合、制约有力的国有资产监督体系，切实增强监督有效性。

三是健全国有企业违规经营投资责任追究制度。明确企业作为维护国有资产安全、防止流失的责任主体，健全内部管理制度，严格执行国有企业违规经营投资责任追究制度。建立健全分级分层、有效衔接、上下贯通的责任追究工作体系，严格界定违规经营投资责任，严肃追究问责，实行重大决策终身责任追究制度。

因此，在盘活存量资产的过程中，国有资本投资、运营公司是维护国有资产安全、防止流失的责任主体，需要为其投资决策承担主要责任。

（六）老旧小区改造相关政策

2020年7月，国务院办公厅《关于全面推进城镇老旧小区改造工作的指导意见》，对老旧小区改造的对象、内容等进行了细致的规定。

从改造对象来看，城镇老旧小区是指城市或县城（城关镇）建成年代较早、失养失修失管、市政配套设施不完善、社区服务设施不健全、居民改造意愿强烈的住宅小区（含单栋住宅楼）。各地要结合实际，合理界定本地区改造对象范围，重点改造2000年底前建成的老旧小区。因此，老旧小区改造的市场潜力巨大。数据显示，2015年23.16%的家庭居住在1990年之前建成的住房中，26.17%的家庭居住在1990年至1999年之间建成的住房中。

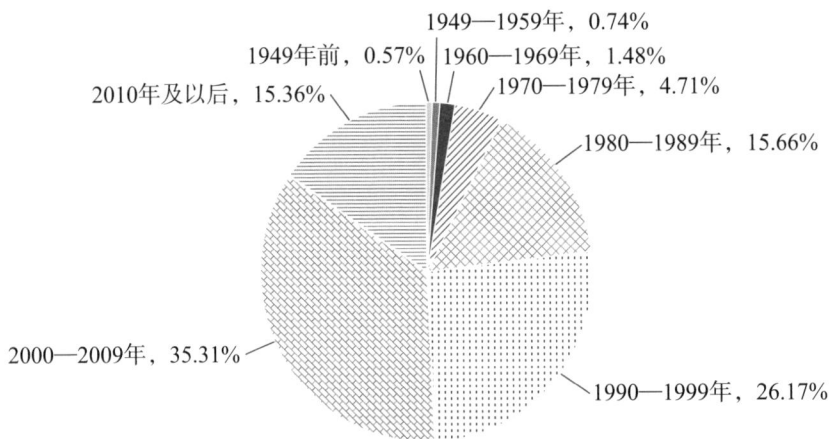

图2-47 家庭居住房屋建成时间分布

资料来源：2015年1%人口抽样调查，兴业研究

从改造内容来看，城镇老旧小区改造内容可分为基础类、完善类、提升类三类。其中，基础类指为满足居民安全需要和基本生活需求的内容，主要是市政配套基础设施改造提升以及小区内建筑物屋面、外墙、楼梯等公共部位维修等。完善类指为满足居民生活便利需要和改善型生活需求的内容，主要是环境及配套设施改造建设、小区内建筑节能改造、有条件的楼栋加装电梯等。提升类的含义则更加广泛，主要指为丰富社区服务供给、提升居民生活品质、立足小区及周边实际条件积极推进的内容，主要是公共服务设施配套建设及其智慧化改造，包括改造或建设小区及周边的社区综合服务设施、卫生服务站等公共卫生设施、幼儿园等教育设施、周界防护等智能感知设

施，以及养老、托育、助餐、家政保洁、便民市场、便利店、邮政快递末端综合服务站等社区专项服务设施。

从改造资金来看，建立改造资金政府与居民、社会力量合理共担机制。第一，合理落实居民出资责任。按照谁受益、谁出资原则，积极推动居民出资参与改造，可通过直接出资、使用（补建、续筹）住宅专项维修资金、让渡小区公共收益等方式落实。第二，加大政府支持力度。将城镇老旧小区改造纳入保障性安居工程，中央给予资金补助，按照"保基本"的原则，重点支持基础类改造内容。中央财政资金重点支持改造2000年底前建成的老旧小区，可以适当支持2000年后建成的老旧小区，但需要限定年限和比例。省级人民政府要相应做好资金支持。市县人民政府对城镇老旧小区改造给予资金支持，可以纳入国有住房出售收入存量资金使用范围；统筹涉及住宅小区的各类资金用于城镇老旧小区改造，提高资金使用效率。支持各地通过发行地方政府专项债券筹措改造资金。第三，持续提升金融服务力度和质效。支持城镇老旧小区改造规模化实施运营主体采取市场化方式，运用公司信用类债券、项目收益票据等进行债券融资，但不得承担政府融资职能，杜绝新增地方政府隐性债务。第四，推动社会力量参与。鼓励原产权单位对已移交地方的原职工住宅小区改造给予资金等支持。公房产权单位应出资参与改造。通过政府采购、新增设施有偿使用、落实资产权益等方式，吸引各类专业机构等社会力量投资参与各类需改造设施的设计、改造、运营。支持规范各类企业以政府和社会资本合作模式参与改造。

（七）资产交易中涉及特许经营权相关政策

截至目前，涉及基础设施的特许经营权管理主要有两个文件政策：（1）2015年4月25日，国家发展改革委等六部门发布的《基础设施和公用事业特许经营管理办法》（2015年4月25日国家发展改革委、财政部、住房城乡建设部、交通运输部、水利部、人民银行令第25号发布）；（2）2004年2月24日，建设部发布的《市政公用事业特许经营管理办法》（建设部令第126号）。

2015年发布的《基础设施和公用事业特许经营管理办法》适用"中华人

民共和国境内的能源、交通运输、水利、环境保护、市政工程等基础设施和公用事业领域的特许经营活动"，该办法明确"县级以上人民政府应当授权有关部门或单位作为实施机构负责特许经营项目有关实施工作，并明确具体授权范围"，实施机构应当与依法选定的特许经营者或成立的项目公司签订特许经营协议，特许经营协议需包含股权转让要求。若转让特许经营权所在项目公司股权，则需满足特许经营协议项下的相关条款要求。

2004年发布的《市政公用事业特许经营管理办法》适用"城市供水、供气、供热、公共交通、污水处理、垃圾处理等行业，依法实施特许经营的"，该办法明确"擅自转让、出租特许经营权的"，"主管部门应当依法终止特许经营协议，取消其特许经营权，并可以实施临时接管"。因此转让特许经营权之前需要先行取得主管部门的同意。

（八）盘活存量资产的政策要求和支持

盘活园区存量资产进行的相关业务，除满足上述业务政策规定外，还需要满足盘活存量资产相关政策的要求，并可获得一定的政策支持。

从风险防控来看，一是各种盘活方式下需严禁新增隐性债务。19号文强调："严格落实防范化解地方政府隐性债务风险的要求，严禁在盘活存量资产过程中新增地方政府隐性债务。"二是合理利用盘活资产化解隐性债务。19号文提出"推动地方政府债务率较高、财政收支平衡压力较大的地区，加快盘活存量资产，稳妥化解地方政府债务风险，提升财政可持续能力，合理支持新项目建设"。

从资金监管来看，一是资金支出需列入对应预算。如PPP项目需满足财政支出责任要求。二是回收资金使用应符合预算管理要求。19号文强调"应符合预算管理、国有资产监督管理等有关政策要求"。由于化解存量资产的回收资金同时涉及一般公共预算、政府性基金预算与国有资本经营预算，具体回收资金的归属应看不同回收资金的性质，这就意味着回收资金的使用方向也与其对应的预算有关。如果是有偿转让国有资源（资产）使用费相关的回收资金，或者行政事业单位国有资产处置相关收入，则应属于一般公共预算，对应可用于"三保"支出、一般债债务还本付息或项目建设。如果是专项债务对应项目相关的盘活回收资金，则应属于政府性基金预算，对应可用于专项债债务还本付息、项目建设或调入一般公共预算。如果是非金融国有企业盘活存量资产相应的回收资金，则应属于国有资本经营预算，对应可用于项目建设或调入一般公共预算。

在支持措施方面，19号文要求加大盘活存量资产政策支持：（一）积极落实项目盘活条件。针对存量资产项目具体情况，分类落实各项盘活条件。对产权不明晰的项目，依法依规理顺产权关系，完成产权界定，加快办理相关产权登记。对项目前期工作手续不齐全的项目，按照有关规定补办相关手续，加快履行竣工验收、收费标准核定等程序。对项目盘活过程中遇到的难点问题，探索制定合理解决方案并积极推动落实。（二）有效提高项目收益水平。完善公共服务和公共产品价格动态调整机制，依法依规按程序合理调整污水处理收费标准。建立健全与投融资体制相适应的水利工程水价形成机制，促进水资源节约利用和水利工程良性运行。对整体收益水平较低的存量资产项目，完善市场化运营机制，提高项目收益水平，支持开展资产重组，园区公用设施存量资产收益率有望提高。（三）落实财税金融政策。落实落细支持公募REITs有关税收政策。支持银行、信托、保险、金融资产管理、股权投资基金等机构，按照市场化原则积极参与盘活存量资产。鼓励符合条件的金融资产管理公司、金融资产投资公司通过发行债券融资，解决负债久期与资产久期错配等问题。

第 3 章

园　区　金　融

园区与产城融合

20世纪80年代以来，我国产业园区发展大致经历了五个阶段：孕育期（1979—1983年）、初始培育期（1984—1991年）、高速发展期（1992—2002年）、稳定发展期（2003—2008年）和创新发展期（2009年至今）。在前四个发展阶段，产业园区发展因过于重视工业建设，导致产业发展与城镇发展不匹配的问题逐渐显现：其一，农业转移人口的市民化进程偏慢，产业集聚与人口集聚不同步；其二，部分地区城市开发边界拓展较快，新城新区出现空心化；其三，大型城市职住不平衡，导致交通拥堵等问题。在此背景下，我国产业园区进入第五阶段，即创新发展阶段，此时园区功能趋向综合化、经营趋向专业化，朝着"产城融合"高阶段发展。

2013年6月26日，在第十二届全国人民代表大会常务委员会第三次会议上，《国务院关于城镇化建设工作情况的报告》提出："坚持**产城融合**，繁荣城镇经济，加快产业转型升级和服务业发展，统筹产业功能和居住功能。"2020年11月1日，习近平总书记在《求是》杂志第21期发表署名文章《国家中长期经济社会发展战略若干重大问题》，提出要完善城市化战略，"要建设一批产城融合、职住平衡、生态宜居、交通便利的郊区新城，推动多中心、郊区化发展，有序推动数字城市建设，提高智能管理能力，逐步解决中心城区人口和功能过密问题"。2021年10月21日，中共中央办公厅、国务院办公厅印发《关于推动城乡建设绿色发展的意见》，其中也明确提出："提高中心城市综合承载能力，建设一批**产城融合**、职住平衡、生态宜居、交通便利的郊区新城，推动多中心、组团式发展。"据此，本章将就产城融合概念、发展模式及其政策要求进行分析。

一、产城融合：概念及政策演变

产城融合，顾名思义为产业与城市融合发展、相互依托。目前，"产城融合"并没有形成统一的定义，但学术界和政府部门对其均有讨论。

从学术界视角看，学术界关于产城融合的讨论始于2010年前后，此时正是我国产城分离问题的涌现阶段。即早期的开发区发展模式导致了产业发展与城镇发展不同步，城市外延发展受阻与开发区的社会服务功能弱化等问题同时出现。对此，学者提出并明确"产城融合"概念以应对产城分离。针对产城融合，学术界主要有以下共识：

第一，产城融合是一种区域发展模式。产城融合是园区发展模式的升级版，即在此前重产业功能而轻城市功能的园区发展模式基础上，产城融合强调以生态环境建设为依托，以现代产业体系为驱动力，实现生产性服务与生活性服务相结合（刘瑾等，2012）。

第二，产业和城市融合发展是产城融合的基本内涵。李文彬、陈浩（2012）认为，产城融合的内涵主要包括"人本导向""功能融合""结构匹配"三个方面：从功能主义导向向人本主义导向回归；产业和城市功能融合；居住人群和就业人群结构的匹配。刘畅等（2012）则将产城融合的核心特征总结为"功能复合"、"配套完善"和"各功能空间的融合布局"，即在一定地域范围内实现居住、生产、交通、服务等功能的融合；根据空间主导功能的不同将产业、生活、服务、生态等空间采用不同的组织方式进行组织等。产业和城市是实现产城融合的两大基本要素，二者融合的内容涵盖了功能、空间、人员等诸多要素。祁京梅（2018）将产城融合定义为："产业与城市融合发展，以城市为基础，承载产业空间和发展产业经济，以产业为保障，驱动城市更新和完善服务配套，进一步提升土地价值，以达到产业、城市、人口之间互为依托、互相促动、高效优质的发展模式。"

从政府视角看，早期"产城融合"为城镇化建设探索路径之一，随着产城融合示范区的设立，其内容也在不断丰富。具体而言，产城融合理念的发展经历了两个阶段。

在产城融合的提出阶段，其强调产业功能和居住功能的匹配、产业集聚与人口集聚的协调。在官方公开文件中，"产城融合"一词最早出现在2013年6月26日第十二届全国人民代表大会常务委员会第三次会议《国务院关于城镇化建设工作情况的报告》中，该报告强调"……坚持产城融合，繁荣城镇经济，加快产业转型升级和服务业发展壮大，统筹产业功能和居住功能，促进城镇化与工业化、信息化良性互动……"2013年11月12日，中国共产党第十八届中央委员会第三次全体会议《中共中央关于全面深化改革若干重大问题的决定》（以下简称《决定》）发布，《决定》提出"完善城镇化健康发展体制机制……产业和城镇融合发展……"2014年3月16日，国务院发布《国家新型城镇化规划（2014—2020年）》（以下简称《规划》），《规划》强调："统筹生产区、办公区、生活区、商业区等功能区规划建设，推进功能混合和产城融合，在集聚产业的同时集聚人口，防止新城新区空心化。"

在产城融合的实践阶段，产城融合示范区设立，推动产业园区从生产型园区向综合型城市转型，产城融合的内涵更加丰富。2015年7月6日，国家发展和改革委员会发布《国家发展改革委办公厅关于开展产城融合示范区建设有关工作的通知》（以下简称《通知》），《通知》拟选择60个地区开展产城融合示范区建设工作，首次明确产城融合示范区定义，即"依托现有产业园区，在促进产业集聚、加快产业发展的同时，顺应发展规律，因势利导，按照产城融合发展的理念，加快产业园区从单一的生产型园区经济向综合型城市经济转型，为新型城镇化探索路径，发挥先行先试和示范带动作用，经过努力，该区域能够发展成为产业发展基础较好、城市服务功能完善、边界相对明晰的城市综合功能区"。由此，产城融合示范区是在产业园区基础上设立，更加侧重产业发展和城市功能的融合。

《通知》提出了产城融合示范区建设的五项主要任务：一是优化空间发展布局，推进产城融合发展。科学规划空间发展布局，统筹规划包括产业集聚区、人口集聚区、综合服务区、生态保护区等在内的功能分区。二是促进产业集聚发展，构建现代产业体系。依托现有国家级和省级经济技术开发区、高新技术产业园区、海关特殊监管区域等，发挥产业集聚优势，提高产业综合竞争力和企业经济效益。三是加强基础设施建设，提升公共服务水平。进一步完善基础设施，促进示范区内各类基础设施互联互通，加快推进对外联系的跨区域重大基础设施建设。加强城乡基础设施连接，推动水电路气等基础设施城乡联网、共建共享。四是注重生态环境保护建设，促进绿色低碳循环发展。统筹处理好经济发展与生态环境保护的关系，严格建设项目及产业准入门槛，严禁开展不符合功能定位的开发建设。统筹新增建设用地和存量挖潜，加强对用地开发强度、土地投资强度等用地指标的整体控制。五是完善城镇化体制机制，推进城乡发展一体化。加快建立城乡统一的户籍管理制度、加快推动农业转移人口市民化。建立健全城乡一体的社会保障体系，加快形成政府主导、覆盖城乡、可持续的基本公共服务体系，提高城乡基本公共服务均等化水平。

2016年10月31日，国家发展和改革委员会发布《发展改革委指导各地有序开展产城融合示范区建设》，将产城融合示范区概念进一步延展，强调将产城融合示范区建设成为"经济发展、社会和谐、生态文明、人民幸福、宜居宜业的新型城区"。

综合来看，无论是学术界还是政府部门均将"产城融合"视为一种新型区域发展模式，即区别于此前产业园区的"产城分离"发展模式，更加强调实现产业、城市、人口相互促进的"三元"发展模式。

二、产城融合：发展模式

2015年7月6日，国家发展和改革委员会发布《通知》拟建60个左右的产城融合示范区，标志着产城融合正式进入规模化实践阶段。目前，产城融合示范区发展模式主要有三种：园区转型模式、城区转型模式和新建发展模式。

园区转型模式是指依托现有的产业园，在园区内完善公共服务配套设施，促使园区由单一生产型园区向综合型城市转型。在我国产城融合示范区

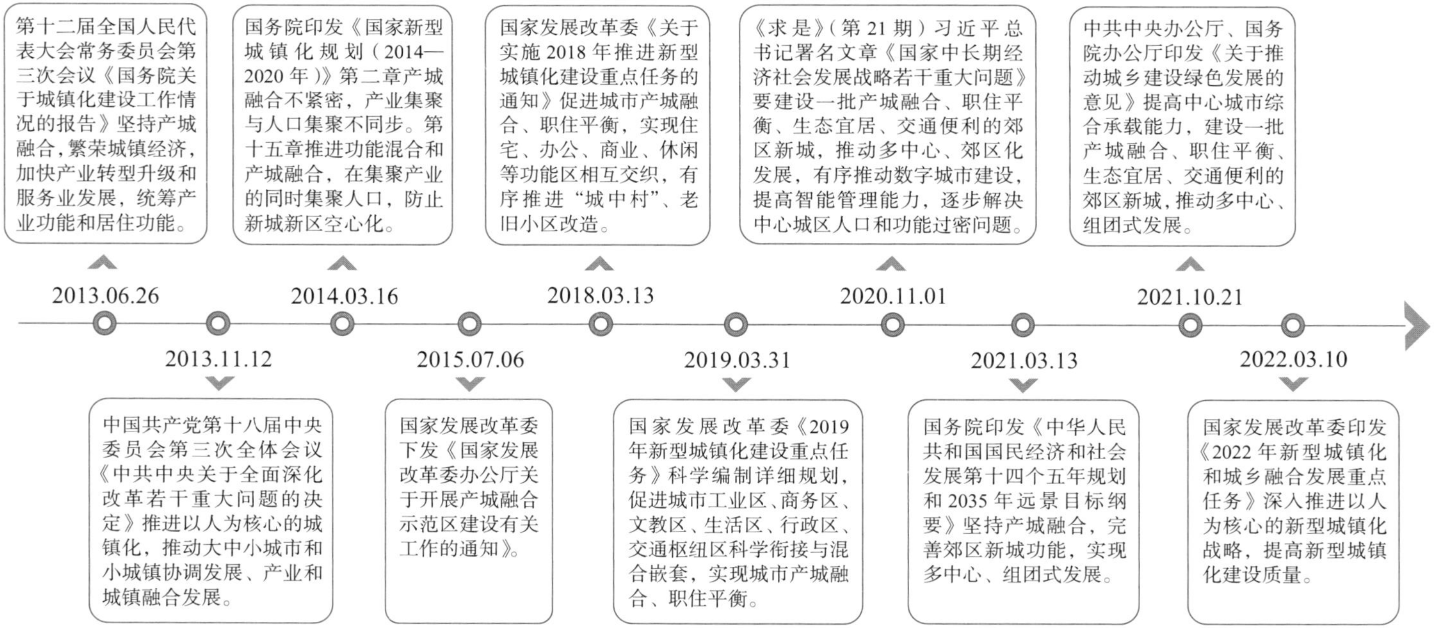

2013.06.26
第十二届全国人民代表大会常务委员会第三次会议《国务院关于城镇化建设工作情况的报告》坚持产城融合、产业集聚，繁荣城镇经济，加快产业转型升级和服务产业发展，统筹产业功能和居住功能。

2013.11.12
中国共产党第十八届中央委员会第三次全体会议《中共中央关于全面深化改革若干重大问题的决定》推进以人为核心的城镇化，推动大中小城市和小城镇协调发展、产业和城镇融合发展。

2014.03.16
国务院印发《国家新型城镇化规划（2014—2020年）》第二章产业集聚与人口集聚不同步，第十五章集聚经济、产城融合，加快推进功能混合和产城融合，在集聚产业的同时集聚人口，防止新城新区空心化。

2015.07.06
国家发展改革委发展改革委办公厅关于开展产城融合示范区建设有关工作的通知》。

2018.03.13
国家发展改革委《关于实施2018年推进新型城镇化建设重点任务的通知》促进城市产城融合、职住平衡，有序推进功能混合和产城融合，有休闲、办公、商业、居住等功能相互交织，有序推进"城中村"、老旧小区改造。

2019.03.31
国家发展改革委《2019年新型城镇化建设重点任务》科学编制详细规划，促进城市工业区、商务区、文教区、生活区、行政区、交通枢纽组区科学衔接与混合嵌套，实现城市产城融合、职住平衡。

2020.11.01
《求是》（第21期）习近平总书记署名文章《国家中长期经济社会发展战略若干重大问题》要建设一批产城融合、职住平衡、生态宜居、交通便利的郊区新城，有序推动数字城市建设，提高智能管理能力，逐步解决中心城区人口和功能过密问题。

2021.03.13
国务院印发《中华人民共和国国民经济和社会发展第十四个五年规划和2035年远景目标纲要》坚持产城融合，完善郊区新城功能，实现多中心、组团式发展。

2021.10.21
中共中央办公厅、国务院办公厅印发《关于推动城乡建设绿色发展的意见》提高中心城市综合承载能力，建设一批产城融合、职住平衡、生态宜居、交通便利的郊区新城，推动多中心、组团式发展。

2022.03.10
国家发展改革委印发《2022年新型城镇化和城乡融合发展重点任务》深入推进以人为核心的新型城镇化战略，提高新型城镇化建设质量。

图 3-1　产城融合的政策演变

资料来源：国家发展与改革委员会、国务院等，兴业研究

193

中有接近1/3的产城融合示范区建立在产业园区基础之上，比较典型的有北京市丰台产城融合示范区、天津市北辰经济技术开发区及浙江省宁波市杭州湾新区等。

表3-1　实践园区转型模式的产城融合示范区

所属省	地级市/直辖市区/直辖县	产城融合示范区	划分类型
安徽省	合肥市	合肥新站高新技术产业开发区	开发新区
安徽省	滁州市	苏滁现代产业园	产业园
北京市	丰台区	丰台产城融合示范区（中关村丰台园西区）	经济技术开发区
甘肃省	兰州市	兰州高新区榆中园区	经济技术开发区
甘肃省	临夏州	临夏经济开发区	经济技术开发区
广西省	柳州市	柳州高新技术开发区	经济技术开发区
河北省	邯郸市	冀南新区	开发新区
河北省	邢台市	邢东新区	开发新区
湖北省	宜昌市	宜昌高新区生物产业园	产业园
湖北省	襄阳市	东津新区	开发新区
湖南省	岳阳市	城陵矶产城融合示范区	开发新区
吉林省	通化市	通化高新技术开发区	经济技术开发区
吉林省	吉林市	吉林经济技术开发区	经济技术开发区
山东省	威海市	威海经济技术开发区	经济技术开发区
山东省	潍坊市	潍坊滨海经济技术开发区	经济技术开发区
山东省	临沂市	临沂经济技术开发区	经济技术开发区
四川省	绵阳市	绵阳高技术产业开发区	经济技术开发区
天津市	北辰区	北辰经济技术开发区	经济技术开发区
新疆生产建设兵团	阿拉尔市	阿拉尔经济技术开发区	经济技术开发区
浙江省	宁波市	杭州湾新区	开发新区

资料来源：国家发展和改革委员会，兴业研究

以天津市北辰经济技术开发区为例，1992年7月，天津市人民政府批准成为省级开发区；2013年3月，国务院批准成为国家级经济技术开发区。作为国家级开发区，天津市北辰经济技术开发区形成了高端装备制造、现代医药、新能源新材料、电子信息四大支柱产业。2016年9月，天津北辰产城融合示范区正式被列入国家级产城融合示范区范围。在产业园基础上，北辰产城融合示范区规划了包括开发区的高端装备产业园和大张庄、双街两个新市镇在内的68平方公里，在原有产业园的基础上，发展商住、健康养老等生活配套服务产业。依托于双街新市镇重点发展居住、科技研发、科技服务、现代金融、商贸文化、观光农业、休闲旅游等产业[①]。在这种发展模式下，北辰区产城融合示范区呈现出产业在中间、城市在两端的空间布局。这种发展模式的优点在于示范区内易形成产业和生活集聚效应，但在片区间依旧存在产业功能和城市功能融合不彻底的问题。

图3-2　天津市北辰区产城融合示范区空间结构

资料来源：夏骥（2020）《产城融合示范区建设的三种路径》，兴业研究

城区转型模式是指依托于故有的行政区，通过改变存量土地用途，在原

有的居住组团上升级产业结构实现综合型城市建设。目前，国家级产城融合示范区中约有19个是在故有行政区基础上设立，其中较为典型的有深圳市龙岗区、上海市闵行区等。

表3-2　实践城区转型模式的产城融合示范区

所属省（市、区）	地级市 / 直辖市区 / 直辖县	产城融合示范区	划分类型
福建	泉州市	泉港区	故有行政区
福建	厦门市	海沧区	故有行政区
广东	清远市	清城区	故有行政区
广东	广州市	黄埔区	故有行政区
广东	深圳市	龙岗区	故有行政区
贵州	铜仁市	碧江区	故有行政区
贵州	黔南州	都匀市	故有行政区
海南	屯昌县	屯昌县	故有行政区
河南	济源市	济源市	故有行政区
江苏	盐城市	盐都区	故有行政区
江苏	常州市	武进区	故有行政区
辽宁	沈阳市	苏家屯区	故有行政区
上海	闵行区	闵行区	故有行政区
新疆	昌吉州	阜康市	故有行政区
新疆	乌鲁木齐市	乌鲁木齐市	故有行政区
云南	玉溪市	玉溪市	故有行政区
云南	普洱市	普洱市	故有行政区
重庆	黔江区	黔江区	故有行政区
重庆	永川区	永川区	故有行政区

资料来源：国家发展和改革委员会，兴业研究

以上海市闵行区为例，上海市闵行区在故有的行政区基础上，按照建设用地负增长的总要求，通过土地利用方式转变倒逼城市发展方式转型。如通

过存量工业用地、城中村规划转型实现城市功能的"查缺补漏"。具体而言，闵行区通过功能区促进街镇空间整合，打造了北部国际商务集聚区、中部宜居生活提升区、南部科技创新核心区和东部宜居宜业文化新市镇四大板块，这四大板块功能区相互嵌套发展。

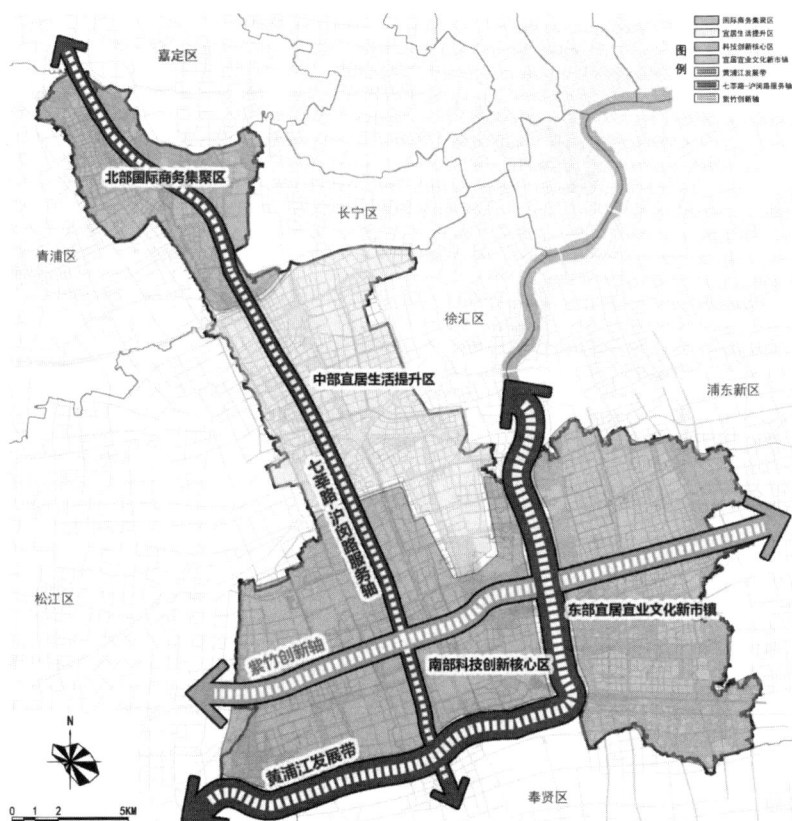

图 3-3　上海市闵行区产城融合示范区空间结构

资料来源：《上海市闵行区总体规划暨土地利用总体规划（2016—2035年）》，兴业研究

新建发展模式是指新划定片区进行产城融合试点，即将新划定片区由"白地"打造成为综合性城市。在目前的国家级产城融合示范区中，较为典型的有江西省九江市八里湖新区。

具体而言，八里湖新区位处江西省九江市西侧，是九江市新开发城区。2015年11月，八里湖新区正式挂牌成立国家4A级旅游景区。根据2017年7

月发布的《八里湖新区控制性详细规划》，九江市八里湖新区按功能规划了新区五大中心：兴城片区，主要承担城市商务功能，布局金融商务及文化娱乐项目；向阳片区，城市发展行政首脑中枢，主要布局公共服务和办公楼宇项目；排山片区，构建山水格局，培育休闲产业，主要布局旅游及休闲度假项目；蛟滩片区，城县对接枢纽，主要布局科教园区及滨水居住项目；金桥片区，近期承担生态涵养功能，远期主要布局总部研发及商贸物流项目。这种发展特征主要是，基于文旅项目发展旅游和休闲度假项目，打造"生态优先"的发展模式。

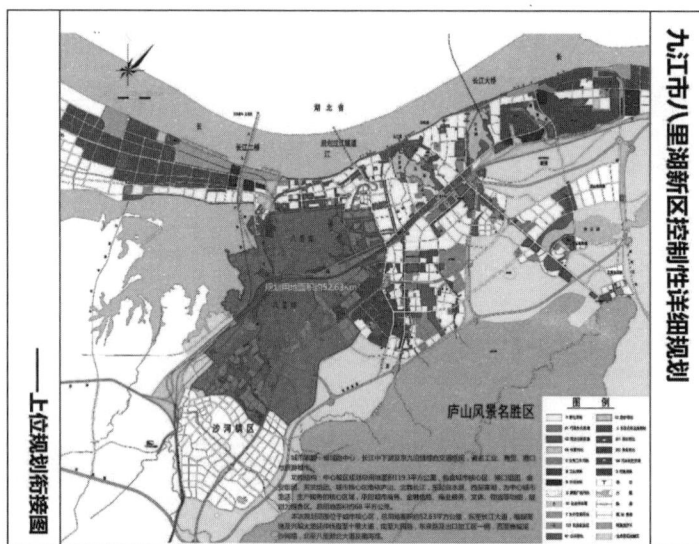

图3-4　九江市八里湖新区产城融合示范区空间结构

资料来源：《八里湖新区控制性详细规划》，兴业研究

三、产城融合：案例分析

目前，国家发展改革委对产城融合的管理集中在把握原则方向。2015年7月，国家发展和改革委员会办公厅发布《通知》，提出产城融合示范区建设的五大任务分别为：优化空间发展布局，推进产城融合发展；促进产业集聚发展，构建现代产业体系；加强基础设施建设，提升公共服务水平；注重生

态环境保护建设，促进绿色低碳循环发展；完善城镇化体制机制，推进城乡发展一体化。在此基础上，产城融合示范区建设主要基于各地组团的实际情况进行规划更新，包括产业更新、工业用地更新等。

以深圳市龙岗区为例，深圳市龙岗区产城融合示范区是在故有行政区基础上打造，城市更新是其产城融合建设的重要内容。根据《深圳市城市更新管理办法》（2016年修改版），城市更新类型主要包括综合整治类、功能改变类、拆除重建类，这三种类型在深圳市龙岗区产城融合示范区均有涉及。2017年11月，深圳市龙岗区城市更新局发布《龙岗区城市更新"十三五"规划》（以下简称《规划》），确立了城市更新规模及配建要求。具体而言：

表3-3 《龙岗区城市更新"十三五"规划》指标目标

类别	序号	指标名称	单位	2020 年目标值	指标说明
更新单元计划	1	城市更新单元计划用地规模	公顷	1170—1560	区间值
	2	"工改 M0"类更新单元计划用地规模	公顷	160	上限值
	3	"工改 M0"类拆除重建类更新用地规模占全区"工改工"总规模的比重	%	60	上限值
更新单元规划	4	人才住房和保障性住房配建规模	万套	4.6	下限值
	5	创新型产业用房配建规模	万平方米	31.40	下限值
	6	中小学配建规模	所	30	下限值
	7	幼儿园配建规模	所	75	下限值
	8	综合医院配建规模	家	3	下限值
	9	公交场站配建规模	个	35	下限值
	10	非独立占地公共配套设施配建规模	万平方米	29.3	下限值
	11	变电站配建规模	处	2	下限值
	12	消防站配建规模	处	10	下限值
	13	邮政和通信设施配建规模	处	2	下限值

类别	序号	指标名称	单位	2020年目标值	指标说明
更新实施管理	14	拆除重建类更新用地供应规模	公顷	420	下限值
	15	综合整治类更新用地规模	公顷	560	下限值
	16	城市更新固定资产投资总额	亿元	1000—1200	区间值
	17	通过城市更新减少违法建筑存量规模	万平方米	300	下限值

资料来源:《龙岗区城市更新"十三五"规划》,兴业研究

第一,"工改工"项目,即工业用地改扩建或拆建后仍作为工业用地或创新型产业用地使用。《规划》鼓励"工改M1"项目而限制"工改M0",要求规划期内"工改M0"类更新单元计划用地规模控制在160公顷以内,且不超过全区"工改工"总规模的60%。同时,针对"工改M0"产业布局,《规划》亦强调了空间布局的合理性,即规定原则在轨道站点周边500米范围的旧工业区或位于成片产业园区范围或工业区块线外,且位于"十三五"重点片区范围内的旧工业区进行"工改M0"。

同时,针对创新型产业用房配建比例,《规划》亦根据权利主体和开发主体明确了创新性产业用房的配建比例。

表3-4 深圳市龙岗区城市更新项目中创新型产业用房配建比例

权利主体	开发主体	配建比例
高新技术企业	自行开发	10%
非高新技术企业	与高新技术企业合作开发	12%
非高新技术产业	自行开发	25%

资料来源:《龙岗区城市更新"十三五"规划》,兴业研究

第二,职住平衡是产城融合的重要内涵。传统工业园区存在重工业而轻

居住的问题，因而在产城融合示范区中用地分配上向公共服务和基础配套设施倾斜。《规划》强调："合理引导建筑增量分配，重点保障公共服务和基础配套面积，合理提高居住建筑及产业（研发）建筑面积，适度控制商业（办公）建筑面积。"结合《规划》中五年更新计划结构预控表看，居改居、工改居、商改居用地规模合计高达781公顷，占拆除重建类更新与综合整治和功能改变类更新用地规模比重高达79.7%。

表3-5　深圳市龙岗区五年更新计划结构预控表（单位：公顷）

方向	比例	规模	细化方向	用地类型	用地比例	用地规模	说明
居改居	47.5%	555.75	居改居	居住	100%	556	
工改商住 + 工改工	47.5%	555.75	工改商住	居住	70%	202	不高于
				商业	30%	87	不低于
			工改 M1	工业	40%	107	不低于
			工改 M0	工业	60%	160	不高于
商改商住	5%	58.5	商改商	商业	100%	35	不低于
			商改居	居住	100%	23	不高于

资料来源：《龙岗区城市更新"十三五"规划》，兴业研究

　　其中，人才住房和保障性住房是城市更新项目的重点。根据《规划》，在城中村及其他旧区改造项目中，一、二、三类地区的人才房和保障性住房配建基准比例分别为20%、18%和15%；而在旧工业区（仓储区）或城市基础设施及公共服务设施改造为住宅项目中，一、二、三类地区的人才房和保障性住房配建基准比例分别为35%、33%和30%。同时，《规划》确立了人才住房和保障性住房的"优先性"，即要求城市更新项目中配建的人才住房和保障性住房集中布局，涉及项目分期建设时，人才住房和保障性住房原则上应布局在首期。

表3-6 深圳市龙岗区人才住房和保障性住房配建基准比例表

类型	一类地区	二类地区	三类地区
城中村及其他旧区改造为住宅	20%	18%	15%
旧工业区（仓储区）或城市基础设施及公共服务设施改造为住宅	35%	33%	30%

资料来源：《龙岗区城市更新"十三五"规划》，兴业研究

第三，增加公共配套设施建设规模。传统工业园区重生产性设施而轻生活性设施导致园区内居住功能缺位。因而，产城融合示范区建设要求增加公共配套设施建设规模，其中以学校、医院、文体设施、社会福利设施、公交场站等为主。其中，针对社区级公共配套设施，《规划》明确了建筑规模，要求增配50%且不小于1000平方米的社区级公共配套用房。

表3-7 深圳市龙岗区社区级公共配套设施一览表

序号	项目名称	建筑面积（平方米）
1	社区警务室	≥ 50
2	社区管理用房	≥ 300
3	社区服务中心	≥ 400
4	文化活动室	1000—2000
5	社区健康服务中心	≥ 1000
6	社区老年人日间照料中心	≥ 750

资料来源：《龙岗区城市更新"十三五"规划》，兴业研究

园区与产业基金

政府出资设立产业投资基金，初衷在于为符合政策导向和所在区域定位的基建、环保、新兴产业、科技创新等行业的企业提供融资支持。为了吸引企业落户，各类产业、工业园区所在地的各级政府、管委会等机构，往往会通过政府出资设立产业投资基金为驻园企业提供多样化的融资服务。

○ ○ ○ ○ ●

一、政府出资产业投资基金的定义及监管演进

（一）政府出资产业投资基金的定义

产业基金是一种特殊形式的私募投资基金，而政府出资产业投资基金则由于发起方和出资方包含了相关级别政府的财政资金，成了一种特殊类别的产业基金。

早在2001年，国家发展改革委就曾希望出台《产业投资基金管理暂行办法》，该文件的草案中曾指出，产业基金是"一种对未上市企业进行股权投资和提供经营管理服务的利益共享、风险共担的集合投资制度"，其投资范围包括"创业投资、企业重组投资和基础设施投资等事业投资"。不过，最终该文件并未正式出台，此后也并未有监管文件就产业基金（产业投资基金）的概念进行定义。在当前的实践中，产业基金一般指的是主要向特定产业或行业（如医药、芯片等）中的企业开展股权投资的私募投资基金。

从发起方和出资方角度，产业基金一般可以分为两类：一类是完全由市场化的民营企业、外资企业发起和出资的**市场化产业基金**；另一类是由不同级别政府或大型国有企业发起，并有不同级别政府财政资金参与的**政府出资产业投资基金**。

相较于市场化产业基金，政府出资产业投资基金由于有财政资金出资，因此受到的监管更严格，也有着更为明确的定义和范畴。

根据国家发展改革委2016年发布的《政府出资产业投资基金管理暂行办法》（发改财金规〔2016〕2800号，以下简称《暂行办法》），政府出资产业投资基金是指有政府出资，主要投资于非公开交易企业股权的股权投资基金和创业投资基金。

不同于市场化产业基金的投资对象更多考虑其发起方在产业链上横向和纵向扩张需求，或者纯粹仅考虑投资收益、风险的情况，政府出资的产业投资基金主要投资于政府导向的基建、环保、新兴产业、创新企业及部分市场失灵领域。若完全按照市场化体制机制，该类企业或项目较难获得充足融资，故需要政府引导或提供资金吸引或鼓励资金流向这些领域。

（二）政府出资产业投资基金的监管演进

如上文所言，由于政府出资产业投资基金的投资目的、出资方具有一定的特殊性，因此其需要受到财政部、国家发展改革委、证监会等多部门的监管。

从资金来源看，由于政府出资产业投资基金全部或部分的资金来源于财政资金，因此，在资金的划拨和使用等方面受财政部或各地财政局的监管，需要遵循财政部2015年发布的《政府投资基金暂行管理办法》（财预〔2015〕210号）和《财政部关于财政资金注资政府投资基金支持产业发展的指导意见》（财建〔2015〕1062号）等规定。

从投资领域看，政府出资产业投资基金主要投资领域包括非基本公共服务领域、基础设施领域、住房保障领域、生态环境领域、区域发展领域、战略性新兴产业和先进制造业领域、创业创新领域等属于国家发展与改革的重点领域，因此，在登记和管理上受国家发展改革委及各地发展改革部门的监管, 需要遵循国家发展改革委2016年发布的《暂行办法》(发改财金规〔2016〕2800号)和2017年发布的《政府出资产业投资基金信用信息登记指引(试行)》(发改办财金规〔2017〕571号)等规定。

从产品本质看, 政府出资产业投资基金实质是私募投资基金(无论是公司制、合伙制、契约制)的一种特殊形式, 因此, 要受证监会及其派出机构私募投资基金监管规则监管, 遵循证监会《私募投资基金监督管理暂行办法》(证监会〔2014〕第105号令)等规定, 并在基金业协会相关系统进行备案。

表3-8　政府出资产业投资基金发展历程中重要监管规定

时间	文件名	相关内容
2005/11/15	《创业投资企业管理暂行办法》(国家发展改革委 2005 年 39 号令)	明确国家与地方政府可以设立创业投资引导基金, 通过参股和提供融资担保等方式扶持创业投资企业的设立与发展。
2008/10/18	《关于创业投资引导基金规范设立与运作的指导意见》(国办发〔2008〕116 号)	对政府设立并按市场化方式运作的创业投资引导基金进行规范, 明确其设立、资金来源、运作方式和管理准则。
2014/8/21	《私募投资基金监督管理暂行办法》(证监会〔2014〕第 105 号令)	就私募投资基金的设立、备案、投资运作等方面进行了规定。
2014/11/26	《国务院关于创新重点领域投融资机制鼓励社会投资的指导意见》(国发〔2014〕60 号)	在创新投融资机制方面, 要求改进政府投资使用方式、要求政府投资通过基金注资等方式优先支持引入社会资本的项目。
2015/11/12	《政府投资基金暂行管理办法》(财预〔2015〕210 号)	明确政府投资基金设立、运作、风控、投资和退出的要求, 同时明确财政出资政府投资基金的预算管理要求。
2015/12/25	《财政部关于财政资金注资政府投资基金支持产业发展的指导意见》(财建〔2015〕1062 号)	要求合理运用政府投资基金聚焦支持重点产业发展、规范设立运作支持产业的政府投资基金、切实履行财政资金出资人职责。
2016/7/18	《关于深化投融资体制改革的意见》(中发〔2016〕18 号)	要求发挥好政府投资的引导和带动作用, 根据发展需要, 依法发起设立政府出资产业投资基金等各类基金, 充分发挥政府资金的引导作用和放大效应。

续表

时间	文件名	相关内容
2016/9/16	《国务院关于促进创业投资持续健康发展的若干意见》（国发〔2016〕53号）	要求在创业投资领域发挥政府资金引导作用，鼓励有条件的地方按照"政府引导、市场化运作"原则推动设立创业投资引导基金，发挥财政资金的引导和聚集放大作用，引导民间投资等社会资本投入。
2016/12/30	《政府出资产业投资基金管理暂行办法》（发改财金规〔2016〕2800号）	国家发展改革委明确了政府出资产业投资基金设立、备案、资金募集和投资领域等方面的行为规范。
2017/4/10	《政府出资产业投资基金信用信息登记指引（试行）》（发改办财金规〔2017〕571号）	明确政府出资产业投资基金除在基金业协会备案外，应同时在"全国政府出资产业投资基金信用登记系统"备案。
2018/4/27	《关于规范金融机构资产管理业务的指导意见》（银发〔2018〕106号）	明确创业投资基金、政府出资产业投资基金不受资管新规的规制，其相关规定将另行制定。
2019/10/25	《关于进一步明确规范金融机构资产管理产品投资创业投资基金和政府出资产业投资基金有关事项的通知》（发改财金规〔2019〕1638号）	明确《资管新规》下各类资管产品对创业投资基金和政府出资产业投资基金的投资要求，放松了资管产品对创业投资基金和政府出资产业投资基金投资的"嵌套层数"要求。

资料来源：国家发展改革委，财政部，人民银行，兴业研究

不同于普通的私募投资基金，由于政府出资产业投资基金的资金来源包括了财政资金，投资领域面向政策重视和支持的领域。因此，虽然其受证监会《私募投资基金监督管理暂行办法》框架监管，但其在设立、登记与托管，基金管理人，资金募集方式以及投资运作方面都受到了差异化的监管。

在设立、登记与托管方面，政府出资产业投资基金不仅需要财政部门报本级政府批准，还需要在国家发展改革委系统中登记，且必须由商业银行托管。财政部2015年发布的《政府投资基金暂行管理办法》明确要求，政府出资产业投资基金的设立应由财政部门会同本级政府批准："政府出资设立投资基金，应当由财政部门或财政部门会同有关行业主管部门报本级政府批准。……各级财政部门应当控制政府投资基金的设立数量，不得在同一行业

或领域重复设立基金。"而在登记方面，政府出资产业投资基金不仅需要在基金业协会进行登记，还需依照国家发展改革委《政府出资产业投资基金信用信息登记指引（试行）》（发改办财金规〔2017〕571号）在国家发展改革委相关系统中进行登记。此外，不同于私募基金不需要强制托管的情况，国家发展改革委及财政部的监管文件都明确要求政府出资产业投资基金应将基金资产委托给中国境内商业银行进行托管。

在基金管理人方面，《暂行办法》对政府出资产业投资基金的要求比私募投资基金更为严格。《暂行办法》要求，基金管理人应符合以下条件："（一）在中国大陆依法设立的公司或合伙企业，实收资本不低于1000万元人民币；（二）至少有3名具备3年以上资产管理工作经验的高级管理人员；（三）产业投资基金管理人及其董事、监事、高级管理人员及其他从业人员在最近3年无重大违法行为；（四）有符合要求的营业场所、安全防范设施和与基金管理业务有关的其他设施；（五）有良好的内部治理结构和风险控制制度。"同时，国家发展改革委还会通过绩效评价指标体系对基金管理人绩效进行系统性评分，并对结果适当予以公告，方便各级政府部门根据评分结果选择基金管理人，具体评价指标包括资产总规模、过往投资业绩、投资领域是否符合政府产业政策导向、运作是否存在违规行为、是否曾受监管机构行政处罚、是否被纳入失信名单等。

在资金募集方式方面，政府出资产业投资基金除政府外，其他基金投资者必须为合格机构投资者。国家发展改革委《暂行办法》要求："除政府外的其他基金投资者为具备一定风险识别和承受能力的合格机构投资者。"这意味着，个人投资者无法直接成为政府出资产业投资基金的出资方。

在投资运作方面，政府出资产业投资基金对于特定产业领域的投资比例不得低于基金规模或承诺出资额的60%。正如前文所言，政府出资产业投资基金往往投资于部分市场失灵的领域，因此在资金的投向方面，该类基金有着较为强硬的约束。财政部《政府投资基金暂行管理办法》要求各级财政部门一般应在支持创新创业、支持中小企业发展、支持产业转型升级和发展、支持基础设施和公共服务领域设立政府出资产业投资基金；国家发展改革委

《暂行办法》也要求政府出资产业投资基金应主要投资于非基本公共服务领域、基础设施领域、住房保障领域、生态环境领域、区域发展领域、战略新兴产业和先进制造业领域。同时，还要求政府出资产业投资基金投资于约定产业领域的比例应不低于基金规模或承诺出资额的60%，投资单个企业的投资额不得超过基金资产总值的20%。

（三）《资管新规》对政府出资产业投资基金的影响

虽然《资管新规》明确将政府出资产业投资基金作为另行制定规定的例外情况。然而，由于政府出资产业投资基金有不少资金来源于各类受《资管新规》规制的资管产品，因此，随着《资管新规》及其配套文件的出台，这部分资金难以通过原有方式投资政府出资产业投资基金，对金融机构通过资管产品参与政府出资产业投资基金投融资活动产生了一定影响。具体来看，影响主要包括以下几个方面：

一是资管产品，特别是理财产品投资范围问题。在《资管新规》过渡期结束后，公募资管产品将难以投资于政府出资产业投资基金。《资管新规》规定："公募产品主要投资标准化债权类资产以及上市交易的股票，除法律法规和金融管理部门另有规定外，不得投资未上市企业股权。"考虑到政府出资产业投资基金的主要投资资产就是各类企业的未上市股权，因此公募资管产品将难以投资政府出资产业投资基金。

这一要求对于理财产品更为严格，参照现有规定，仅有理财子公司发行的私募理财产品可以直接投资于政府出资产业投资基金等私募投资基金。《理财新规》要求："商业银行理财产品不得直接或间接投资于本办法第三十五条所列示资产之外，其他由未经金融监督管理部门许可设立、不持有金融牌照的机构发行的产品或管理的资产。"因此，银行内设资管部发行的私募理财无法投资于私募基金。而对于理财子公司，《理财子公司办法》则允许理财子公司发行的私募理财可以直接投资于政府出资产业投资基金。

二是未上市股权期限错配及退出安排问题。《资管新规》明确要求："资产管理产品直接或者间接投资于未上市企业股权及其受（收）益权的，应当为封闭式资产管理产品，并明确股权及其受（收）益权的退出安排。未上市企业股权及其受（收）益权的退出日不得晚于封闭式资产管理产品的到期日。"从退出安排要求来看，由于未上市企业股权投资周期长、不可预测性高的特性以及未上市股权的流转的难度，实践中难以对相关投资提前设置较为周全、明确的退出安排。从期限匹配要求来看，由于退出日不得晚于封闭式资管产品的到期日，且大部分未上市股权投资项目投资周期长达数年，因此政府出资产业投资基金只能对接长封闭期的资管产品。然而，从当前封闭式理财产品的加权平均封闭期限来看，虽然相较于此前已有较大幅度的提升，至2021年底已升至481天，但仍与长达数年的未上市股权投资周期有着一定的差距。

当前，证监会已经允许北京、上海试点探索私募投资基金份额转让。若未来能形成有一定流动性的私募投资基金份额转让市场，或将可以在一定程度上解决资管产品对于政府出资产业投资基金投资提前设置退出安排的相关要求。

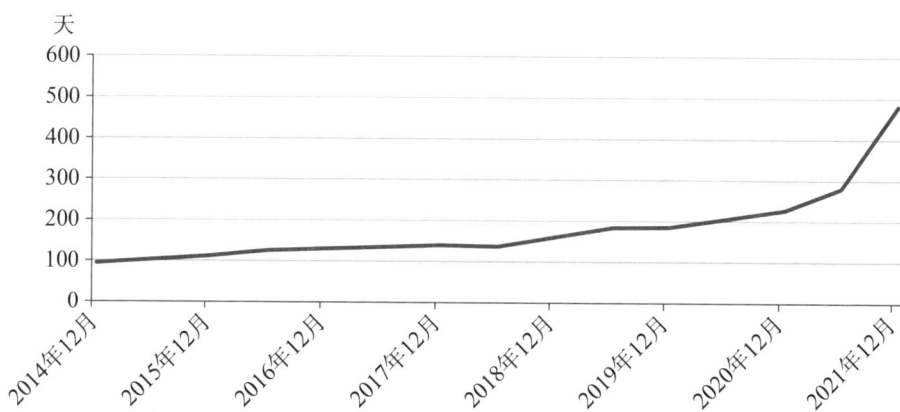

图 3-5 封闭式理财产品加权平均封闭期限

资料来源：Wind，兴业研究

三是关于多层嵌套问题。《资管新规》要求，"资产管理产品可以再投资一层资产管理产品，但所投资的资产管理产品不得再投资公募证券投资基金以外的资产管理产品"，"对于多层嵌套资产管理产品，向上识别产品的最终投资者，向下识别产品的底层资产（公募证券投资基金除外）"。考虑到政府出资产业投资基金投资过程中往往涉及了多层的母子基金嵌套安排，若结合"穿透式监管"的要求，资管产品将难以投资政府出资产业投资基金。值得注意的是，2019年国家发展改革委等部门发布的《关于进一步明确规范金融机构资产管理产品投资创业投资基金和政府出资产业投资基金有关事项的通知》（发改财金规〔2019〕1638号，以下简称《通知》）在一定程度上解决了此前困扰资管产品投资政府出资产业投资基金的"嵌套层数"限制。《通知》明确："符合本通知规定要求的两类基金接受资产管理产品及其他私募投资基金投资时，该两类基金不视为一层资产管理产品。"其中的"两类基金"即包括了政府出资产业投资基金。

二、政府出资产业投资基金发展情况及其与园区的关系

不同于市场化产业基金，政府出资产业投资基金由于其发起人和出资方包括了地方各级政府，因此其投资导向往往也与当地政府的支持方向相契合，由此成为地方政府引导、支持当地发展的"利器"，其中也包括了地方政府对于园区发展的支持。

（一）政府出资产业投资基金当前发展情况

由于近年来国家发展改革委、财政部等政府部门并未公开披露政府出资产业投资基金的总规模，为了考察政府出资产业投资基金近年来的发展情况，我们使用了清科投资在《2022年中国股权投资母基金行业发展研究报告》中对于政府引导基金的统计。

根据清科投资统计，2021年新增政府引导基金共有115只，认缴规模达到3831.95亿元，其中产业投资基金或创投基金110只，认缴规模达到3706.94亿元，占到了政府引导基金中的绝大多数。参照上文中对于政府出资产业投资基金的定义，纳入清科投资该项统计的产业基金、创投基金两类

政府引导基金都应属于政府出资产业投资基金的范畴。因此，可以将清科投资所统计的政府引导基金相关数据，作为观察政府出资产业投资基金发展情况的一个窗口。

亿元

只

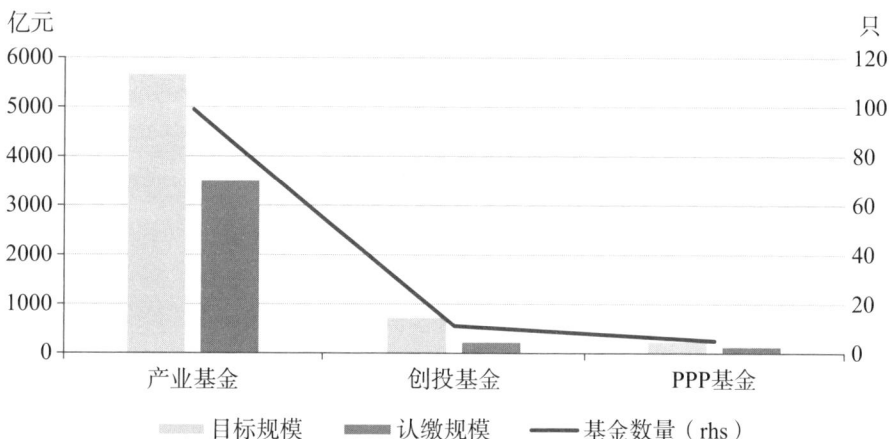

图3-6　2021年新增政府引导基金类型

资料来源：清科投资，兴业研究

从政府引导基金近年来的设立情况来看，自2017年金融监管趋严及2018年《资管新规》发布之后，新成立的基金数量以及基金认缴规模均有所下降。在2016年，政府引导基金新成立数量和认缴规模达到了历史最高，分别为493只和17885.68亿元。此后，如前文所言，由于《资管新规》、金融严监管等多方面因素，使得资管产品向政府出资产业投资基金投资出现了一定障碍，因此政府引导基金新设规模开始下降。随着《资管新规》过渡期的逐步结束，政府引导基金新设规模下降趋势有所回稳。相较于2020年，2021年政府引导基金新设数量由112只上升到了115只，政府引导基金认缴规模虽然由4306.18亿元下降到了3831.92亿元，但是下降幅度已较此前有所放缓。随着未来理财转型的逐步推进，以及私募投资基金份额转让机制的逐步健全，未来政府引导基金的规模或将逐步企稳回升。

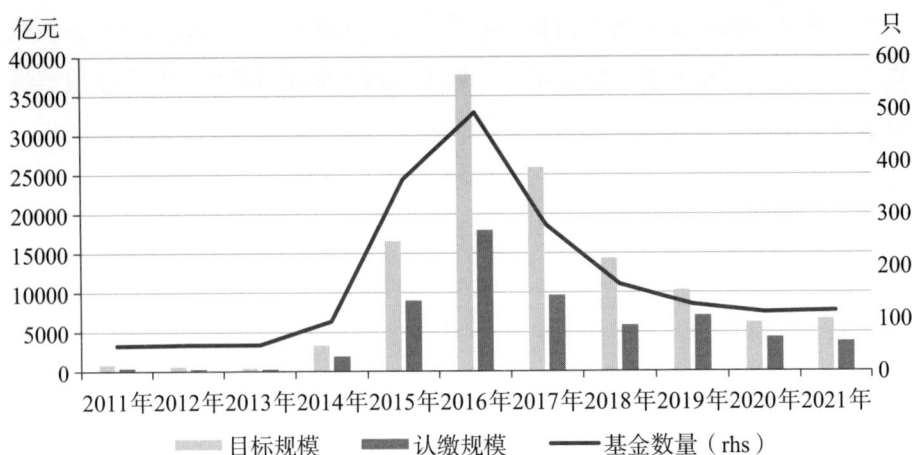

图3-7 政府引导基金近年来设立情况

资料来源：清科投资，兴业研究

从政府引导基金的设立级别来看，大多数引导基金在省级和地市级层面设立。根据清科投资统计，2021年新增政府引导基金中，国家级、省级、地市级和区县级引导基金的基金数量分别为1只、20只、52只、42只，国家级、省级、地市级和区县级引导基金的认缴规模分别为737.5亿元、1356.86亿元、1247.29亿元和490.31亿元。

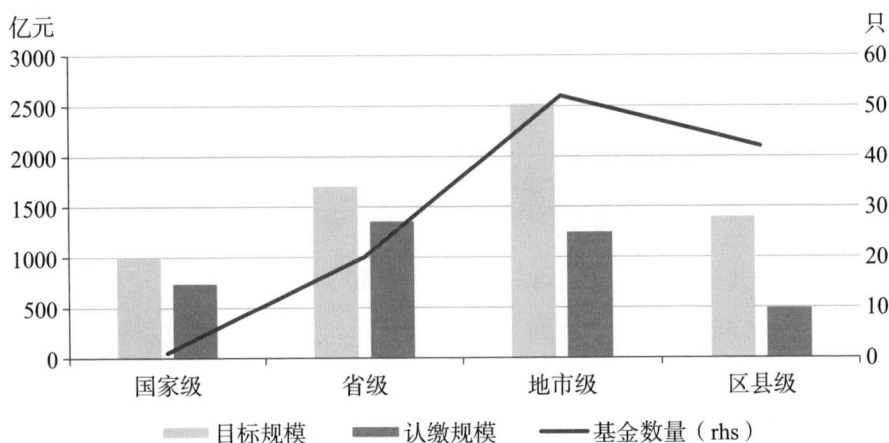

图3-8 2021年新增政府引导基金级别

资料来源：清科投资，兴业研究

从政府引导基金的地域分布来看，呈现出了在经济发达的东部地区相对集中的情况。根据清科投资统计，截至2021年底，我国境内母基金中政府引导基金的规模占到了64.5%，因此可以通过母基金地域分布特征观察政府引导基金的地域分布。至2021年底，我国境内母基金规模排名前五的省市分别为北京、浙江、江苏、深圳和山东，总规模分别为8426.28亿元、5115.93亿元、4985.39亿元、4793.38亿元和4179.65亿元。除以上几个省市之外，上海、广东（除深圳）、湖北、河南、四川、福建和江西的母基金规模也各自超过了1200亿元。

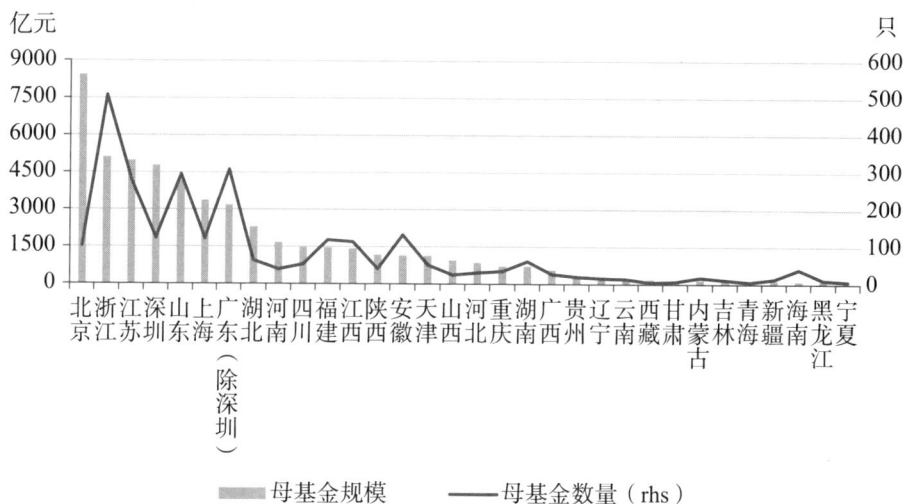

图 3-9　截至2021年底股权投资市场母基金地域分布

资料来源：清科投资，兴业研究

从政府引导母基金的活跃程度来看，截至2021年，对外投融资活动较为活跃的政府引导母基金包括：山东省新旧动能转换引导基金、中金启元国家新兴产业创业投资引导基金、深圳市政府投资引导基金、杭州市创业投资引导基金、湖北省省级股权投资引导基金、广州市新兴产业发展引导基金、江苏省政府投资基金、上海市创业投资引导基金、青岛市新旧动能转换基金、南京市新兴产业发展基金等。

表3-9 截至2021年活跃政府引导母基金出资子基金情况

政府引导母基金名称	出资外部子基金数量（笔）	出资外部子基金金额（亿元人民币）
山东省新旧动能转换引导基金	150+	400+
中金启元国家新兴产业创业投资引导基金	100+	200+
深圳市政府投资引导基金	100+	800+
杭州市创业投资引导基金	100+	30+
湖北省省级股权投资引导基金	80+	50+
广州市新兴产业发展引导基金	80+	100+
江苏省政府投资基金	80+	300+
上海市创业投资引导基金	80+	50+
青岛市新旧动能转换基金	80+	100+
南京市新兴产业发展基金	80+	100+

资料来源：清科投资，兴业研究

（二）政府出资产业投资基金支持园区发展方式

相较于普通的私募投资基金，政府出资产业投资基金由于其政府引导的特性，能够更好地与当地政府配合，支持驻园企业融资和发展。

对于市场化的私募投资基金，其在运作和投资过程中更多看重的是投资项目或企业的收益和风险情况等。与之相对应，政府出资产业投资基金除关注投资项目的收益和风险情况外，还关注该项目或企业是否符合国家、地区的产业政策和导向。在园区的发展中，有部分驻园企业由于收益水平、融资渠道等原因难以及时、充足地获取资金支持，在此情况下，当地政府所创设或参与的政府出资产业投资基金就可以及时、充足地满足这些企业的融资需求。

具体来看，政府出资产业投资基金主要可以通过以下两种方式支持驻园企业融资与发展：

一是通过现有或新设的基金，直接支持驻园企业进行股权融资。一方面，已经存续运营的政府出资产业投资基金或其子基金可以根据其投资领域、区域、偏好等相应优势，对特定工业、产业园区相关企业提供股权融资支持。另一方面，为了更好地面向特定园区构建专项融资支持，各地市、区县以及园区管委会等机构还可以与更高级别的政府出资产业投资基金合作设立相应的子基金，专门根据园区发展导向，向驻园企业提供专项融资支持。相较于面向特定行业的产业基金，针对特定园区的基金不仅更为聚焦单一园区，可以根据当地具体情况展业；而且由于园区所在地政府成了基金的参与方，其展业过程中或还将能享受到相应的便利和优惠措施。

从江苏省政府投资基金的实践来看，近年来其参与的江苏中韩盐城产业园投资有限公司、江苏连云港国际物流园投资有限公司、南京江北新区投资发展有限公司、泰州农业开发区农业投资基金（有限合伙）、疌泉（沛县）环境治理投资基金（有限合伙）、疌泉（淮安）绿色生态发展投资基金（有限合伙）等子基金，其设立目的都在于支持特定园区或特定区域企业股权融资。

表3-10　江苏省政府投资基金参股的部分面向特定区域的子基金

子基金名称	规模	基金介绍
江苏中韩盐城产业园投资有限公司	20亿元	基金秉承"安全、稳健、诚信、增值"的投资理念，在严格风险控制的基础上，发挥财政资金对区域的投资杠杆作用。基金深耕当地，通过直接投资、成立创投基金和产业基金等手段有力支持区域产业发展及重大项目导入，注重投后赋能，促进区域经济高质量发展。
江苏连云港国际物流园投资有限公司	首期规模20亿元	基金以"母基金＋基础设施投资＋直投基金＋市场化子基金投资"的创新模式，结合省、市战略规划，聚焦生物医药、新材料、石油化工、港口物流等核心产业链，靶向招商，完善产业链结构推动，促进港产城融合发展。
南京江北新区投资发展有限公司	一期规模20亿元	基金致力于将全国的优质资源、全球先进的创新要素集聚到江北新区，配合实现江北新区IC之城、基因之城、新金融中心的"两城一中心"区域产业规划。
泰州农业开发区农业投资基金（有限合伙）	1亿元	是江苏省政府投资基金与泰州现代农业开发区共同发起设立的现代农业发展子基金，重点投资农业产业化企业及科技型骨干企业。

子基金名称	规模	基金介绍
堇泉（沛县）环境治理投资基金（有限合伙）	10亿元	基金以乡村振兴和脱贫攻坚为战略要求，以生态环境治理和保护为主投资领域，主要围绕沛县采煤沉陷区移民搬迁安置、生态环境修复与治理、文化旅游及新兴产业导入等项目开展投资，支持沛县采煤沉陷区环境综合整治，推进苏北地区农民集中居住，改善人居环境，形成良好的生态效益、经济效益和社会效益。
堇泉（淮安）绿色生态发展投资基金（有限合伙）	10亿元	基金以建设"中德生态示范城市"为核心，借鉴和引进先进低碳生态技术、理念和经验，通过环境综合整治、低效土地整理与利用、环保设施提档升级与建设等，建立好示范城市的生态基底，并推动节能环保、智能制造、半导体、生物技术等绿色产业及战略新兴产业的投资和导入，建成低碳绿色的生态城市标杆，实现生态效益、经济效益和社会效益的有机共振。

资料来源：江苏省政府投资基金，兴业研究

二是提供孵化服务和创业辅导，引导小微科创企业快速成长。私募投资基金不仅可以为企业提供资金支持，还可以为小微科创企业提供经营、发展的经验，为其进行创业辅导。参照此前国家发展改革委、财政部对于政府出资产业投资基金市场化运作、专业化管理的要求，当前绝大多数政府出资产业投资基金已形成了较为专业化的管理团队，团队成员不仅具有企业运营发展的经验，还有良好的业界人脉，通过这些资源将可以为园区内的小微企业提供多样化的孵化服务和创业辅导支持，从而促进园区小微企业少走弯路、快速成长。

（三）金融机构与政府出资产业投资基金合作支持园区方式

在政府出资产业投资基金的展业过程中，为了撬动社会资本扩大基金实际可对外投资规模，往往会吸引产业资本、金融机构资管产品等共同设立母基金或参与投资子基金，由此也为金融机构提供了通过政府出资产业投资基金支持园区建设的机会。金融机构与政府出资产业投资基金合作的方式主要有以下几类：

一是参与股权投资，银行集团通过创设资管产品等直接对政府出资产业投资基金的子基金进行投资。从我国银行集团的实际情况来看，银行直接参与政府出资产业投资基金对外开展股权投资的方式主要有两种：

第一种，银行发行资管产品作为有限合伙人（LP），投资政府出资产业投资基金作为普通合伙人（GP）设立的子基金。在该模式之下，银行创设的理财等资管产品作为LP，仅以其认缴的出资额对子基金债务担责。子基金获得收益后，LP还可以在普通合伙人之前先获得本金和约定收益。因此，该模式能够较好地保障银行资管产品资金的收益和安全性，不过，银行资管产品参与该模式投融资需要遵循《资管新规》相关期限匹配、退出安排、嵌套限制等要求。

第二种，银行直接参与政府出资产业投资基金的设立，作为GP获取相关收益。相较于LP，GP对合伙企业的债务承担无限连带责任，其收益除了基金管理费外，只有在有限合伙人收回其投资本金和约定基准收益后，普通合伙人才可以参与基金收益的分配。因此，相较于LP，GP收益的不稳定性更高。一般而言，较多的银行集团往往运用在境外获得的投资银行牌照或境内的信托等牌照，设立私募资管机构作为GP参与政府出资产业投资基金的投资。应当指出的是，根据2021年7月银保监会发布的《关于清理规范信托公司非金融子公司业务的通知》（银保监办发〔2021〕85号），未来信托公司仅可保留一家经营范围涵盖投资管理或资产管理类服务的境内一级非金融子公司，且该公司仅可作为私募基金管理人受托管理私募股权投资基金。因此，银行集团通过信托公司子公司作为GP参与政府出资产业投资基金的，还需要满足相应机构数量限制。

二是合作投贷联动，银行提供贷款等表内融资支持，与政府出资产业投资基金股权投资进行合作。在投贷联动模式下，银行可以与政府出资产业投资基金共同合作，由银行向目标企业提供贷款支持，由政府出资产业投资基金向目标企业提供股权支持。对于资信情况相对较差、信贷风险相对较高的企业，银行还可以要求政府出资产业投资基金提供相应的风险担保或补偿措施，从而起到以投资收益补偿潜在贷款风险的作用。

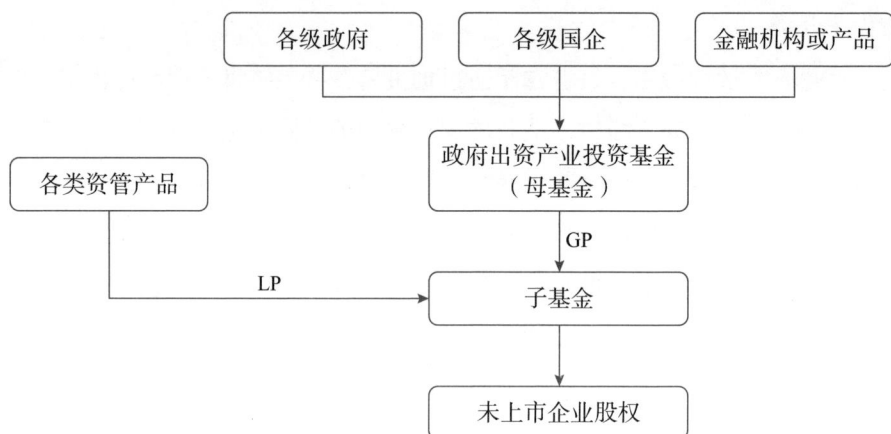

图3-10　银行通过资管产品等参与政府出资产业投资基金主要方式

资料来源：兴业研究

　　三是成为基金托管人，为政府出资产业投资基金提供基金托管等一系列配套服务。正如前文所言，作为特殊种类的私募投资基金，不同于一般私募投资基金不需要强制托管的情况，政府出资产业投资基金必须将基金资产委托给中国境内商业银行进行托管。由此，商业银行也可以发挥好传统托管服务的优势，为各个层级政府出资产业投资基金及其子基金提供基金托管等一系列配套服务。

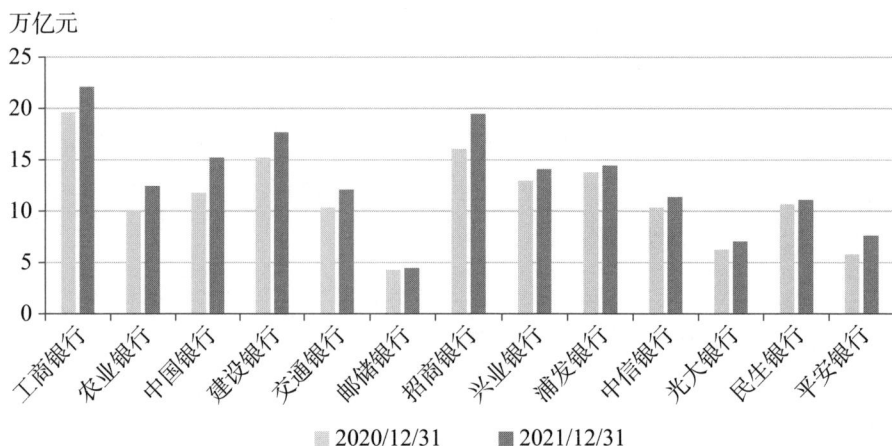

图3-11　主要大中型银行托管业务规模

资料来源：各银行年报，兴业研究

　　四是提供募资渠道，协助政府出资产业投资基金募资。相较于其他金融机构，银行拥有最为广阔和丰富的客户资源，其私行客户不乏企业家、专业投资者等人士。在政府出资产业投资基金及其子基金的募资阶段，银行可以帮助基金与符合合格投资者标准的私行客户进行对接，并收取一定的手续费，从而在帮助政府出资产业投资基金撬动更多社会资本的同时，满足私行客户多样化的投资需求，扩大银行整体AUM。

园区与科创金融：模式与案例

一、科创金融：定义与模式

科创金融是指利用金融产品、金融机制支持科技企业，推动科技创新。其核心是通过金融服务创新，针对科技创新企业的类型特点，提供有针对性的融资服务，实现金融机构与科技企业的双赢。

与其他金融产品一样，科创金融产品类型具体包括贷款、债券、融资租赁、保险、股权融资等。但与传统工业企业不同，科技创新企业固定资产相对较少，而无形资产的估值、投资回报存在较大的不确定性。技术壁垒的存在也加剧了融资双方的信息不对称。因此，科创金融要求通过风险补偿、大数据征信、股债联动等机制创新来改善信息不对称，降低资金融出方的风险，增强对科技型企业的支持力度。这也是科创金融与其他金融产品不同的部分。

（一）贷款

我国的融资体系以银行为主体，这一现状决定了贷款这一业务模式仍然是科创金融的重要内容。目前，银行针对科创企业的贷款需求主要包括信用贷款和特色抵质押贷款。

1.特色抵质押贷款

由于科技型企业的固定资产规模较小，缺乏足够的抵押品来提升贷款规模。针对科技型企业的业务特性，拓宽抵质押物的范畴，无疑可以有效增强银行等信贷主体对科技型企业的支持。

（1）知识产权质押贷款

知识产权质押贷款是指企业以合法拥有的专利权、商标权、著作权中的财产权经评估作为质押物，而从银行获得的贷款。2021年初发布的《中华人民共和国国民经济和社会发展第十四个五年规划和2035年远景目标纲要》（以下简称《"十四五"规划纲要》）中，明确提出了"鼓励金融机构发展知识产权质押融资"的要求。

知识产权质押贷款将押品从传统的厂房扩展至知识产权、专利权等，使以专利权、知识产权、核心技术人员等无形资产为核心竞争力的科技型企业融资能力得以提升。根据国家专利总局所披露的数据，2020年全年，我国专利、商标质押融资项目达12039项，同比增长43.8%；质押融资总额达到2180亿元，同比增长43.9%。2021年，我国专利、商标质押融资金额同比继续保持在42.1%的高位。总体较小的融资规模显示出我国知识产权质押贷款仍有较大的提升空间。

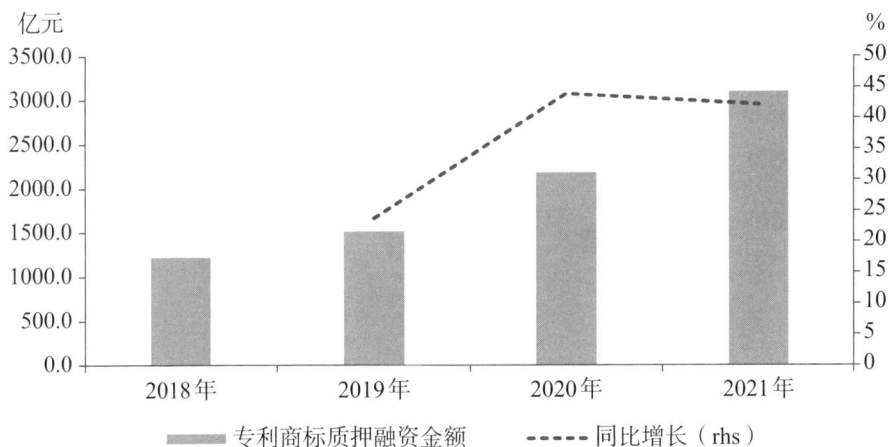

图3-12　2018—2021年全国专利商标质押融资金额变化情况

资料来源：国家知识产权局，兴业研究

为此，2021年国家知识产权局等联合印发《知识产权质押融资入园惠企行动方案（2021—2023年）》，提出通过三年行动，力争实现知识产权质押融资惠及"百园万企"的目标。到2023年底，知识产权质押融资政策可及性和服务便利度大幅提升，产业园区知识产权质押融资服务的普及面显著扩大，被质押专利的实施率明显提高，100个以上产业园区的知识产权质押项目数和质押融资金额年度增长率在20%以上，新增上万家中小微企业利用知识产权实现融资。由此来看，以园区为依托的知识产权质押融资业务将迎来高速发展。

（2）未上市股权质押贷款

随着我国多层次资本市场的逐步完善，科创板、北交所的设立以及注册制的实施使更多的中小企业，特别是科技创新中小企业的上市渠道被极大拓宽。此前，我国银行进行的股权质押融资主要面向的是在A股主板上市的企业股东，仅部分银行将未上市股权质押融资作为一类重要的担保融资产品进行业务尝试。多层次资本市场的完善为银行拓展未上市股权质押融资业务带来了空间与机遇。

就科技创新企业的自身特点而言，除未上市股权质押融资之外，还可以尝试进一步在监管部门许可的情况下将质押物拓展到股票期权、员工持股计划份额等相关资产上。

（3）其他抵质押贷款

2021年12月3日，银保监会发布《关于银行业保险业支持高水平科技自立自强的指导意见》，还要求银行"规范开展保单质押融资、供应链融资等业务，提升科技型小微企业融资可获得性"，这也为银行拓展其他类型质押融资提供了机会。

事实上，在2017年9月，国务院办公厅发布了《关于推广支持创新相关改革举措的通知》，其中重点推广的科技金融创新服务就包含了"以关联企业从产业链核心龙头企业获得的应收账款为质押的融资服务"。

2.信用贷款

加大对科技型企业的信用贷款支持力度，也是银行提升对科技型企业融资支持规模的重要内容。尽管知识产权质押融资发展较快，但是2021年全年的融资总规模也仅为3098亿元，体量相对较小，扩大信用贷款规模来加强融资支持必要性较强。《十四五规划纲要》中，明确提出了"扩大制造业中长期贷款、信用贷款规模"的要求。2021 年政府工作报告也提出了"引导银行扩大信用贷款"的要求。

政府、金融机构在推进信用贷款的过程中，也进行了一定程度的金融产品创新来提升金融机构的贷款投放意愿。

科技型中小企业长期集合信贷机制是指政府集中遴选科技型中小企业并建立银行贷款风险分担机制，担保公司集中提供担保，银行发放长期贷款，地方财政视财力情况给予担保公司适当补偿，形成"统一管理、统一授信、统一担保、分别负债"的信贷新机制。

仪器设备信用贷用于支持中小企业购置研发、生产所必需的仪器设备。政府与银行、科技平台共同成立一定规模的风险资金池，并按照一定的比例为贷款企业增信兜底。中小企业提出仪器设备购置的信贷需求，平台审核后出具推荐函，银行审核通过后放款。中小企业拥有仪器设备的使用权、所有权，但需将仪器设备放置于平台进行市场共享，共享收益归企业所有。同时仪器设备需进行质押。一旦出现信用风险，仪器设备进行市场化处置后归还贷款，差额部分通过风险池三方按照一定比例承担损失。

3.信贷配套机制

为了鼓励银行加大贷款投放，辅助配套机制也在逐步完善。

首先，引进大数据分析支持信用贷款投放。通过企业经营数据库、政府信息大数据库等，利用大数据分析技术，提高对企业信用评级的精度和准度。

其次，建立风险补偿资金池。政府、园区主体、银行等一个或多个机构共同组建风险补偿资金池，在信用风险发生时按照一定的比例偿付贷款本金，实现融资增信。

最后，建立科技型企业融资评价体系。综合科技型企业的专利、技术、人才等要素情况，以其创新能力为核心指标建立信用评价模型，更好地提供融资服务。

（二）科创债

科技创新公司债券，是指由科技创新领域相关企业发行，或者募集资金主要用于支持科技创新领域发展的公司债券。2022年5月20日，证监会发布消息称，"指导沪深交易所在前期试点基础上正式推出科技创新公司债券"。同日，上海证券交易所制定并发布了《上海证券交易所公司债券发行上市审核规则适用指引第4号——科技创新公司债券》（以下简称《指引》）。

《指引》明确了科技创新公司债券的四类发行人：科创企业类、科创升级类、科创投资类和科创孵化类发行人。针对每一类型的发行人设置不同的发行资格要求。其中，科创孵化类发行人主要是指主体评级为AA+及以上，主营业务围绕国家级高新技术产业开发区运营，且创新要素集聚能力突出，科创孵化成果显著的重点园区企业。这意味着园区企业的产业运营能力逐渐得到政策的重视和认可。

在资金用途方面，《指引》要求，科创升级类、科创投资类和科创孵化类发行人，募集资金投向科技创新领域的比例应当不低于70%，其中用于产业园区或孵化基础设施相关用途比例不得超过30%。

（三）融资租赁

科技型企业在科技研发过程中所必需的科技设备、精密器材投资成本较高，融资压力较大。科技融资租赁业务可以帮助企业解决研发投入的资金难题，为企业提供研发生产设备的支持。目前，科技融资租赁业务模式逐步完善，多方风险共担的机制助力科技融资租赁业务发展。

（四）科技保险

科技保险是指运用保险作为分散风险的手段，对科技企业或研发机构在研发、生产、销售、售后以及其他经营管理活动中，因各类现实面临的风险而导致科技企业或研发机构的财产损失、利润损失或科研经费损失等提供保险保障。目前比较主流的科技保险，主要包括以下几类：

- 高新技术企业研发责任保险
- 关键研发设备保险（机器损失险）
- 营业中断保险

- 产品质量保证保险
- 公众责任险
- 贷款保证保险
- 雇主责任险
- 产品责任险
- 高管、关键研发人员健康险、意外险

此外，在科技保险发展过程中，一些科技保险创新品种也在不断涌现。例如集成电路流片费用损失保险、生命科学产品完工责任保险、PCT国际专利申请费用补偿保险等。从内容上来看，科技保险产品的保险覆盖领域日趋精细，产品种类不断丰富，对科技型企业的保障程度也在逐步提升。

（五）股权投资

对于科技型企业，尤其是处于发展初期的企业而言，在技术成果实现成功转化并大面积落地之前，其现金流稳定性相对较差。这与债权融资的稳定付息机制并不匹配，科技型企业也容易陷入资金链的压力中。相比之下，股权投资给予科技型企业相对稳定的现金流预期，对企业早期发展十分关键。近年来，科创板、北交所的设立给予了广大科技型中小企业更多上市机会，也给予了股权投资机构更多的退出渠道、更丰厚的投资奖励，有利于发挥股权融资对企业科技创新的支持作用。

（六）股债联动

股债联动的融资模式也是科创金融的重要组成部分。主要是指银行自身在依法合规、风险可控的前提下，与专业投资机构、信托等非银行金融机构合作，运用"贷款+外部直接投资"或"贷款+远期权益"等模式开展业务，支持科技创新型企业发展。贷投联动可以借助投资机构的信用、专业能力为被投企业提供背书或担保，实现增信。同时，股权投资、远期权益工具的引入，可以降低科技型企业当期债权融资成本，减轻融资压力。

二、产业园区支持科创金融

园区主体有能力也有意愿去推动科创金融落地，在科创金融中的角色越发重要。一方面，产业园区主体具备一定的信息优势。在开发招商运营的过程中，其与园区内企业的互动较为深入，拥有园区企业一手的经营信息，同时具备持续跟踪园区企业发展动态的能力。另一方面，在建设用地减量化供应趋势下，原有卖地模式的可持续性面临挑战。而开展科创金融可以为园区主体带来第二增长曲线；科创金融有助于培育产业链生态，增强园区整体竞争力。事实上，国内产业园区在科创金融业务领域，已经有了较为广泛的尝试，部分园区也取得了较为丰富的业务成果。

1. 贷款业务

在贷款业务方面，园区业务主体主要通过建立风险补偿资金池、提供增信措施等方式，与政府、银行一起为园区企业提供贷款服务，帮助其获得必需的贷款资金。苏州工业园区在这一方面，有着较为成熟而丰富的产品体系。

苏州工业园区的"园易融"综合金融服务平台上，针对园区内不同类型的企业，提供有一系列的园区贷款产品供其选择。其中，苏州工业园区主要是通过建立风险资金池的方式，与银行共担信贷业务可能发生的信用风险。部分贷款产品，省、市级风险补偿资金也会纳入风险资金池中。

从平台上提供的信贷产品来看，省、市与园区的合计风险补偿比例从30%到90%不等。其中，风险补偿比例最高的为"苏科贷"。"苏科贷"是苏州工业园区企业融资服务平台上提供的一款信用贷款产品。其由省级风险补偿资金、园区风险补偿资金、银行三方合作实现风险共担。省级与园区风险补偿资金补偿比例分别达到45%。扎根贷、园采贷的风险补偿比例最低，为30%。扎根贷面向产品进入量产阶段的产业企业，并且要求以固定资产抵押为主，知识产权、股权质押为辅；园采贷则以政府采购订单的应收账款作为质押，两者信贷风险相对较小，风险补偿比例也相对较低。整体来看，贷款企业的销售规模越大，产品发展越成熟，信贷业务风险越小，贷款的规模、期限也相应增加，风险补偿比例则相应地降低。

表3-11　苏州工业园区部分贷款产品情况

贷款产品	适用企业	贷款条件	贷款额度	期限	利率	风险补偿比例	
						政府	园区
苏科贷 1.1	科技型中小企业	销售额 ≤ 2000 万元	500 万元	1 年	一年期贷款基准利率	45%	45%
苏科贷 1.2		2000 万元 ≤ 销售额 ≤ 5000 万元	500 万元	1 年	一年期贷款基准利率	40%	40%
苏科贷 2		销售额：5000 万—4 亿元	2000 万元	1 年	≤一年期贷款基准利率上浮 20%	10% 单笔≤ 200 万元	20% 单笔≤ 400 万元
科技贷		–	500 万元	1 年	原则≤一年期贷款基准利率上浮 30%，最高上浮比例不超过 50%	园区：≤ 50% 市区：与园区之和≤ 90%	
园科贷		–	500 万元	1 年	原则≤一年期贷款基准利率上浮 30%，最高上浮比例不超过 50%	–	50%
知识贷			500 万元 ≤ 50% 专利评估价值	1 年	原则≤一年期贷款基准利率上浮 50%	–	70%
绿色智造贷	绿色智造智能制造项目		100—2000 万元 ≤ 70% 项目投资额	1—3 年	原则≤一年期贷款基准利率上浮 30%，最高上浮比例不超过 50%	–	40%
扎根贷	进入量产阶段的产业企业	固定资产抵押为主	2000 万—1 亿元	≥ 1 年	原则为同期贷款基准利率，≤一年期贷款基准利率上浮 50%	–	30%
园采贷	园区政府采购中标中小微企业	信用或应收账款质押	采购合同额≤ 5000 万元	1–3 年	≤ SLPR 利率上浮 30%	–	30%

资料来源：园易融平台，兴业研究

2.融资租赁

在融资租赁业务方面，部分园区依托集团牌照优势，直接开展融资租赁业务，并且通过多样化的业务模式创新实现多方共赢。比较典型的案例来自中关村发展集团股份有限公司，其主要通过旗下的中关村融资租赁公司来为园区内的科技型企业提供融资租赁服务，解决其设备融资难题。

中关村融资租赁公司于2012年底成立，2020年1月21日在港交所主板正式上市。从公司贷款行业分布来看，其主要集中在大环境、大制造、大健康等绿色、科技产业，占比分别为32.0%、21.0%、19.9%，与科技租赁公司的定位相契合。

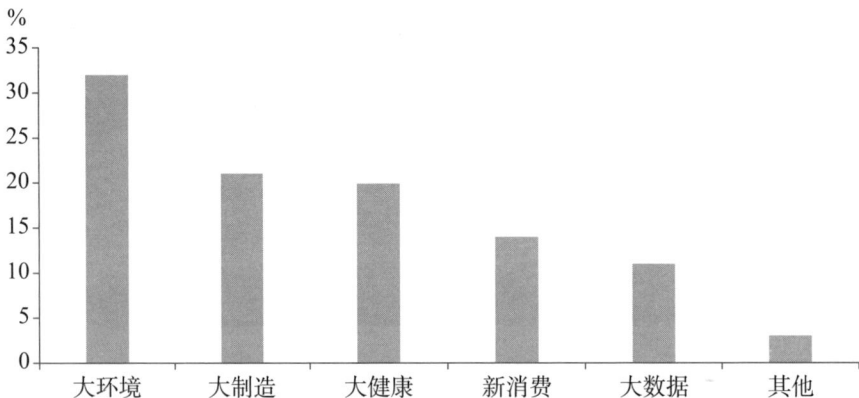

图3-13　中关村租赁公司贷款投向行业分布情况

资料来源：中关村租赁公司2021年年报，兴业研究

从业务模式来看，中关村租赁公司也开创了许多具有创新性的租赁业务模式。

"创投租赁"模式是指租赁利率优惠与低比例股权认购相结合的业务模式。对于企业而言，其用低于5%的认股权来获得融资租赁的利率优惠，以及后续相关金融资源支持，解决创业初期缺乏设备、资金的发展难题。而中关村租赁公司则通过股权投资的方式谋求超额收益，以解决优惠利率带来的回报率偏低的问题。

"集群租赁"模式是指通过产业集群内的核心企业，为其上下游客户提供中长期发展资金，提升产业链各环节的需求，提高产业活力。

"风险租赁"模式是指租赁公司与厂商建立战略合作伙伴关系，在新产品推广过程中，联合相关各方通过风险共担、利益共享机制，为新产品的消费者提供租赁服务的租赁业务。

"并购租赁"模式是指租赁公司与并购企业合作，以被并购企业资产作为租赁标的物，解决并购企业的并购融资需求。

"项目租赁"模式是指为项目建设前期垫资压力较大的企业提供中长期资金，降低企业项目建设自有资金投入比例。

从业务的资产表现来看，2018年以来中关村租赁公司净利润增速普遍超过16%，2021年更是达到21.3%，净利润率高达29.8%，权益回报率达到9.9%。业务具备较强的盈利能力，同时可以充分发挥其产业优势、资金优势为科技型企业提供设备融资。

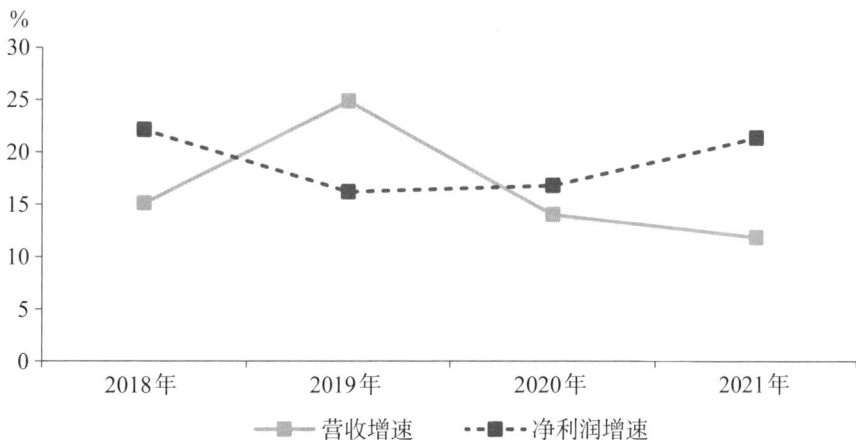

图3-14　中关村租赁公司近年营收、净利润增速走势

资料来源：中关村租赁公司年报，兴业研究

3.股权投资

随着产业园区运营专注度的持续提升，越来越多的园区主体参与到股权投资当中，逐渐成为企业早期股权投资的重要力量。一方面，园区主体对于

产业的理解相对深入，企业信息获取相对充分，可以较好地拓展此项业务。另一方面，当前园区主体产业布局规划的任务越来越重，自主孵化投资企业更有助于打造园区整体的产业竞争力和市场影响力。张江集团、中新集团、中电光谷等一批老牌园区开发主体在产业股权投资方面均有布局。

以张江高科为例，其产业内容包括产业空间服务、产业投资服务和产业创新服务。其中，产业投资服务对应着其"科技投行"的自我定位。

从产业投资的方向来看，其专注于集成电路、生物医药、智能制造、信息技术等核心技术领域进行产业布局。从投资阶段来看，张江高科投资主体高度分散化，实现从种子轮到Pre-IPO投资阶段的全覆盖。

从产业投资的模式来看，张江高科采取"直投+基金+895孵化器①"的方式来推动。直投业务主要是通过旗下的控股子公司浩成创投。根据其2021年年报披露的数据，截至2021年12月31日，直投企业累计达到49个，投资金额达到17亿元，其中有29家直投企业位于张江园区。在基金投资方面，其通过发起、参股产业投资基金的方式来进行股权投资，目前参股投资的子基金数量达到23个，认缴出资额达到60亿元。

此外，895孵化器也是张江高科选取培育种子企业的重要途径。自2015年5月以来，张江高科通过定期举办895创业营来选取优质项目，并与内外部投资机构进行对接。至2021年，累计304个项目入选，60%的企业获得了社会融资，13个企业获得张江高科的投资。训练营项目让企业对创业者的创业理念、行事风格、发展思路有较为清晰的了解，更有助于选拔优质企业。

在直接投资之外，张江高科还通过与银行业机构"投贷联动"的业务模式，来增强对园区企业的融资支持力度。张江高科进行股权投资，银行机构提供贷款跟进，同时由张江高科为企业提供担保背书。

从投资效益的角度来看，张江高科的股权投资业务一方面扩大了企业的利润想象空间，但另一方面也加大了企业的利润波动情况。2017年以来，张江高科的投资净收益与主营业务毛利一直相对均衡，2020年，张江高科的投资净收

---

① 895孵化器是张江科技园区孵化器名称。

益达到了23亿元，是主营业务毛利的5.4倍。但是2021年由于投资企业价值波动，其投资净收益录得–4.9亿元，拖累了当年园区的利润增长。但整体来看，谨慎、扎实的产业投资风格依然给张江高科带来了较为明显的利润增长。

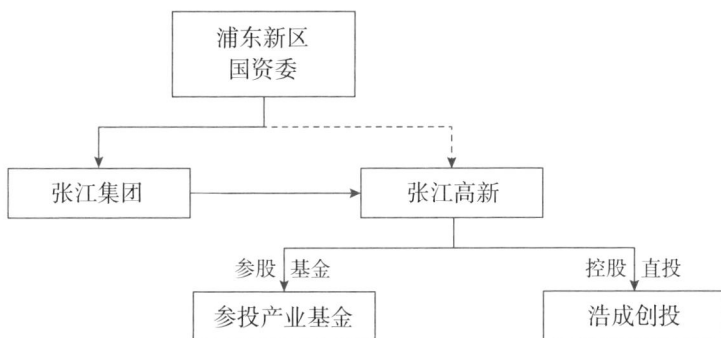

图3-15　张江高科股权架构

资料来源：张江高新2021年年报，兴业研究

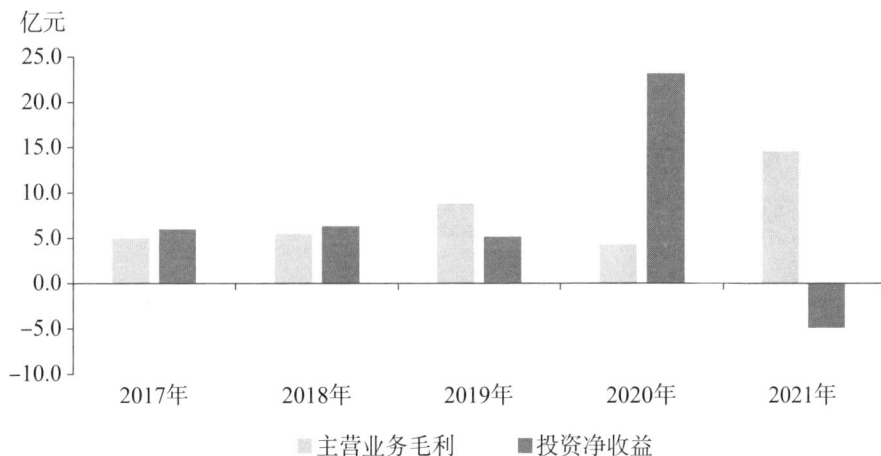

图3-16　张江高新近年来经营收入情况

注：主营业务毛利 = 主营业务收入 – 主营业务成本
资料来源：Wind，兴业研究

整体来看，由于股权投资需要的资金规模较大，风险较高，投资专业性较强，具备集团优势的国有园区平台的布局会相对更深更广，投资规模也要更大。

园区里的新市民及其金融需求

　　新市民用劳动助力城市建设的同时，也为城市带来持续不断的需求，是城市活力的重要来源。当前，随着我国"以人为核心"城镇化进程的推进，各地政府更加注重新市民服务的提质增效。园区作为各地新市民的重要载体，在服务新市民方面大有可为。

　　那么，新市民分布在哪些城市？不同城市园区新市民容量如何？金融机构如何提供针对性的金融服务呢？本节将就此展开讨论。

○ ○ ○ ●

一、新市民的定义及规模

2022年3月4日，银保监会、人民银行联合印发《关于加强新市民金融服务工作的通知》（以下简称《通知》）。文中就"新市民"的范围进行了较为清晰的界定："新市民主要是指因本人创业就业、子女上学、投靠子女等原因来到城镇常住，未获得当地户籍或获得当地户籍不满三年的各类群体，包括但不限于进城务工人员、新就业大中专毕业生等，目前约有三亿人。"从新市民的定义来看，其主要包括两部分群体：一部分是来到城镇常住，但尚未落户的流动人口；另一部分是落户不满三年的城镇户籍人口。

我们参考第一财经发布的《2021年城市商业魅力排行榜》，选取其中的超一线（北上广深）、一线、二线和三线共120个城市，剔除掉部分人口数据缺失的城市后，最终选取92个城市展开分析。其中，一线城市主要包括四川省成都市、浙江省杭州市、重庆市、陕西省西安市等15个城市，二线城市包括安徽省合肥市、云南省昆明市、江苏省无锡市、福建省厦门市等30个城市。此外还有广东省汕头市、江苏省扬州市等43个三线城市。

（一）测算方法

对于常住城镇但尚未落户的这部分新市民，我们可以用七普数据中公布的各地流动人口数据来进行估算。根据第七次人口普查公报的定义，流动人口计算方式如下：

流动人口 = 人户分离人口 – 市辖区内人户分离人口

其中，人户分离人口是指居住地与户口登记地所在的乡镇街道不一致且离开户口登记地半年以上的人口。市辖区内人户分离人口是指一个直辖市或地级市所辖的区内和区与区之间，居住地和户口登记地不在同一乡镇街道的人口。

因此，流动人口的定义与常住城镇但尚未落户的这部分新市民群体较为接近。

不过，仍有部分城市的第七次人口普查公报并未就该项数据进行披露。对此我们有四种处理方法。

（1）部分城市公布过往流动人口占比：假设这一比例不变。

（2）部分城市公布过往年份流动人口总量：假设流动人口占常住人口比重不变。

（3）部分重点城市未公布过往年份流动人口数据：参考地区相近、同能级城市的流动人口数据。

（4）部分能级较低的城市无法查到流动人口数据：剔除出样本。

对于落户不满三年的新市民，我们可以用三年内城镇户籍人口变化量减去三年内城镇户籍人口的自然增长量来估算。我们假设该城市户籍人口的出生人口均落户该城市，由此，城市户籍人口增量扣除掉自然增长的这部分户籍，即为新落户群体数量。因为部分城市尚未公布2020年户籍人口、出生人口、死亡人口数据，故本节采用年鉴数据来估算2017—2019年落户新市民规模以保证数据可比。具体计算公式如下：

（1）落户不满三年新市民数量=城镇户籍人口变化量−三年内城镇户籍人口自然增长量

（2）城镇户籍人口变化量=2019年户籍人口数量−2016年户籍人口数量

（3）三年内城镇户籍人口自然增长量=$\sum_{i=2017}^{2019}$i年户籍人口数量×i年户籍人口自然增长率

考虑到数据可得性，上述对两部分群体规模的估算均存在一定程度的高估。按照新市民的定义，其并不包括各阶段的学生。而现有数据无法将其剔除。但是考虑到这部分群体同样带来可观的教育、医疗等消费需求，学生择校选择背后也是对城市吸引力的肯定，将其纳入其中有一定的合理性。

（二）测算结果

从测算结果来看，我们主要有以下几个方面的发现：

从新市民总体数量来看，城市规模越大、能级越高，新市民的数量也相对越大。超一线城市新市民平均人数超过1000万人，广东省深圳市新市民数量达到1378万人，上海市则以1077万人紧随其后。一线城市新市民规模多为400万—500万人的水平。部分城市如四川省成都市、广东省东莞市、浙江省杭州市等城市新市民规模则分别达到了939万人、835万人和737万人。二线城市新市民规模则多在200万—300万人之间，而三线城市新市民规模则多在100万人以内。城市新市民规模的梯度分层较为明显。

省会城市和计划单列市在同能级城市中往往有着更高的新市民规模。因为省会城市、计划单列市能够得到更多政策支持，发展优势相对突出。省内流动人口往往会优先向省会城市集中。

从新市民的地域分布来看，东部地区新市民规模最大，西南地区成流动人口新去向。东部地区新市民数量达到了1.3亿人，远高于第二位华北东北地区的4729万人。此外，西南地区三线以上城市新市民规模总量、城市平均新市民规模均超过中部地区，人口吸引力提升。四川省成都市（939万人）、重庆市（471万人）新市民规模明显高于中部能级相同的湖北省武汉市（450万人）、湖南省长沙市（270万人）等城市。西南地区的二线城市贵州省贵阳市、云南省昆明市等城市新市民规模分别达到346万人和274万人，也明显高出中部地区安徽省合肥市（279万人）、江西省南昌市（222万人）等城市。

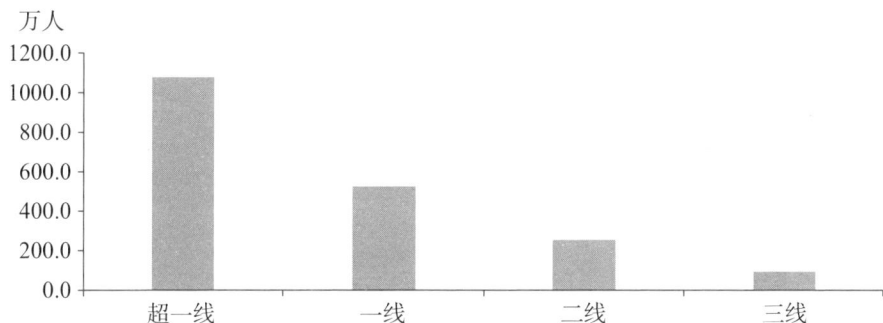

图3-17　各能级城市新市民平均规模情况

资料来源：Wind，兴业研究

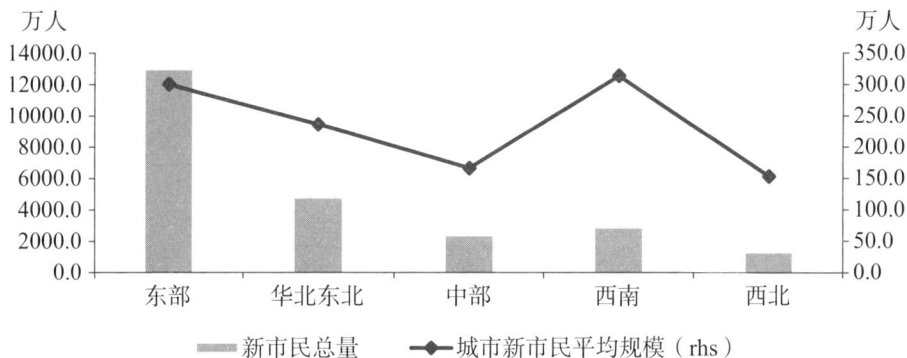

■■■ 新市民总量　　◆ 城市新市民平均规模（rhs）

图3-18　各地区重点城市新市民分布情况

资料来源：Wind，兴业研究

从城市三年内落户新市民的人数来看，整体呈倒U形走势。在超一线城市中，由于近年来北京市、上海市落户难度较大，2017—2019年间吸纳落户新市民数量分别为26万人和29万人。广东省深圳市凭借相对宽松的落户政策，2017—2019年间吸纳落户新市民人数达到134万人；广东省广州市也达到了49万人。一线城市三年吸纳落户新市民人数均值为41.5万人，头部城市如陕西省西安市（106万人）、四川省成都市（93万人）、天津市（65万人）、湖北省武汉市（55万人）吸引力明显。相较之下，二、三线城市对人才的吸引力相对薄弱，近三年平均吸纳落户新市民数量分别为10万人和-4万人。二线城市中，省会城市和珠三角城市吸纳新市民落户数量较多，其他城市存在户籍人口流失问题。三线城市更为明显，76%的三线城市存在户籍人口流失问题。

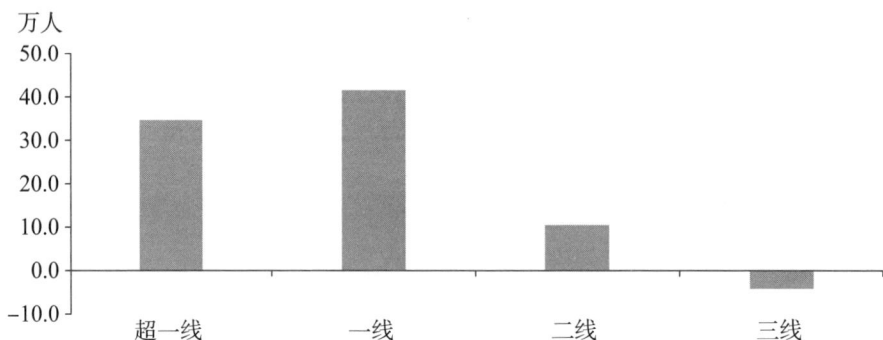

图3-19　各能级城市近三年内落户新市民数量平均值

注：考虑到超一线城市数量少，深圳单点影响过大，故超一线城市均值计算中将深圳剔除

资料来源：《中国城市统计年鉴》，兴业研究

二、园区的新市民规模

可以看到，由于城市吸引力的差异，不同能级城市的新市民数量存在较为明显的分化。而决定城市吸引力的关键是城市的产业发展水平。

而作为各地产业的主要载体，园区无疑成为大量新市民在城市发展工作的主要地点。对各地产业园区的新市民吸纳情况进行估算则显得十分必要。

（一）园区新市民规模估算方法

为了简便起见，我们将国家级经开区、国家级高新区统称为国家级产业园区。

此前，我们通过分别加总各城市的流动人口以及三年内新落户人口数来估算该城市的新市民规模。但是这个方法却难以用于园区新市民规模估算。一方面，园区常住人口、户籍人口数据披露较为有限。另一方面，在城市内部，国家级产业园区与城市其他区域人口存在双向流动，无法厘清。

考虑到数据可得性问题，我们主要通过各城市的劳动生产率来进行计算。具体方法如下：

（1）我们用各城市的第二、第三产业 GDP 除以各城市第二、第三产业就业人数，计算出第二、第三产业相对应的劳动生产率。

（2）我们用各城市国家级经开区的第二、第三产业 GDP 除以该城市第二、第三产业劳动生产率水平来计算国家级经开区第二、第三产业就业人数。

一般来说，国家级经开区劳动生产率更高，这种处理方法应该对园区就业人数略有高估，但我们没有更好的办法。

（3）简单假设国家级经开区就业群体中，新市民比例与全市常住人口中新市民的占比数据相一致。用国家级经开区第二、第三产业就业人数之和乘以新市民占比，计算得国家级经开区吸纳新市民数量。

（4）同样假设国家级高新区中，新市民比例与全市常住人口中新市民的占比数据相一致。用《中国火炬统计年鉴》中披露的各城市国家级高新区就业人数乘以新市民占比，计算得国家级高新区吸纳新市民数量。

不过，考虑到经开区和高新区经济活跃度高，创造就业的能力强，经开区和高新区新市民的实际比例可能高于全市的整体水平。

（5）将两者加总即可得到重点城市国家级产业园区吸纳新市民的数量情况。

由于部分数据仅更新至2019年，为了保持数据口径的一致性，文中计算所使用的数据分别来自《中国商务年鉴》《中国城市统计年鉴》《中国火炬统计年鉴》，均为2020年版年鉴，2019年数据。同时，由于部分城市并未有国家级经开区，或者未披露就业人口，最终仅研究有数据的52个城市。

（二）园区新市民估算结果

从52个城市的计算结果来看，其新市民合计规模约为1.57亿人，其中产业园区合计吸纳的新市民人数约为2318万人，占所在地全部新市民规模的比重约为14.8%。在不同城市，国家级产业园区吸纳的新市民规模也有所不同。

从整体表现来看，城市能级越高，产业规模越强，园区吸纳的新市民数量一般也越高。超一线、一线城市如上海市（119万人）、北京市（140万人）、广州市（156万人）、浙江省杭州市（145万人）、浙江省宁波市（145万人）等城市，国家级产业园区吸纳新市民规模均超过100万人。其中，江苏省苏州市由于国家级产业园区数量多，GDP占比大，吸纳新市民规模更是达到了464万人。此外，四川省成都市、陕西省西安市、江苏省南京市等重点城市吸纳新市民数量约为50万人。此外，东中部地区省会城市、副省级城市依靠自身的政策优势，国家级产业园区吸纳的新市民数量普遍在30万—40万人。相较之下，西部地区城市能级偏低，并且吸纳的新市民数量相对较少。

不同类型产业园区对新市民的吸引力有所不同。从国家级经开区新市民规模来看，产业规模较大的超一线、一线城市吸引力保持稳定。而二、三线城市中，部分长三角、珠三角地区的低能级城市国家级经开区吸纳就业的能力同样突出，比如绍兴、南通、湖州等城市。相比之下，高新区从业人员数量以及新市民数量的城市差异则更为明显。部分重点城市如福州、温州、泉州、南通，其高新区从业人员数量均只有10万人。高新区对入驻企业的技术、研发能力要求较高，对城市自身产业基础要求较高，城市间的产业发展差异得到放大。

整体来看，受数据限制，本章的估算方法，可能存在一定程度的低估。一方面，国家级产业园区占各地产值比重较高，是各地产业发展的重点区域。对新市民而言，其留驻一个城市是以工作就业、寻求事业为主要目的。因此，产业园区就业人员中，新市民数量的占比或高于城市整体水平。另一方面，有一部分新市民会带着老人子女一起在城市生活，国家级产业园区对这部分群体的带动规模则无法计算得出。如果我们简单按照"1带2（配偶、

1孩）"或"1带4（配偶、1孩、2父母）"来计算，国家级产业园区对应的新市民比例可能将提高到44.4%—74.0%。

此外，省级开发区数量多，占比高，但是由于缺乏有效数据，未能纳入计算。

三、园区新市民的金融服务

（一）新市民金融服务类型

对园区新市民的观测，落脚点仍在于加强对园区新市民的金融服务。目前，针对园区新市民的金融服务主要包括以下几类：

（1）住房需求

对新市民而言，解决住房需求是重中之重，尤其是随着新市民工作年龄的提升，收入增长伴随婚育需求提高，其购房能力和购房意愿都在逐步增长。银行可与园区开发主体、园区内企业、园区周围的开发商进行合作，拓展房贷业务。

此外，在政策推动下，政府部门、园区平台的保障性租赁住房业务快速发展。在新市民购房能力不足时，解决其所必需的居住需求。银行等金融机构可以协助参与保障性租赁住房开发、后期提供押金管理、资金结算、租金信贷等增值服务。

（2）大额消费

除了购房置业的需求外，新市民还有汽车、装修、家电等相关大额消费的需求。这些大额消费一次性支出高，并且由于缺乏抵押，信贷获取难度较大。金融机构既可将大额消费贷款与房贷进行捆绑营销，也可与园区合作，结合园区、园区企业相关大数据判断新市民的信用能力，并以此为依据发放贷款。

（3）创业培训

当前，我国大学毕业生数量逐年增多带来巨大的人才存量。同时，各个城市不断加码人才政策，新市民中高素质人才在逐步提升。许多人才带着创业项目进驻到各个园区的孵化器当中。银行等金融机构可以与园区主体合作，诸如参与园区创业大赛评选、参与园区股债联动项目，为合适的初创个人项目提供创业贷、人才贷等必要的创业资金。

（二）新市民金融服务要点

在提供金融服务时，可以结合前文新市民的园区分布情况，根据城市、园区类型的不同提供多样化的金融服务，并探索相应的金融配套机制。

（1）重点区域选择

超一线、一线城市开发区内容纳了大量新市民，提供了较大的客户池供金融机构挖潜。此外，长三角、珠三角地区的非一线城市，虽然城市能级相对偏低，但是产业发展好，工业基础较为强劲，配套设施较为完善，也是新市民的重要聚集地，可以进一步挖掘。

（2）重点客户选择

高新区内大专以上学历人员、科研人员数量和占比均要明显高于城市整体表现。这部分群体受教育水平较高，收入与消费能力预计会更为突出。金融机构可以在上述区域提供一些个性化的金融服务，培育潜在客户。

（3）配套机制完善

各地政府、园区为了留住人才，孵化人才，均出台有一系列的配套支持政策。银行等机构可以与当地园区、政府通过风险补偿资金池的方式实现新市民金融服务的风险共担、收益共享。

同时，银行等机构亦可通过与园区、政府探讨大数据共用、征信机制共享等方式，完善对新市民群体乃至个体的征信评价体系，提高放贷的精度与准度。

园区保障性租赁房业务机会梳理

2020 年 10 月，党的十九届五中全会首次提出"扩大保障性租赁住房供给"。此后，中央多次强调加快保租房建设，各地密集发布"十四五"期间保租房筹措计划。以满足新市民、青年人群体的住房需求，保租房成为住房建设领域重点任务，将在 2022—2023 年加速落地。其中，**以产业园区为代表的城市建设重点片区等租赁需求旺盛区域将成为保租房发展重点**。因此，本文就保租房政策、发展现状及趋势进行重点分析，并就商业银行开展保租房相关业务，尤其是在园区保租房领域，提出具体的业务建议。

○ ○ ○ ○ ●

一、政策加速保租房供给落地

（一）中央层面：保租房供给、金融、财税政策频出

保租房顶层设计出台，明确保租房基础制度及支持政策。2021 年 6 月，国务院出台的《关于加快发展保障性租赁住房的意见》（国办发〔2021〕22 号）（以下简称《意见》），为保租房顶层设计文件，明确了保租房的指导思想、基础制度、支持政策与组织实施，将保租房纳入包括"公租房、共有产权房、保障性租赁住房"的三支柱住房保障体系。

《意见》重点阐明了保租房内涵、供给原则等基础制度，提出土地、金融等支持政策。

在基础制度方面，《意见》重点明确了保租房的定义，即"主要解决符合条件的新市民、青年人等群体的住房困难问题，以建筑面积不超过70平方米的小户型为主，租金低于同地段同品质市场租赁住房租金"；提出了保租房的供给原则，即"引导多方参与、供需匹配"，政府给予政策支持，充分发挥市场机制，多主体投资，多渠道供应，保租房需求和存量土地房屋资源相结合，因城施策增加供给。

在支持政策方面，《意见》从完善土地支持政策、简化审批流程、给予中央补助、降低税费、执行民用水电气、加强金融支持六大方面提出具体政策。其中，土地和金融支持为政策支持重点。

在土地支持方面，《意见》区分保租房筹措来源，从集体土地、企事业单位存量土地、产业园区配套用地、存量闲置房屋、新供应国有建设用地五大方面展开，体现了供应多渠道、土地成本优惠、引导产城融合的主要特点。在集体土地方面，《意见》支持利用城区、靠近产业园区或交通便利区域的集体用地建设保租房，支持自建或联营、入股等业务开展方式；在企事业单位存量土地方面，《意见》指出建设保租房相关用地变更土地用途可不补缴土地价款，支持划拨用地继续保留划拨方式；在产业园区配套用地方面，《意见》明确指出产业园区配建行政办公及生活服务设施用地面积比例上限可由7%提升至15%，提升部分主要用于建设宿舍型保租房；在存量闲置房屋方面，《意见》支持非居住存量房屋改建保租房，可不变更土地性质、不补缴土地价款；在新供应国有建设用地方面，《意见》明确指出要提高住宅用地中保租房用地供应比例，区位重点布局产业园区及周边、轨道交通站点附近、城市建设重点片区等，支持出让、租赁、划拨、住宅用地配建、地铁上盖物业配建等多种供应方式。

在金融支持方面，《意见》区分间接融资、直接融资方式提出具体举措，支持银行业金融机构以市场化方式提供保租房长期贷款，在实施房地产信贷管理时予以差别化对待；支持银行业金融机构、住房租赁企业等通过发行债券方式筹措资金，用于保租房相关业务开展。

表3-12　保租房顶层设计文件《意见》主要内容

类别	项目		主要内容
基础制度	对象标准		主要解决符合条件的新市民、青年人等群体的住房困难问题，以建筑面积不超过70平方米的小户型为主，租金低于同地段同品质市场租赁住房租金。
	多方参与		利用集体经营性建设用地、企事业单位自有闲置土地、产业园区配套用地和存量闲置房屋建设，适当利用新供应国有建设用地建设。
	供需匹配		采取新建、改建、改造、租赁补贴和将政府的闲置住房用作保障性租赁住房等多种方式；科学确定"十四五"保障性租赁住房建设目标和政策措施，制定年度建设计划，并向社会公布。
支持政策	土地支持	集体土地	支持利用城区、靠近产业园区或交通便利区域的集体经营性建设用地建设保租房；可通过自建或联营、入股等方式；建设保租房的集体经营性建设用地使用权可以办理抵押贷款。
		存量土地	变更土地用途，不补缴土地价款，原划拨的土地可继续保留划拨方式；允许土地使用权人自建或与其他市场主体合作建设运营。
		产业园区配建	将产业园区中工业项目配套建设行政办公及生活服务设施的用地面积比例上限由7%提高到15%，建筑面积占比上限相应提高，提高部分主要用于建设宿舍型保障性租赁住房。
		闲置房屋	对闲置和低效利用的非居住存量房屋，允许改建为保租房；不变更土地使用性质，不补缴土地价款。
		新供应土地	主要安排在产业园区及周边、轨道交通站点附近和城市建设重点片区等区域，采取出让、租赁或划拨等方式供应，新建普通商品住房项目可配建一定比例的保租房，鼓励在地铁上盖物业中建设一定比例的保租房。
	简化审批		保障性租赁住房项目认定书出具；不涉及土地权属变化的项目，可用已有用地手续等材料作为土地证明文件。
	中央补助		中央通过现有经费渠道，对符合规定的保障性租赁住房建设任务予以补助。
	降低税负		比照适用住房租赁增值税、房产税等税收优惠政策。对保障性租赁住房项目免收城市基础设施配套费。
	水电气价		用水、用电、用气价格按照居民标准执行。
	金融支持		支持银行业金融机构以市场化方式向保租房自持主体提供长期贷款；在实施房地产信贷管理时予以差别化对待。
			支持银行业金融机构发行金融债券，支持企业发行企业债券、公司债券、非金融企业债务融资工具等公司信用类债券，将物业抵押作为信用增进，发行住房租赁担保债券。支持商业保险资金按照市场化原则参与保租房建设。

资料来源：政府公告，兴业研究

中央层面将保租房作为"十四五"阶段住房发展重点，并围绕保租房顶层设计，持续给予金融、财税支持。2021年3月，十三届人大四次会议表决通过并发布了《中华人民共和国国民经济和社会发展第十四个五年规划和2035年远景目标纲要》，提出以人口流入多、房价高的城市为重点，扩大保租房供给，着力解决困难群体和新市民住房问题。2022年1月，住建部在国务院新闻办举行的新闻发布会上透露，在"十四五"期间40个重点城市初步计划新增650万套保租房①。2022年5月，国务院办公厅发布《关于进一步盘活存量资产扩大有效投资的意见》（国办发〔2022〕19号），将保租房作为盘活存量资产的重点方向之一，支持盘活存量和改扩建有机结合。

在金融支持方面，保租房贷款不纳入房地产贷款集中度管理，保租房REITs试点工作取得实质突破。2021年6月，国家发展改革委与证监会联合发布《关于做好基础设施领域不动产投资信托基金试点项目申报工作的通知》（发改办投资〔2020〕586号），将保租房纳入REITs试点项目。2022年2月，央行与银保监会联合发布《关于保障性租赁住房有关贷款不纳入房地产贷款集中度管理的通知》（银发〔2022〕30号），保租房有关贷款不纳入房地产贷款集中度管理。2022年3月，证监会表示正研究制定基础设施REITs扩募规则，抓紧推动保租房公募REITs试点项目落地②。2022年5月，中国证监会办公厅、国家发展改革委办公厅发布《关于规范做好保障性租赁住房试点发行基础设施领域不动产投资信托基金（REITs）有关工作的通知》（证监办发〔2022〕53号），明确保租房REITs发行回收资金优先用于保租房项目建设。

在财税支持方面，2021年7月，财政部、住建部与国家税务总局发布《关于完善住房租赁有关税收政策的公告》（财政部　税务总局　住房城乡建

---

① 中国政府网站."十四五"40个重点城市计划新增保障性租赁住房650万套（间）[EB/OL].（2022-01-15）[2022-06-06]. http://www.gov.cn/xinwen/2022-01/15/content_5668330.htm.

② 央广网.证监会：抓紧推动保障性住房公募REITs试点落地[EB/OL].（2022-03-18）[2022-06-06]. http://www.cnr.cn/ziben/kb/20220318/t20220318_525770048.shtml.

设部公告2021年第24号），住房租赁企业向个人出租住房适用简易计税方法，按照5%征收率减按1.5%缴纳增值税；对企事业单位等向个人、专业化规模化住房租赁企业出租住房，减按4%税率征收房产税。2022年5月，财政部发布《关于下达2022年中央财政城镇保障性安居工程补助资金预算的通知》（财综〔2022〕54号），2022年城镇保障性安居工程补助资金预算为699.1亿元，其中用于租赁住房保障的补助资金为224.1亿元，而2021年中央财政城镇保障性安居工程补助资金预算为501.6亿元，其中用于公租房保障和城市棚户区改造的合计补助资金为196.2亿元，未单列保租房补助资金；2022年2月，住建部副部长倪虹在国新办举行的推动住房和城乡建设高质量发展发布会上表示，2021年中央为40个城市保租房发展在预算内投资补助金额为28亿元[①]。

表3-13　保障性租赁住房主要中央政策梳理

时间	部门/会议	政策全称	主要内容
2020年12月	中央经济工作会议	—	高度重视保障性租赁住房建设，保障性租赁住房概念正式提出。
2021年3月	政府工作报告	—	切实增加保障性租赁住房和共有产权住房供给。
2021年3月	十三届人大四次会议	《中华人民共和国国民经济和社会发展第十四个五年规划和2035年远景目标纲要》	扩大保障性租赁住房供给，着力解决困难群体和新市民住房问题。
2021年4月	政治局会议	—	坚持房住不炒定位，增加保障性租赁住房供给。
2021年6月	国务院	《关于加快发展保障性租赁住房的意见》（国办发〔2021〕22号）	首个保障性租赁住房顶层设计文件。将保租房纳入保障房体系，形成公租房、共有产权房、保租房三支柱；明确了保租房的指导思想、基础制度、支持政策与组织实施。

---

① 财经网.住建部：继续大力增加保障性租赁住房供给，落实好土地支持政策［EB/OL］.（2022-02-24）［2022-06-06］. http://estate.caijing.com.cn/20220224/4841962.shtml.

续表

时间	部门/会议	政策全称	主要内容
2021年6月	国家发展改革委、证监会	《关于做好基础设施领域不动产投资信托基金试点项目申报工作的通知》（发改办投资〔2020〕586号）	将保障性租赁住房纳入REITs试点项目。
2021年7月	财政部、税务总局、住建部	《关于完善住房租赁有关税收政策的公告》（财政部 税务总局 住房乡建设部公告2021年第24号）	住房租赁企业向个人出租住房适用简易计税方法，按照5%征收率减按1.5%缴纳增值税；对企事业单位等向个人、专业化规模化住房租赁企业出租住房，减按4%税率征收房产税。
2021年12月	政治局会议	—	推进保障性住房建设。
2021年12月	中央经济工作会议	—	坚持租购并举，加快发展长租房市场，推进保障性住房建设。
2022年1月	住建部	—	"十四五"期间40个重点城市初步计划新增650万套保租房。
2022年1月	国家发展改革委	《国家发展改革委关于做好近期促进消费工作的通知》（发改就业〔2022〕77号）	推进保障性住房建设，以人口流入多、房价高的城市为重点，扩大保障性租赁住房供给。
2022年2月	央行、银保监会	《关于保障性租赁住房有关贷款不纳入房地产贷款集中度管理的通知》（银发〔2022〕30号）	发布关于保障性租赁住房有关贷款不纳入房地产贷款集中度管理的通知。
2022年2月	银保监会、住建部	《关于银行保险机构支持保障性租赁住房发展的指导意见》（银保监规〔2022〕5号）	要求各类银行保险机构发挥机构优势，把握保障性租赁住房融资需求特点，提供针对性金融产品和服务。
2022年3月	证监会	—	正研究制定基础设施REITs扩募规则，抓紧推动保障性租赁住房公募REITs试点项目落地。

续表

时间	部门／会议	政策全称	主要内容
2022 年 5 月	财政部	《关于下达 2022 年中央财政城镇保障性安居工程补助资金预算的通知》（财综〔2022〕54 号）	2022 年中央财政将补助 224.1 亿元用于租赁住房保障。
2022 年 5 月	国家发展改革委、证监会	《关于规范做好保障性租赁住房试点发行基础设施领域不动产投资信托基金（REITs）有关工作的通知》（证监办发〔2022〕53 号）	推动保租房 REITs 业务规范有序开展，在发起主体、回收资金用途等方面构建了有效的隔离机制，压实参与机构责任，切实防范 REITs 回收资金违规流入商品住宅和商业地产开发领域。
2022 年 5 月	国务院	《关于进一步盘活存量资产扩大有效投资的意见》（国办发〔2022〕19 号）	重点盘活保障性租赁住房等存量规模较大、当前收益较好或增长潜力较大的基础设施项目资产。

资料来源：公开资料，兴业研究

（二）地方层面：2022 年保租房供给加速

省级、市级保租房"十四五"计划陆续出台，人口净流入城市承担重任。截至 2022 年 6 月 15 日，已有至少 14 个省份、60 个城市（含直辖市）公布保租房"十四五"期间筹措计划并出台地方配套政策。在省级层面，广东省、江苏省为建设重点省份，在"十四五"期间分别计划筹集保租房 129.7 万套、58 万套，合计占住建部公布的 650 万套保租房筹集目标比例达 28.9%。在城市层面，保租房为核心一、二线城市住房供应重点领域。其中，北京、上海、广州、深圳在"十四五"期间分别计划筹集保租房 40 万套、47 万套、60 万套、40 万套，占各地新增住房供应总量比例达 40%—50%；江苏省内的南京、苏州在"十四五"期间分别计划筹集保租房 12.5 万套、15 万套，力争保租房供应量占新增住房供应总量的比例达到 30%；此外，重庆、杭州、西安、成都、武汉等19个主要的人口净流入城市各自承担了10万—40万套的建设任务。

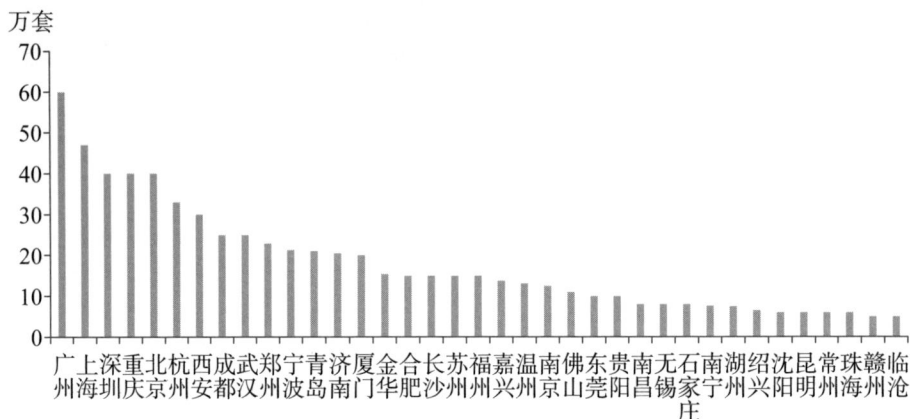

图3-20　重点城市"十四五"期间计划筹集保租房数量

资料来源：政府公告，兴业研究

　　2021年全国保租房已开工和筹集94万套，2022年计划筹集240万套，建设进度明显加快。国家统计局信息显示，2021年全国保租房已开工建设和筹集94万套，预计可解决300万新市民、青年人的住房困难[①]。2022年2月，住建部提出要大力增加保租房供给，全年计划建设筹集保租房240万套，计划筹措量约为2021年完成量的2.6倍，占"十四五"期间计划筹措总目标的比重约37%，建设进度明显加快[②]。在各城市计划方面，2022年，上海计划筹措保租房24万套，计划完成"十四五"期间目标总量的一半以上；北京、南京分别计划筹集15万套、5万套，进度均超过"十四五"规划的30%[③]。

---

　　①　中国政府网站.中华人民共和国2021年国民经济和社会发展统计公报［EB/OL］.（2022-02-28）［2022-06-15］.http://www.gov.cn/xinwen/2022-02/28/content_5676015.htm.

　　②　中国新闻网.住建部：2022年建设筹集保障性租赁住房240万套（间）［EB/OL］.（2022-02-24）［2022-06-15］.http://www.chinanews.com.cn/cj/2022/02-24/9684813.shtml.

　　③　克而瑞租售.2022年两会"保障性住房建设"再被提及，保租房将迎来爆发式发展［EB/OL］.（2022-03-07）［2022-06-15］.https://mp.weixin.qq.com/s/0zCSqmh WYJ1EojBuK7hhQw.

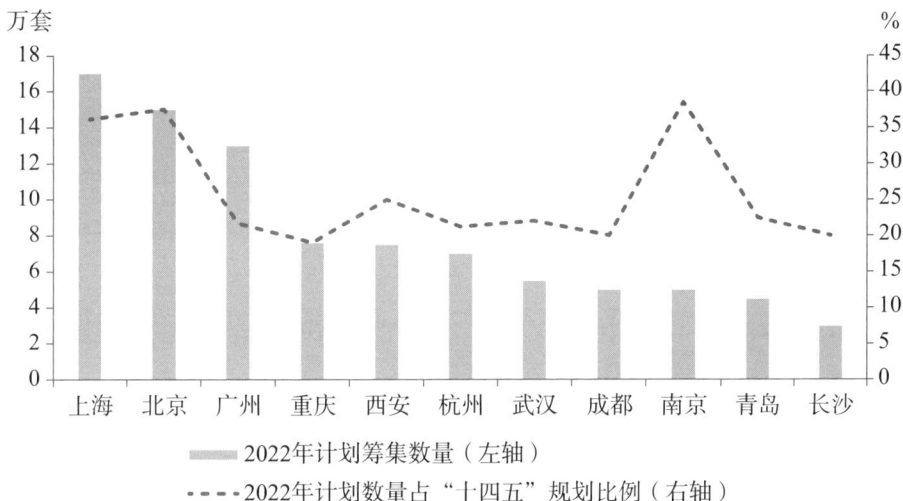

图 3-21　重点城市 2022 年计划筹集保租房数量占"十四五"规划比例

资料来源：政府公告，兴业研究

（三）市场规模测算：2022—2023 年为集中建设期

由于保租房主要在人口净流入规模大的城市建设，重点满足新市民、青年人等群体的住房需求。因此，我们以各地新市民估算规模为基础，测算全国保租房建设套数及对应市场规模。其中，在新市民的定义方面，2022 年 3 月，银保监会、人民银行联合印发了《关于加强新市民金融服务工作的通知》（银保监发〔2022〕4 号），将新市民的范围明确界定为"因本人创业就业、子女上学、投靠子女等原因来到城镇常住，未获得当地户籍或获得当地户籍不满三年的各类群体，包括但不限于进城务工人员、新就业大中专毕业生等"；在城市样本及层级方面，估算涉及样本城市合计 94 个，城市级别参考第一财经发布的《2021 年城市商业魅力排行榜》，超一线、一线、二线和三线城市数量分别为 4 个、15 个、30 个和 45 个[①]。由于保租房建设主要集中于新市民规模大、租赁需求旺盛的城市，因此我们选取的 94 个样本城市基本

——————

① 第一财经 . 2021 最新一到五线城市排名官宣："上北深广"再现，宁波重归新一线（附完整名单）[EB/OL]．(2021-05-27)[2022-06-07]．https://www.yicai.com/news/101063860.html.

可覆盖全国保租房建设需求。

测算结果显示，在"十四五"期间，预计全国将筹集812万套保租房，对应市场规模（投资规模）约2.3万亿元。其中，2022年、2023年年均保租房市场规模约7000亿元。

据统计，截至2022年6月15日，已公布"十四五"期间保租房筹集计划的城市有60个，计划筹集套数约700万套。其中，超一线、一线、二线和三线城市计划筹集套数分别约187万套、288万套、201万套和36万套，单位建设强度（"十四五"期间计划筹集套数/新市民人数×1000）分别约43套/千人、39套/千人、31套/千人和19套/千人。在中央政策持续推动下，预计未来将有更多城市披露保租房筹措计划，因此，我们根据不同能级城市保租房单位建设强度，对其余36个城市保租房建设计划进行推算。结果显示，预计94个样本城市合计计划筹集套数将达812万套。其中，超一线、一线、二线和三线城市计划筹集套数分别约187万套、304万套、239万套和81万套。

表3-14 "十四五"期间计划筹集保租房数量测算

城市能级	城市数量（个）	新市民规模（万人）	单位建设强度（套/千人）	推算保租房筹集量（万套）
超一线	4	4310	43	187
一线	15	7894	39	304
二线	30	7613	31	239
三线	45	4206	19	81
合计	94	24023	30	811

注：单位建设强度 = "十四五"期间计划筹集套数 / 新市民人数 ×1000
资料来源：政府公告，公开资料，兴业研究

为了测算保租房的市场规模（投资规模），我们对其新建/改建比例、套均面积、土地成本、建安成本、建设进度、投资节奏作出假设。由于增值税、房产税、基础设施配套费等方面存在优惠政策，规模相对较小，所以未纳入计算。

新建 / 改建比例：保租房供应方式可大致区分为新建、存量土地建设和存量房屋改造。其中，新建保租房主要指利用纯租赁用地、住宅用地配建地块、竞自持地块等建设项目；存量土地建设主要指利用集体土地、闲置土地、产业用地配建部分建设保租房，相比于新建保租房，其不存在或仅存在较少的土地投入；在存量房屋改造保租房项目中，其不仅无土地投入，建安成本也仅包括装修等改建费用，投入成本更低。克而瑞租售数据显示，2021年，22 个重点集中供地城市共推出涉租赁地块（包含纯租赁地块、拿地配建、竞自持地块）616 宗，规划建筑面积约达 1284 万平方米。假设保租房套均面积约 50 平方米，"十四五"期间涉租赁地块供应节奏保持稳定，据此估算，新建保租房占 22 城计划建设保租房套数比重约 30%。此外，产业园区配建、存量土地建设、存量房屋改造等也为保租房重要的供应方式。因此，我们假设保租房供应结构中，新建、存量土地建设、存量房屋改造比例分别约 30%、35%、35%。

套均面积：保租房户型主要为不超过 70 平方米的小户型。在各地实践中，部分保租房户型设定为 20—50 平方米独立开间（下文详述）。因此，我们假设保租房套均面积为 50 平方米。

土地成本：根据部分城市对租赁用地定价的规定与租赁用地出让结果，纯租赁地块地价通常为周边住宅用地地价的 30% 以内，拿地配建租赁房、竞自持地块地价则相对较高。考虑到纯租赁地块逐步成为新增保租房用地的重要方式，我们假设租赁用地土地成本为各城市 2021 年住宅楼面均价的 40%。

建安成本：对于新建和存量土地建设的保租房，我们假设超一线、一线、二线、三线城市的建安成本（含装修）分别为 5000 元 / 平方米、4500 元 / 平方米、4000 元 / 平方米、3500 元 / 平方米。对于改建住房，我们假设其建安成本为新建住房建安成本的 50%。

建设进度：根据住建部披露数据，在"十四五"期间，40 个重点城市计划筹集 650 万套保租房，2021 年已完成筹集 94 万套，占 40 城总规划比重约 14.5%，占我们估算总筹集套数比重约 11.5%；2022 年计划筹集 240 万套，占总规划比重约36.9%，占我们估算的总筹集套数比重约29.4%。因此，我们假设在"十四五"期间，各年建设筹措保租房数量占总量比重分别为12%、35%、30%、15%、8%。

投资节奏：根据普通商品住宅的投资周期与保租房落地案例，我们假设新建及存量土地建设保租房的投资周期为2年，第一年支付全部土地成本与40%建安成本（存量土地建设保租房无土地成本），第二年支付60%的建安成本；存量住房改造保租房的投资周期为1年，当年支付全部建安成本。

预计"十四五"期间，保租房市场规模（投资规模）约2.3万亿元，投资机会集中于高能级城市。测算结果显示，预计"十四五"期间，全国保租房总投资规模约2.3万亿元。其中，超一线、一线、二线和三线城市投资额分别约7041亿元、8400亿元、6016亿元和1549亿元。

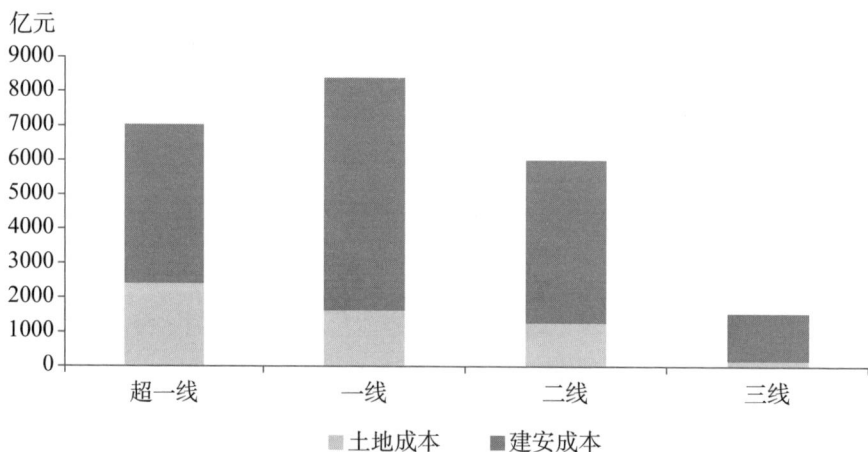

图3-22 "十四五"期间计划筹集保租房土地成本、建安成本测算

资料来源：政府公告，中指数据，兴业研究

2022—2023年，预计保租房项目加速落地，年均市场规模（投资规模）约7000亿元。根据对保租房建设进度、投资周期的假设（上文已详述），我们测算了分年度的保租房市场规模（投资规模）。2021—2025年，预计全国筹集保租房套数分别为97万套、284万套、244万套、122万套、65万套，对应市场规模（投资规模）分别约1940亿元、6480亿元、7244亿元、4476亿元、

2319亿元，另有547亿元用于2026年建设收尾。

表3-15 "十四五"期间保租房分年度投资规模测算（单位：亿元、万套）

城市能级	2021 年	2022 年	2023 年	2024 年	2025 年
超一线	628	2049	2203	1327	690
一线	691	2333	2652	1656	857
二线	500	1680	1897	1180	611
三线	121	418	492	313	162
预计投资规模	1940	6480	7244	4476	2319
预计筹集套数	97	284	244	122	65

注：建设进度假设为2021—2025年完成规划比例为12%、35%、30%、15%和8%；投资周期假设为新建和存量土地建设项目投资周期为2年，存量房屋改建项目投资周期为1年。2021年筹集套数、投资规模为按照比例的估算值，实际筹建套数为94万套，估算值与实际值差异较小，可忽略不计

资料来源：政府公告，中指数据，兴业研究

二、保租房发展现状及趋势

（一）保租房发展现状

保租房建设以市场机制为主导，呈现多渠道供应、多主体参与的特点。

在渠道方面，目前保租房来源包括存量建设、新增用地建设。其中，利用存量土地/房屋建设的项目具体来源包括集体经营性建设用地、企事业单位自有闲置用地、产业园区配套用地、存量闲置房屋，利用新供应国有建设用地建设项目来源主要包括新增纯租赁用地、以划拨方式供应的土地、新出让用地配建部分、地铁上盖物业配建部分等。

在主体方面，参与主体多样，包括地方城投及国企、央企建筑系运营商、房企系运营商、纯租赁运营商等。业务模式主要包括轻、中、重资产三类，其差异主要体现在两方面，包括资金投入规模、是否自持租赁房源。其中，在轻资产模式下，运营企业采取转租经营或与资产所有者合作模式，资

金投入规模最小，盈利主要来源于租赁价差、增值服务收入或代建费、管理费等，代表参与企业包括纯租赁运营商或房企系运营商。在中资产模式①下，运营企业同样自持房屋经营，但主要通过存量房屋改造提供租赁房源，投入成本主要包括物业改造翻新等建安成本，投入成本介于轻、重资产之间。在重资产模式下，运营企业通过新增住房租赁用地方式建设房源并自持出租，资金投入规模最高，包括拿地成本、建安和装修成本，盈利来源于租金收入、增值服务收入及物业资产增值，代表企业以地方城投及国企为主，房企系运营商为辅。

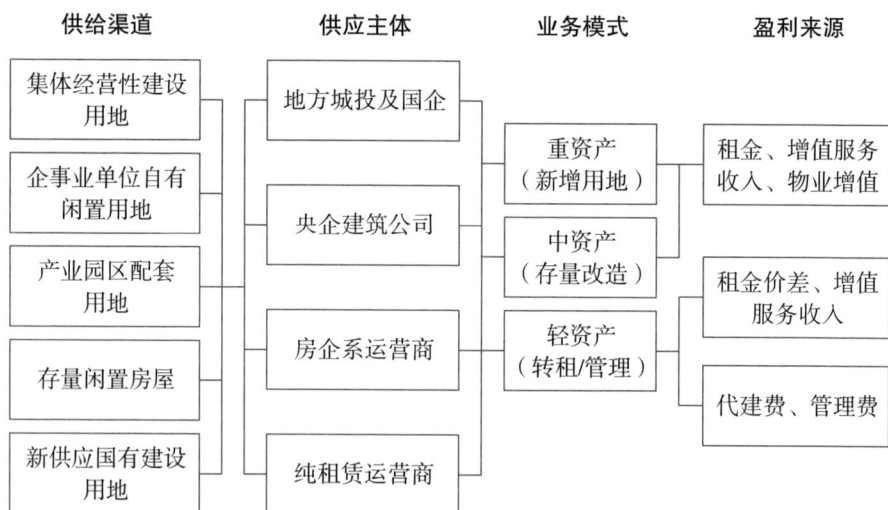

图3-23　保租房供给渠道、供应主体、业务模式、盈利来源梳理

资料来源：兴业研究

纯租赁用地、拿地配建为住房租赁用地的重要供应方式。住房租赁用地来源主要包括纯租赁用地、配建租赁用地、竞自持租赁用地。纯租赁用地、配建租赁用地为主要来源，竞自持租赁用地供应下降。克而瑞租售数据显

---

① 这里的"中资产模式"，主要指的是投入成本方面介于轻资产、重资产之间，重资产需要新拿地，所以有土地成本，轻资产是转租，成本主要是租金，中资产介于二者之间，是存量物业改造，无土地成本，主要是改造与重建相关的建安成本。

示，2021年，全国新增住房租赁用地规划建筑面积约1284万平方米，纯租赁用地、配建租赁用地和竞自持租赁用地占比分别约40%、43%、17%。其中，竞自持租赁用地供应集中于2021年一批次集中供地，供应城市主要为成都、杭州、合肥、深圳4城，宁波、福州、长沙、天津等地也有少量竞自持地块成交。在2021年二批次集中供地之后，受土拍遇冷影响，多地取消竞自持新规，竞自持地块供应量明显下降，目前仍存在竞自持地块的主要为深圳市。纯租赁用地、配建租赁用地在2021年二批次集中供地以后占据主导地位，并且纯租赁用地供应量持续上升。

万平方米

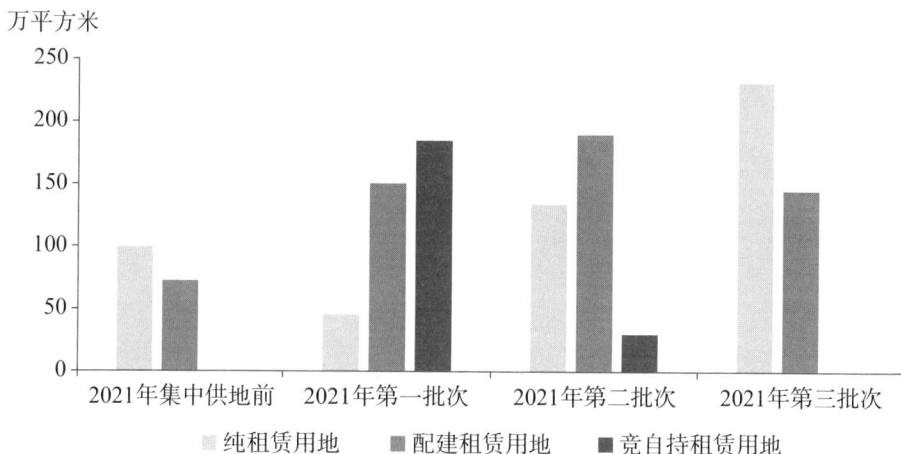

图3-24　2021年住房租赁用地供应结构及趋势变化

资料来源：克而瑞租售，兴业研究

　　纯租赁地块加速供应，上海供应量占全国比重超50%。2017年4月，住建部、中国国土资源部发布《关于加强近期住房及用地供应管理和调控有关工作的通知》（建房〔2017〕80号），明确要求增加租赁住房用地有效供应。2017年7月，上海市公开出让了首批两宗纯租赁地块，开启了纯租赁地块供应模式。自2017年7月至2022年，全国累计供应纯租赁地块规划建筑面积超2000万平方米，2019年、2020年受住房租赁市场整顿影响，纯租赁地块供地节奏有所放缓，2021年纯租赁地块供应加速。分城市来看，上海、杭州、南京、成都、深圳、武汉、广州为纯租赁地块供应主要城市，上海纯租赁地块供应面积遥遥领先其他城市，纯租赁地块成交建筑面积占全国纯租赁地块比重超50%。

万平方米　　　　　　　　　　　　　　　　　　　　　　　宗

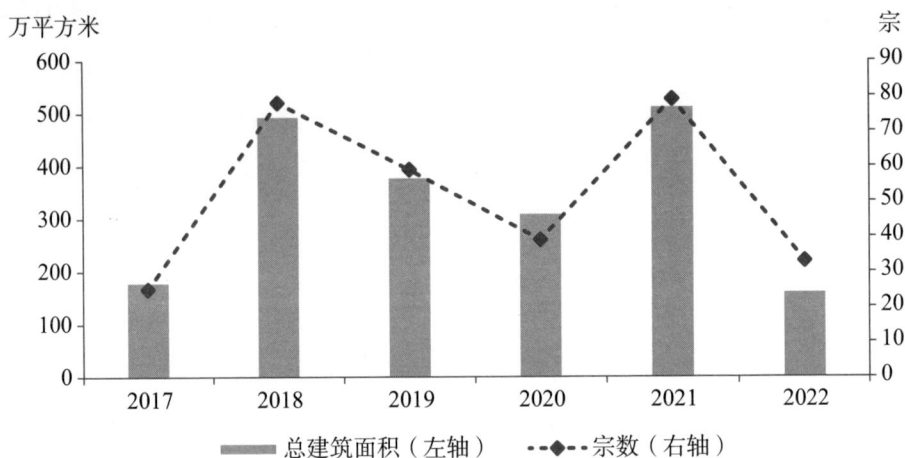

图3-25　2017—2022年纯租赁用地供应量

资料来源：克而瑞租售，兴业研究

万平方米

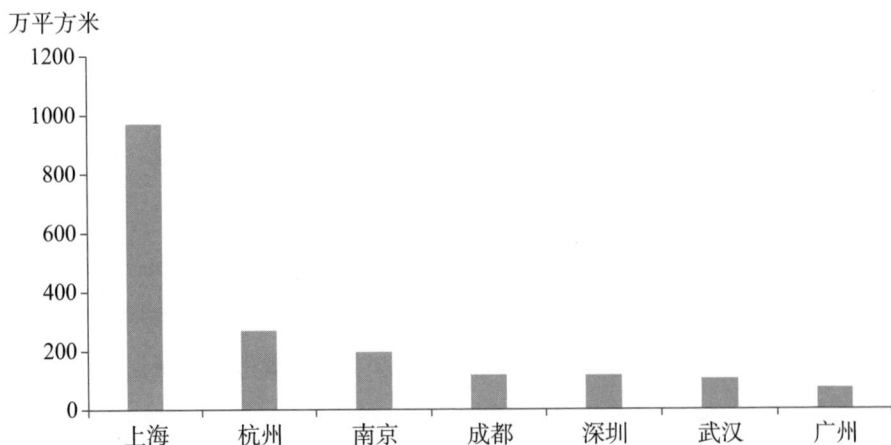

图3-26　2017年至2022年上半年纯租赁用地分城市供应情况

资料来源：克而瑞租售，兴业研究

纯租赁地块楼面价远低于周边住宅用地楼面价，拿地主体以地方国企为主，项目主要选址重点发展园区（片区）。我们以2021年上海供应的纯租赁地块为例，从其成交地价、拿地主体、区位选址三方面进行分析。在成交地价方面，2021年上海市供应的纯租赁地块均为底价成交，成交楼面价仅为周边住宅用地楼面价的10%—30%。在拿地主体方面，纯租赁地块拿地主体以地方国企为主，代表拿地主体包括市级国企下属企业，以及地块所在区或园区下属国企，少量产业主体也获取了上海市纯租赁地块。在区位选址方面，半数以上纯租赁用地多位于重点发展片区或园区范围内，如自贸区临港新片区、浦东新区上海国际医学园区、松江区工业区科技园区、奉贤区奉贤新城、闵行区吴泾镇紫竹科学园区等。2021年，上海市供应的37宗纯租赁地块中，有20宗地块位于以上片区，其中10宗地块位于自贸区临港新片区。

表3-16　2021年上海市成交部分纯租赁地块情况

地块名称	占地面积（万平方米）	拿地主体类型	成交楼面价（元/平方米）	周边楼面价（元/平方米）	溢价率（%）
黄浦区半淞园社区 C010501 单元 338-02 地块（保障性租赁住房）	1.72	黄浦区国企	11430	43116	0
虹口区广中路街道 107b-05 号地块（保障性租赁住房）	1.15	虹口区国企	8988	51707	0
嘉定区菊园新区 JDC1-0404 单元 43-02 地块（保障性租赁住房）	1.87	嘉定区国企	4500	23845	0
浦东新区惠南东城区中单元（PDS3-0203）A4-3 地块（保障性租赁住房）	3.01	浦东新区国企	3320	16994	0
青浦区金泽镇西岑港悦路北侧 14-01，14-05，15-01，15-05，16-01，17-01 地块及地下空间以及泽厚路，云腾路部分地下空间（保障性租赁住房）	13.33	产业主体	1533	6080	0
奉贤区奉贤新城 12 单元 25A-01A 区域地块（保障性租赁住房）	2.24	奉贤区国企	3300	21353	0

地块名称	占地面积（万平方米）	拿地主体类型	成交楼面价（元/平方米）	周边楼面价（元/平方米）	溢价率（％）
奉贤区奉贤新城 12 单元 26A–01A 区域地块（保障性租赁住房）	2.54	奉贤区国企	3300	21353	0
自贸区临港新片区综合产业片区 ZH–02 单元 D17–01 地块（保障性租赁住房）	1.02	浦东新区国企	2320	17637	0

资料来源：中指数据，兴业研究

　　集体用地建设租赁房进程相对缓慢，已出让地块、上市项目集中于北京。克而瑞租售数据显示，2018—2021 年，可统计的用于建设租赁房的集体用地合计 75 宗，规划建筑面积约 619 万平方米。其中，北京用于建设租赁房的集体用地建筑面积约 515 万平方米。从建设进度来看，可统计的用于建设租赁房的集体用地中，仅有 8 宗已建成开业，5 宗位于北京。

　　集体用地建设租赁房采取村集体与企业合作模式，有利于村集体提升土地经营收益、运营商降低租赁项目获取成本。项目多数毗邻园区或轨道交通节点，推动区域实现职住平衡。

万平方米

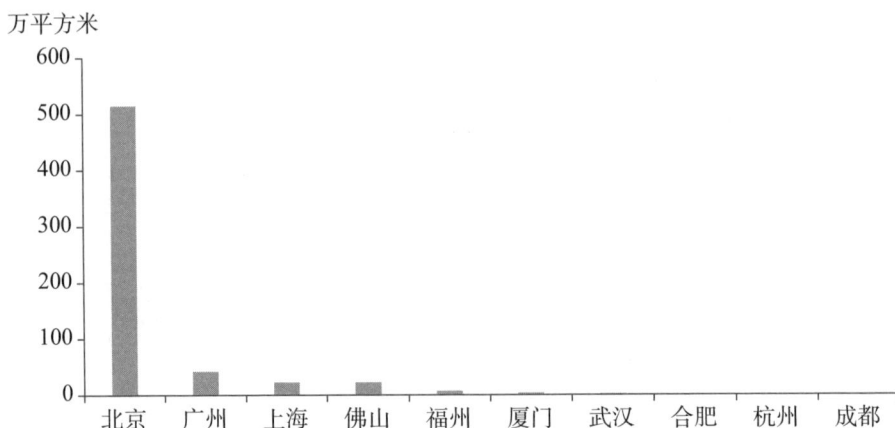

图 3-27　2018—2021 年用于建设租赁房的集体用地供应情况

资料来源：克而瑞租售，兴业研究

以某地产公司开发管理的C村社区为例，C村集体经济组织（以下简称C村集体）以土地经营权与某地产公司合作，该地产公司获得该项目建成后45年的管理权及收益，建设投入主要为建安成本（无土地成本），C村集体每年获得项目保底收益、超额收益分成。该项目为该地区首批集体用地建设的租赁房项目，所处位置交通便捷，较低的投入成本也使得该项目租金较周边同品质房源具有价格优势，项目共计901套房源，首批房源于2020年上半年入市，主打户型为20—30平方米的独立开间，租金价格3600元/月起，租金水平约为周边同品质一居室租金的70%—80%。该地产公司同年入市的位于F项目，重点满足附近产业园区职工住房需求，租金水平同样参照周边同品质一居室租金的70%—80%定价，独立开间租金在3000—5000元/月不等。

产业园区配套宿舍型保租房逐步落地，参与建设企业多样，包括国企、房企、产业类企业等。产业园区配套租赁房在西安、上海、合肥、厦门、宁波等多地已有落地。2021年7月，西安市住房保障工作领导小组办公室向某产业公司出具了西安市首份《保障性租赁住房项目认定书》，允许该项目配套建设生活服务设施的用地面积比例由7%提升至15%。该产业公司以拆除旧厂房的方式，腾出用地面积约100亩（折合约6.7万平方米），建设宿舍型保租房约12栋、4416套（间），可解决1万多名员工的住房问题。2021年11月，住建部发布《发展保障性租赁住房可复制可推广经验清单（第一批）》，列举了各地发展保障性租赁住房的经验做法，其中，上海市支持某航空设备公司利用园区内存量土地（科研用地）再建设1070套保障性租赁住房；合肥市政府支持某电力公司将其园区配套生活服务设施用地面积比例由7%提高至10%，该电力公司利用提高部分建设宿舍型保租房134套（间），解决其新入职大学生住房问题①。2021年12月，某产业主体竞得厦门

---

① 中华人民共和国住房和城乡建设部.发展保障性租赁住房可复制可推广经验清单（第一批）［EB/OL］.（2021−11−10）［2023−06−19］. https://www.mohurd.gov.cn/xinwen/dfxx/202111/20211110_762895.html.

市同安区地块，用于建设总部基地，地块面积59.98万平方米，工业用地配套生活服务设施用地面积占比、建筑面积占比分别提升至15%、30%，超出部分建设宿舍型保租房。2022年4月，该产业主体公告计划在厦门建设产业基地项目，总投资不超过130亿元，配套租赁房发展潜力庞大。作为全国制造业大市，宁波市重点发展产业园区保租房。以宁波前湾新区为例，宁波市在其范围内规划了5大租赁社区，规划总建设面积超200万平方米，可满足约12万名职工住宿需求，已建成面积约110万平方米，可满足约7万名职工住宿需求。

存量土地/房屋建设保租房有利于盘活存量资产。国企、城投公司本身拥有存量土地、房屋，成为此类模式的主要供给方。从各地实践来看，厦门、成都等多地均有存量资产建设租赁房案例落地，参与企业以城投、国有企业及事业单位为主导。2021年7月，厦门市住房保障和房屋管理局、厦门市自然资源和规划局和厦门市建设局联合印发了《存量非住宅类房屋临时改建为保障性租赁住房实施方案》（厦房租赁〔2021〕9号），明确存量改建租赁房标准。在厦门市"非改租"项目中，海西股权投资中心及科技企业孵化基地项目土地由厦门某高新区下属子公司持有，项目位于思明区软件园，以商服用地改建保租房，拟改建套数491套，主打30—45平方米小户型，租金价格低于市场租金，为首个获得厦门市保租房项目认定书的改建项目。此外，厦门市支持某地产公司利用其闲置物流仓储用地建设租赁住房，变更土地用途无须补缴土地价款，项目规划了7600套（间）租赁住房，以满足周边园区和机场北片区职住需求。成都市政府支持国有企业利用闲置非居住存量用地建设保租房。其中，下属市县国有企业均有利用存量土地/房屋建设租赁住房，解决企业职工住房问题，两项目均已获得保租房项目认定书。此外，成都市国资委下属企业也与某研究所合作，采取BOT（建设—运营—移交）模式，将研究所存量办公用房改建为194套（间）租赁住房，成都市国资委下属企业负责项目改建及运营，建成后面向研究所职工出租。

表 3-17　各地不同渠道保障性租赁住房实践梳理

供应渠道	主要城市	供应主体类别
租赁用地建设保租房	上海、杭州、南京、成都、深圳、武汉、广州等	以地方国企为主（纯租赁用地），自建或政企合作
集体用地建设保租房	北京、广州、上海、佛山、福州等	村集体与房企等专业企业合作
产业园区配建保租房	上海、西安、合肥、厦门、宁波等多地	产业类企业为主，利用工业用地配建宿舍型租赁房
存量土地/房屋建设保租房	上海、成都、厦门、长沙等多地	城投、国企为主

资料来源：公开资料，兴业研究

（二）保租房发展面临的问题

盈利能力低是当前保租房发展面临的主要难点。保租房主要布局在人口净流入、新市民规模大的核心城市。对于以自持住房租赁的重资产模式运营商而言，核心城市普遍存在房价较高、住房租售比低的问题，自持住宅租赁的收益率有限，很难覆盖运营、利息等开支。Wind 数据显示，截至 2022 年底，百城住宅平均租金约 27.5 元/月×平方米，住宅租金收益率约 2.1%。其中，北京、上海、深圳、杭州和广州住宅租金水平位居前 5 位，住宅租金在59—133 元/月×平方米不等，住宅租金收益率则介于 1.5%—2.5% 之间；在住宅租金水平高于百城整体水平的城市中，厦门、合肥住宅租金收益率水平最低，住宅租金收益率仅约 1%；兰州、长沙住宅租金收益率约 3%，主要是由于区域房价较低所致（中指数据显示，2022 年 12 月，百城样本住宅平均价格为 16177 元/平方米，同期兰州、长沙样本住宅平均价格分别约 9085 元/平方米、9498 元/平方米）。对于以转租等轻资产模式经营的运营商而言，其收入主要来源于租金价差，在租赁需求旺盛的城市，其租金收入上涨的同时，对应的租金成本也水涨船高，侵蚀运营商盈利水平。

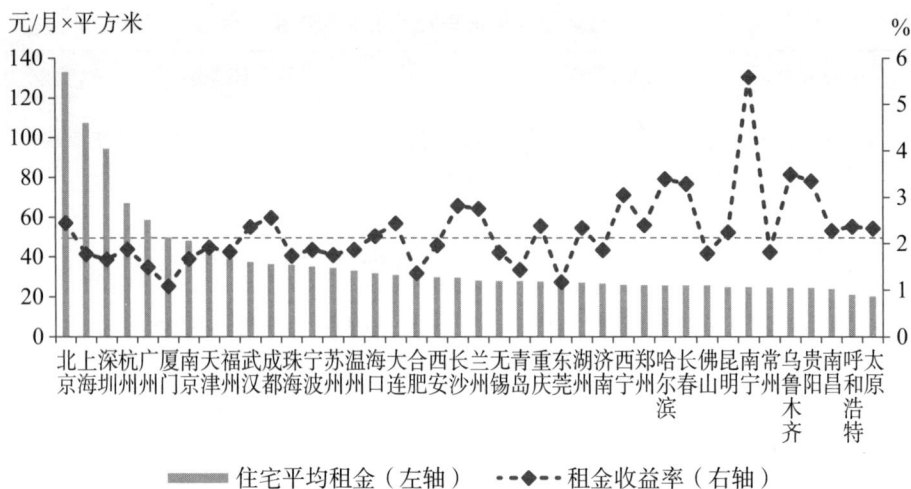

图3-28　2022年12月主要城市住宅租金收益率水平

注：黑色虚线为百城平均住宅租金收益率水平

资料来源：Wind，兴业研究

从运营商盈利情况来看，轻资产—转租模式很难盈利。早期布局住房租赁业务的纯租赁运营商主要采取轻资产模式，即通过"转租＋分散式布局"开展业务。以已爆雷、曾经上市的分散式纯租赁运营商QK公寓、DK公寓为例，QK公寓2019年登陆纳斯达克，其披露了2017—2021年年度业绩。2017—2021年，QK公寓连续5年亏损，归母净利润累计亏损金额折合人民币约33.5亿元，资产负债率持续高于100%，2021年年报资产负债率已高达758%，其下属公司已于2022年1月向上海市第三中级人民法院提请破产清算。DK公寓则于2020年在纽交所上市，2021年4月被纽交所退市，其已披露的2017—2019年年报及2020年一季报显示，其间归母净利润累计亏损折合人民币63.0亿元，资产负债率持续高达80%以上，2020年一季报资产负债率达97.1%。

房企系运营商同样面临盈利难点。2016年以来，受政策导向及配建和自持地块逐步供应影响，房企系运营商开始布局长租公寓行业，采取轻、重资产并行模式。以某房企下属公寓品牌为例（以下简称某公寓），其创立于2017年，2017—2021年，某公寓租金收入由4.0亿元增长至22.3亿元，但在2021年才首次实现盈利（未披露具体盈利金额）。我们对其母公司境内发行的住房租赁专项公司债券募投项目进行了收益率测算，其主要募投项目多为拿地配建的租赁住房，估算租金收益率水平在2%—4%不等。房企系运营商面临盈利困难的原因主要有以下两方面：一是部分住房租赁项目获取成本较高。房企住房租赁业务普遍采取轻、重资产并行模式。在轻资产模式下，房企经营模式主要为转租经营，与纯租赁运营商面临相同的盈利困境；在重资产模式下，房企部分租赁项目用地来源于拿地配建和竞自持地块，土地成本较高，项目回报率偏低。二是目前租赁住房项目仍缺乏合适的融资渠道。相关项目建设支出对应的债务融资利息，也会侵蚀企业盈利空间。

表3–18　某公寓部分住房租赁项目收益率估算

项目所在城市	产权面积（万平方米）	投资规模（亿元）	房源数量（间）	平均租金（元/月×平方米）	假设出租率（%）	租金收入（万元）	净租金收入（万元）	租金收益率（%）
南京	0.6	1.0	175.0	51.0	90.0	336.7	284.5	2.8
郑州	7.2	8.6	2376.0	26.6	90.0	2293.9	1938.4	2.3
广州	0.7	1.5	238.0	62.0	90.0	550.7	465.4	3.1
成都	2.0	2.2	868.0	41.7	90.0	1001.8	846.5	3.8
合肥	2.9	2.5	855.0	29.2	90.0	1011.3	854.5	3.4
苏州	2.3	3.5	720.0	34.3	90.0	943.1	796.9	2.3

注：平均租金选取项目所在城市2021年平均租金。净租金收入为租金总收入扣减运营支出、增值税、房产税。以上项目均为拿地配建住房租赁项目，因此租金回报率偏低

资料来源：公开资料，兴业研究

（三）保租房发展趋势及盈利测算

新建、存量改建并行，降低投入成本，以实现合理的租金收益率。当前核心城市住宅租售比普遍低于3%，叠加保租房租金水平要求低于同品质、同地段项目市场化租金，项目若要实现合理的租金收益率（净租金收入/投

入成本应当高于融资成本，经验值至少应为4%以上），势必需要更低的土地成本及建设投入。从当前住房租赁主要经营模式、供给渠道来看，以新建为主的重资产模式、以存量改建为主的中资产模式更有发展前景，其中纯租赁用地、产业园区配建、存量土地/房屋改建等供给渠道有助于运营商实现合理盈利。

在轻资产模式中，转租经营的"二房东"模式很难实现合理盈利，相关纯租赁运营企业已频频爆雷。输出管理、代建等低投入模式更有发展前景，由于当前保租房供应主体较为多元，部分企业如地方城投平台、国有企业及事业单位等缺乏专业建设、运营管理经验，房企系运营商等专业机构可通过输出管理、代建模式参与。

在中资产模式中，存量改建项目投入成本主要为项目翻修支出，投入成本相对较低，有利于运营商获得合理回报率。

在重资产模式中，纯租赁用地、产业园区配建均为较好的供给渠道，纯租赁用地地价普遍不高于周边住宅用地地价的30%，产业园区工业用地配建租赁房的地价则为工业用地成本，二者均能够有效降低租赁房项目土地成本。与以上两种渠道相比，拿地配建租赁住房土地成本为正常住宅用地楼面价，并且由于竞配建、竞自持等新规，部分地块甚至为溢价率封顶成交，土地成本较高，租金回报率较难覆盖融资成本。集体用地建设租赁房中，村集体通常以土地经营权与企业合作，运营商负责项目建设及运营管理，项目投入主要为建安支出，无大额土地成本。但值得注意的是，集体用地建设租赁房仍面临较多挑战，包括集体用地空间分布与住房租赁需求错位、各地集体用地缺少统筹规划、村集体与合作方利益博弈等。因此，当前集体用地租赁房实践主要集中于试点启动较早的北京（2011年启动试点），在全国范围内大面积推开存在一定难度。

地方城投及国企拥有项目获取、融资等多项便利，并且更适合开展具有一定公益属性的保租房业务，将成为供给主力军。政企合作也将成为保租房落地的可靠方式。

第一，保租房具有一定公益属性。保租房租金应低于同地段、同品质市场化租赁住房租金，项目很难获得较高的回报率，具有一定公益属性。市场化机构参与意愿可能不强，因城施策背景下，地方城投及国企更有可能作为此类项目的供应主体。

第二，地方城投及国企具有项目获取便利。在存量用地方面，地方城投/国企账面上拥有较多政府无偿划拨或闲置土地/非居住用房等；此外，部分地方国企在参与区域内房企风险化解过程中，也承接了一定规模停滞或烂尾项目。在新增用地方面，当前出让的纯租赁地块地价普遍低于周边住宅用地，地方城投及国企为主要竞得方；与此同时，其也能够通过无偿划拨等方式获取新地块。由于地方城投及国企普遍缺乏专业的项目建设和运营管理经验，政企合作也将成为保租房项目落地的重要方式。

第三，地方城投及国企具有融资优势。保租房投资回报周期长，需要匹配长期限、低利率的融资。相比大部分房企系运营商，地方城投及国企受益于其政府背景，更易获得金融机构相关融资支持。

此外，产业类企业也将成为园区宿舍型保租房的重要供应主体。产业园区配建租赁房地价适用工业用地的低地价，园区产业类项目落地自然带来职住需求，因此产业园区配建宿舍型保租房成本较低、供需匹配，除了园区开发相关地方城投平台及国企外，相关招商引资项目对应产业类企业也将成为保租房的重要供应主体。

在收益率测算方面，纯租赁地块估算租金收益率可达4%以上。我们测算了上海、杭州代表纯租赁用地未来租金收益率水平，在租金折扣为所在区平均租金的90%、出租率为90%、运营支出占比为10%、增值税和房产税分别按优惠税率4%、1.5%计算的情况下，代表地块估算租金收益率多数在4%以上。租金水平我们选取了项目所在区平均租金，由于多数租赁地块位于轨道交通节点、产业园区、核心区位等租赁需求旺盛区域，实际项目租金和收益率水平有望高于测算值。

表3-19　不同业务模式、供应渠道发展前景分析

模式	具体渠道	优势	劣势	供应主体	发展前景
轻资产	"二房东"转租	获取房源便利、利于快速扩大规模	租金成本刚性，盈利困难；分散式租赁模式下缺乏管理	纯租赁运营商、房企系运营商	较差
	代建、输出管理	低投入成本	需要与国企等政府背景企业合作，才能获得低成本优质项目	房企系运营商	中等
中资产	存量房屋改建	项目投入成本主要为翻修支出，成本低	需要有地理位置优越的存量土地／房屋	地方城投平台、国企和事业单位为主	较好
重资产	纯租赁用地	租赁用地地价较低	获取主体主要为地方国企，其余企业拿地受限	地方城投平台、国企	较好
	产业园区配建	地价为工业用地地价，投入成本低；产业园区职住需求旺盛	建设企业多数为园区落地产业类企业、园区开发地方国企，其余企业拿地受限；部分产业园区发展不成熟，租赁房建设与区域租赁需求可能存在错位	园区内产业类企业、地方城投平台或国企	较好
	集体用地	村集体提升土地经营收益，运营商负责项目建设和运营，无须支出土地成本	集体用地空间分布与租赁需求可能存在错位、各地集体用地缺乏统筹规划、村集体与合作方利益博弈等，导致相关项目在全国大面积开展存在难度	村集体、房企系运营商等	中等
	拿地配建	为地方政府新增租赁用地较为便捷的方式	企业拿地成本高、项目盈利较为困难	房企系运营商	中等

资料来源：兴业研究

266

表3-20 纯租赁地块租金收益率测算

城市	区县	建筑面积（平方米）	楼面价（元/平方米）	平均租金（元/平方米）	租金折扣	出租率	净租金（万元）	租金收益率
上海	黄浦区	51706	11430	125	90%	90%	3955	4.37%
	浦东新区	15532	10725	97	90%	90%	923	3.55%
	徐汇区	14025	7187	115	90%	90%	991	5.44%
杭州	拱墅区	36002	3634	76	90%	90%	1683	5.08%
	上城区	85847	4180	85	90%	90%	4478	5.34%
	萧山区	63214	3100	64	90%	90%	2496	4.58%

注：平均租金为项目所在区平均住宅租金水平，建安成本（含装修）按5000元/平方米计算，运营支出为租金总收入的10%，房产税税率按4%、增值税税率按1.5%简易计算

资料来源：公开资料，兴业研究

集体用地、存量改建租赁房项目由于无土地成本，测算租金收益率可达6%以上。我们以位于北京的两个项目为例，二者均为房企运营商与村集体合作项目，运营期限分别为50年、45年。在假设出租率为70%—90%、运营支出占比10%、计算增值税和房产税情况下，两个项目租金收益率均为6%—8%。存量改建项目与集体用地租赁房项目均无土地成本，因此投入成本相比纯租赁地块更低，租金收益率更高。

表3-21 集体用地租赁房项目租金收益率测算

城市	项目	运营期限（年）	总投资（万元）	房间数量（间）	租金水平（元/间月）	出租率	运营支出（万元）	净租金收入（万元）	租金收益率
北京	项目1	50	95000	2314	3500	90%	875	7872	7.78%
						80%	778	6998	6.92%
						70%	680	6123	6.05%
	项目2	45	37720	901	3600	90%	350	3153	7.85%
						80%	311	2802	6.98%
						70%	272	2452	6.10%

注：租金水平为项目入市实际租金；华润置地有巢公寓总投资为实际值，万科泊寓成寿寺项目总投资为根据万科北京多个集体租赁房总投资、房间数量估算值；运营支出为租金总收入的10%；房产税税率按4%、增值税税率按1.5%简易计算

资料来源：公开资料，兴业研究

产业园区配建租赁房适用工业用地地价，落地产业项目提升地块经济效益、税收，项目投资回报率高。以某产业主体在厦门同安区竞得的工业用地为例，该项目土地总价为2.5亿元，地块楼面价仅为141.4元/平方米（2021年厦门同安区住宅用地平均楼面价约19084元/平方米），项目配建行政办公、生活服务设施建筑面积比例由20%提升至30%，提升部分主要用于建设保租房。假设该项目按照同安区平均租金水平的9折出租，该项目租金收益率约为5.2%。此外，宿舍型保租房主要服务落地产业项目，经济效益较好的产业项目回报率远高于租赁房本身收益率。该地块出让细则要求，项目投产后第三年度起连续5年地均税收不低于675万元/公顷，相当于项目年均税收不低于4亿元，粗略测算该项目投资回报率高于12%。

表3-22　某产业主体同安区项目回报率测算

类别	项 目	数值
项目基本信息	土地总价（亿元）	2.5
	楼面价（元/平方米）	141.4
	用地面积（万平方米）	60.0
	建筑面积（万平方米）	179.9
租金收益率测算	宿舍型保租房建筑面积（万平方米）	18.0
	总投入成本（亿元）	8.4
	平均租金（元/平方米×月）	29.3
	租金折扣	90%
	出租率	90%
	净租金（万元）	4610.6
	租金收益率	5.2%
投资回报率测算	地块要求最低投资强度（元/公顷）	5000.0
	地块要求最低总投入（亿元）	32.5
	报建信息显示计划总投入（亿元）	70.0
	地块要求最低地均税收（万元/公顷）	675.0
	按照地块要求测算回报率	26.7%
	按照计划投入测算回报率	12.4%

注：租金收益测算方面，建安成本（含装修）假设为4500元/平方米，运营支出为租金总收入的10%；房产税税率按4%、增值税税率按1.5%简易计算；平均租金为同安区2021年平均住宅租金。投资回报率测算方面，假设项目建设期2年，投产期第3—7年税收为地块最低税收要求，所得税率为25%，估算项目净利润，以此为基础测算项目从投建起7年年均回报率

资料来源：公开资料，兴业研究

三、园区保租房相关业务建议

产业园区作为区域经济发展、产业发展的重要聚集形态，担负了地方经济发展、税收增长的使命，也是新市民聚集地、保租房发展的核心载体。基于产业园区的功能分类，园区可以划分为经济技术开发区（以下简称经开区）、高新技术产业开发区（以下简称高新区）、出口加工、保税区、边境经济合作区、自由贸易区等；基于行政级别的园区分类，园区可以划分为国家级产业园区、省级产业园区和地市级产业园区等。由于园区保租房重点服务园区职住需求，产业发展完善、经济总量和税收规模较高的成熟园区，将成为园区保租房建设的重点区域。因此，下文将以国家级园区作为样本，重点分析园区与地区经济和税收规模、新市民规模、保租房建设规划总量的关系，并在此基础上，提出对于商业银行开展园区保租房相关业务的建议。

在开展分析之前，我们首先明确三个概念。

第一，样本园区范围。根据国家发展改革委、科技部、国土资源部、住房和城乡建设部、商务部、海关总署六部门于2018年2月联合发布的《中国开发区审核公告目录》（2018年版）（2018年第4号），全国国家级开发区、省级开发区数量分别有552家、1991家。在国家级园区中，经开区、高新区、海关特殊监管区域（包括保税区、出口加工区等）、边境/跨境经济合作区、其他类型开发区数量分别有219家、156家、135家、23家。此外，2019年7月，国务院发布《关于印发中国（上海）自有贸易试验区临港新片区总体方案的通知》（国发〔2019〕15号），设立中国（上海）自由贸易试验区临港新片区（以下简称临港新片区）。考虑到临港新片区"服务和融入国家重大战略、服务对外开放总体战略布局"的较高战略定位，我们将其也纳入样本园区范围内。

第二，园区数据披露情况及来源。长期以来，国内各园区（开发区）在财政管理体制方面缺乏明确的制度规范，导致各园区经济、财政数据披露情况差异较大。受多数园区自主公开披露数据有限影响，本节园区经营数据主

所在城市估算新市民规模、保租房预计建设规模也呈现正相关关系，即区域
园区产业发展越成熟，园区经济、税收规模越高，其所在城市吸引的新市民
规模就越大，保租房计划建设规模越高，显示出园区发展对于保租房建设发
展具有关键意义。从具体城市情况来看，在园区税收规模前10位的城市中，
其估算新市民规模介于300万—1000万人之间（样本84城估算新市民规模中
值约192万人），保租房建设规模介于13万—60万套之间（样本84城中值约
4万套）。其中，北京、上海、广州新市民规模均超800万人，保租房规划建
设套数达40万—60万套。

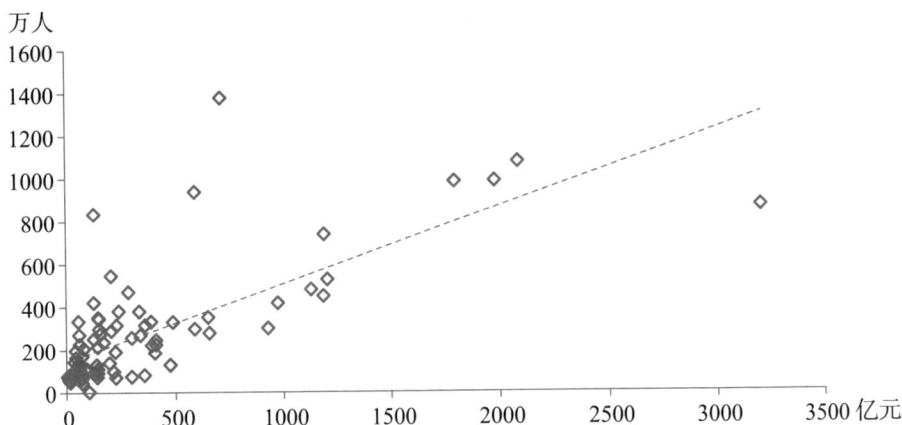

图3-31 样本园区税收与新市民规模

注：横轴为国家级经开区、高新区税收，纵轴为园区所在城市估算新市民规模
资料来源：《中国火炬统计年鉴》，《中国商务年鉴》，兴业研究

（二）城市及园区选择

我们结合各地保租房供给、需求、园区发展程度、指标划分阈值四方面
指标，给出园区保租房相关业务建议。样本城市为保租房规划建设套数超过
5万套的38个城市。

在供给指标方面，我们重点对比各地保租房单位建设强度（"十四五"
期间保租房规划筹建套数/新市民规模×1000）差异，该指标值越低，地区
保租房供应越紧张。在样本城市中，每千人保租房筹集数量均值约为40套。

其中，单位建设强度最高的为重庆，每千人保租房筹集数量为85套；单位建设强度最低的为东莞，每千人保租房筹集数量为12套。

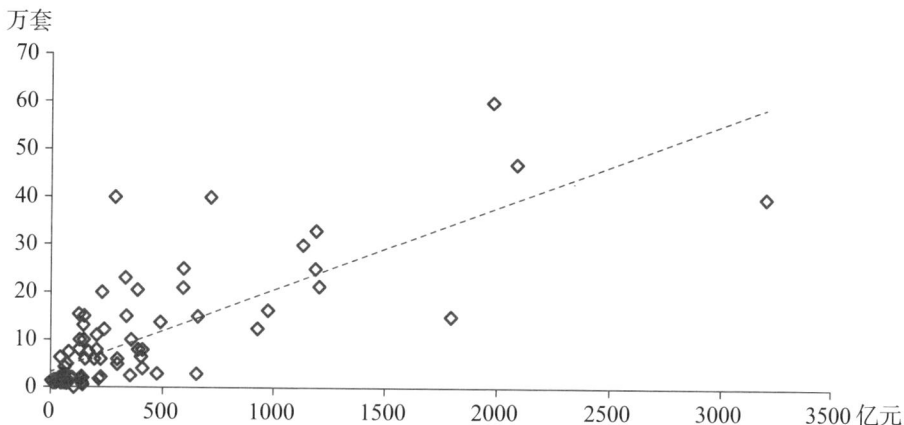

图3-32 样本园区税收与保租房规划建设套数

注：未披露保租房建设规划的城市，估算方法为同能级城市平均保租房单位建设强度 × 该城市新市民规模，图表横轴为国家级经开区、高新区税收，纵轴为园区所在城市保租房规划建设总量

资料来源：《中国火炬统计年鉴》，《中国商务年鉴》，政府官网，兴业研究

在需求指标方面，我们以各城市近5年（2018—2022年）住宅平均租金累计涨幅来衡量租赁需求旺盛程度。在样本城市中，近5年住宅租金累计涨幅中值约为20%。其中，上海近5年住宅租金涨幅最高，累计涨幅达66%；郑州住宅租金下跌，累计跌幅为5%。

在园区发展程度指标方面，我们沿用上文的各城市国家级经开、高新区税收收入指标（以下简称园区税收）。

在指标划分阈值方面，根据各指标中值，租金累计涨幅、单位建设强度、园区税收阈值分别设定为20%、50套/千人和300亿元。

我们结合不同城市供给（单位建设强度）、需求（住宅租金累计涨幅）指标，将样本城市划分为四类，并结合园区发展（园区税收）指标，给出园区保租房区域选择建议（积极介入、适当介入、谨慎介入）。

其中，对于三项指标中有至少两项指标优于阈值的城市，给予积极介入建议；对于一项指标优于阈值的城市，给予适当介入建议；对于指标表现均弱于阈值的城市，给予谨慎介入建议。在给出具体建议时，对于个别单项指标表现明显较优或较弱的城市，我们对其建议分档予以调高或者调低一档。

对于积极介入城市，其园区保租房项目风险低，可加大相关业务开展力度；对于适当介入城市，其园区保租房项目存在供给过剩或需求不足风险，建议选择区域内优质园区、产业的配套保租房参与；对于谨慎介入城市，其保租房供给、需求指标均较弱，园区经济发展程度有待提升，建议谨慎参与。

样本园区四分类及对应业务建议如下：

第一类：租赁需求旺盛，单位建设强度低，对于此类城市的园区保租房项目均可积极介入，其中园区经济发展成熟的城市更可作为重点展业区域。具体城市包括北京、上海、苏州、宁波、杭州、天津、南京、深圳、成都、无锡、南昌、常州、石家庄、贵阳。其中，北京、上海、苏州、宁波、杭州、天津、南京、深圳、成都、无锡、南昌园区税收规模超过300亿元，北京、上海、苏州、宁波、杭州园区税收规模超过1000亿元，区域园区经济发达，可作为重点展业城市，代表国家级园区主要包括北京中关村科技园区、北京经开区、上海临港新片区、上海张江高新区、苏州工业园区、宁波经开区、宁波杭州湾经开区、杭州高新区、杭州经开区等。

第二类：租赁需求旺盛，单位建设强度高，可积极介入此类城市中园区经济发展成熟的城市。其中，园区税收超过300亿元的城市包括广州、武汉、西安、合肥、长沙，可积极介入，代表国家级园区包括广州经开区、广州高新区、武汉东湖开发区、武汉经开区、西安高新区、西安经开区、合肥高新区、合肥经开区、长沙经开区等；园区税收低于300亿元的城市包括厦门、福州，建议适当介入。

第三类：租赁需求较弱，单位建设强度高，建议适当介入此类城市中园区经济发展成熟的城市。其中，青岛、济南园区税收规模超过300亿元，建议可适当选取发展较好的成熟园区、前景较好的落地产业项目配套保租房介入；郑州园区税收规模超过300亿元，但近5年住宅租金累计涨幅仅为−5%，区域租赁需求较弱，建议谨慎介入；乌鲁木齐、重庆园区税收规模低于300亿元，区域保租房单位建设强度高（分别约68、85套/千人）、租赁需求较弱（近5年住宅租金累计涨幅均约8%），建议谨慎介入。

第四类：租赁需求较弱，单位建设强度低，建议选择性介入此类城市中园区经济发展成熟的城市。此类城市当前租赁需求偏弱，但未来新增保租房单位建设强度较低，存在租赁房供需关系修复可能。对于其中园区经济发展较好的城市可积极介入，对于园区经济、税收体量偏低的城市可适当选取优质项目介入。其中，嘉兴、绍兴园区税收规模超300亿元，可积极介入，国家级园区主要包括嘉兴经开区、绍兴袍江经开区等；东莞园区税收规模为130亿元，但区域单位建设强度仅为12套/千人，保租房供应紧张；位于东莞市的松山湖高新区重点发展信息技术产业，代表入驻企业包括华为终端、生益科技、华贝电子等，区域产业发展前景好，职住需求旺盛，园区保租房业务前景佳，可作为重点区域参与。

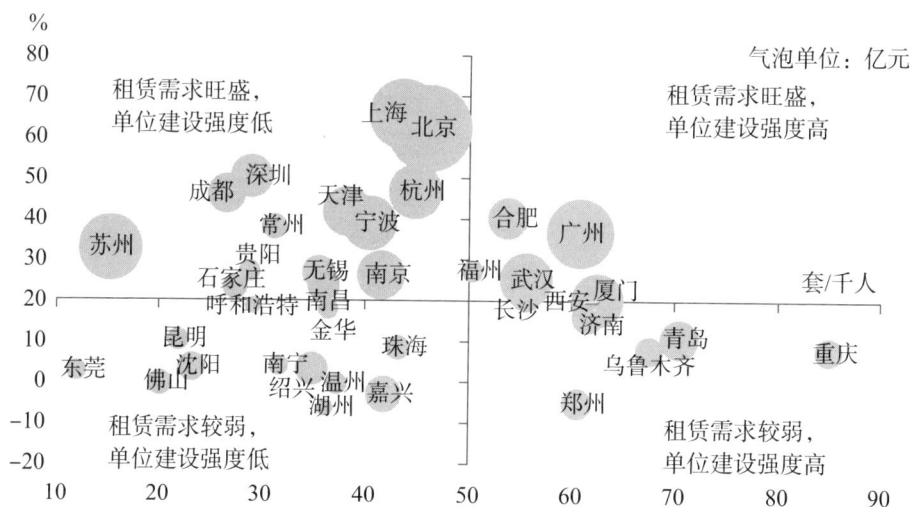

图3-33　样本城市保租房租赁需求、单位建设强度与园区发展情况

注：横轴为单位建设强度，纵轴为租金累计涨幅，气泡大小为园区税收规模

资料来源：Wind，《中国火炬统计年鉴》，《中国商务年鉴》，政府官网，兴业研究

表3-23　园区保租房业务城市选择建议

建议分类	城　　市
积极介入22城 （园区保租房项目前 景佳）	北京、上海、广州、苏州、宁波、杭州、武汉、西安、天津、南京、深圳、合肥、成都、无锡、嘉兴、绍兴、南昌、长沙、常州、石家庄、贵阳、东莞
适当介入11城 （介入优质项目）	青岛、济南、沈阳、厦门、佛山、珠海、昆明、福州、温州、南宁、金华
谨慎介入5城 （保租房项目前景弱）	郑州、乌鲁木齐、重庆、湖州、呼和浩特

注：加粗的积极介入、适当介入城市园区税收规模高于300亿元

资料来源：兴业研究

我们进一步梳理了建议积极介入的22个城市内的国家级园区，主要园区包括北京中关村科技园区、北京经开区、上海临港自贸区、上海张江高新区、上海陆家嘴金融区、广州经开区、广州高新区、深圳高新区、东莞松山湖高新区、苏州工业园区、苏州张家港经开区、南京江宁经开区、南京高新区等。

表3-24　园区保租房积极介入城市主要国家级园区概览

城市	开发区简称	开发区类别	核准面积（公顷）	主导产业	GDP（亿元）	工业总产值（亿元）	税收收入（亿元）
北京	中关村科技园区	高新区	23252	电子信息、智能制造、节能环保	—	11886.7	2597.1
	北京经开区	经开区	3980	汽车、电子信息、装备制造	1932.8	—	604.6
天津	天津滨海高新区	高新区	5524	新能源汽车、信息技术、节能环保	—	2780.3	183.8
	天津经开区	经开区	3797.04	汽车、医药、装备制造	2009.1	—	576.1
	西青经开区	经开区	1688	电子信息、汽车配套、机械	335.1	—	41.4
	武清经开区	经开区	915.49	生物医药	320.8	—	82.7
	东丽经开区	经开区	721.7	汽车、新能源、新材料	81.5	—	14.1

续表

城市	开发区简称	开发区类别	核准面积（公顷）	主导产业	GDP（亿元）	工业总产值（亿元）	税收收入（亿元）
上海	临港新片区	其他类型园区	11950	集成电路、生物医药、民用航空、新能源	1000.0	—	—
	松江经开区	经开区	5777	装备制造、集成电路、新材料	892.1	—	155.2
	张江高新区	高新区	4212	电子信息、生物医药、光机电一体化	—	12032.7	1182.7
	陆家嘴金融区	其他类型园区	3178	金融、航运、商务、文化旅游	5000.0	—	—
	上海化工区	经开区	2940	石化、新材料	—	—	111.8
	金桥经开区	经开区	2738	新能源汽车、机器人	870.0	—	365.9
	闵行经开区	经开区	1638	装备制造、机电、医药	322.3	—	58.6
	漕河泾开发区	经开区	1330	电子信息、新材料、生物医药	1410.1	—	158.8
	紫竹高新区	高新区	868	集成电路、软件、新能源、航空	—	249.0	43.8
广州	广州经开区	经开区	3858	电子及通信设备、化工、汽车	2978.9	—	907.5
	广州高新区	高新区	3734	电子信息、生物医药、新材料	—	7408.2	552.1
	南沙经开区	经开区	2760	航运物流、高端制造、金融商务	1683.2	—	395.5
深圳	深圳高新区	高新区	1150	电子信息、光机电一体化、生物医药	—	11080.9	713.3
苏州	苏州工业园区	高新区	8000	电子信息、生物医药、纳米技术	2743.4	4441.0	332.8
	太仓港经开区	经开区	1543	石油化工、装备制造、电力	732.7	—	181.1
	张家港经开区	经开区	1190	机械电子、纺织服装、新能源	1332.8	—	203.5

城市	开发区简称	开发区类别	核准面积（公顷）	主导产业	GDP（亿元）	工业总产值（亿元）	税收收入（亿元）
苏州	昆山经开区	经开区	1000	电子信息、光电、装备机械	1870.7	—	248.4
	浒墅关经开区	经开区	813	电子信息、装备制造、精密机械	672.2		120.2
	昆山高新区	高新区	786	电子信息、机器人、装备制造	—	1666.3	73.0
	常熟经开区	经开区	780	电子设备、装备制造、汽车	934.3	—	140.8
	苏州高新区	高新区	680	电子信息、装备制造、新能源		3102.0	120.0
南京	江宁经开区	经开区	3847	汽车、电气机械器材、电子	1594.0		307.1
	南京高新区	高新区	1650	软件、电子信息、生物医药	—	5676.4	357.2
	南京经开区	经开区	1137	光电显示、智能装备、生物医药	1135.3		263.1
无锡	无锡高新区	高新区	945	电子设备、电气机械器材	—	3845.9	178.7
	锡山经开区	经开区	920	电子信息、精密机械、纺织	710.0	—	96.9
	江阴高新区	高新区	660	新材料、微电子集成电路、医药	—	1688.6	68.8
杭州	余杭经开区	经开区	2747	装备制造、医药健康、节能环保	769.5	—	168.5
	杭州高新区	高新区	1212	信息技术、生命健康、节能环保	—	4007.0	407.7
	杭州经开区	经开区	1000	装备制造、生物医药、信息技术	1100.2	—	192.2
	萧山经开区	经开区	920	通用设备、服装纺织	534.0	—	209.4
	富阳经开区	经开区	741	有色金属采冶加工、电气机械、纸制品	618.6	—	81.8

城市	开发区简称	开发区类别	核准面积（公顷）	主导产业	GDP（亿元）	工业总产值（亿元）	税收收入（亿元）
宁波	宁波经开区	经开区	2960	化工、汽车、金属冶炼加工	1383.0	—	354.7
	大榭开发区	经开区	1613	临港化工、大宗商品贸易、港口物流	382.8	—	169.7
	杭州湾经开区	经开区	1000	汽车及零部件、新材料、电气	659.5	—	157.8
	宁波高新区	高新区	971	电子信息、新能源、节能环保、新材料	—	3426.2	314.6
	宁波石化经开区	经开区	770	石油加工、核燃料加工、化工	536.8	—	207.5
嘉兴	嘉兴经开区	经开区	1100	装备制造、汽车零配件、食品	1627.6	—	276.5
	嘉善经开区	经开区	1820	通用设备、电子信息、家具	520.1	—	90.6
	平湖经开区	经开区	1619	光机电、生物技术、特种纺织	539.4	—	71.2
	嘉兴秀洲高新区	高新区	572	智能制造、新能源、新材料	—	625.9	50.8
绍兴	袍江经开区	经开区	3369.3	纺织、新材料、生物医药	944.1	—	162.0
	柯桥经开区	经开区	990	石油、印染、化纤	850.2	—	135.1
	绍兴高新区	高新区	1044.24	新材料、电子信息、环保	—	760.9	35.6
合肥	合肥高新区	高新区	1850	家电及配套、汽车、电子信息	—	4224.5	481.9
	合肥经开区	经开区	985	家电、装备制造、电子信息	1150.2	—	174.5
成都	成都高新区	高新区	2150	信息技术、装备制造、生物	—	4522.1	265.1
	成都经开区	经开区	994	汽车、工程机械、食品饮料	1318.9	—	326.7

续表

城市	开发区简称	开发区类别	核准面积（公顷）	主导产业	GDP（亿元）	工业总产值（亿元）	税收收入（亿元）
武汉	东湖开发区	高新区	2400	光电子信息、生物、装备制造	—	—	—
	临空港经开区	经开区	1900	汽车、农副食品	1351.6	—	212.0
	武汉经开区	经开区	1000	汽车、电子电器、食品	1479.2	—	277.9
长沙	长沙高新区	高新区	1733.5	装备制造、电子信息、新材料	—	3561.6	183.9
	长沙经开区	经开区	1200	工程机械、汽车及零部件、电子信息	1207.3	—	155.5
	浏阳经开区	经开区	710	电子信息、生物医药、食品	407.2	—	39.7
	望城经开区	经开区	633.3	有色金属加工、食品、电子信息	340.6	—	42.2
	宁乡经开区	经开区	580.32	食品饮料、装备制造、新材料	346.3	—	40.2
	仙桃高新区	高新区	509	新材料、生物医药、电子信息	—	729.7	19.3
西安	西安高新区	高新区	2235	半导体、智能终端、装备制造	—	8479.7	871.1
	西安经开区	经开区	988	汽车、专用通用设备、新材料	1440.4	—	230.2
南昌	南昌经开区	经开区	980	电子信息、汽车及零部件、医药	517.5	—	72.2
	南昌小蓝经开区	经开区	1800	汽车及零部件、食品饮料、生物医药	532.6	—	74.0
	南昌高新区	高新区	680	生物医药、电子信息、新材料	—	3126.3	245.3

　　注：表中城市园区税收规模高于300亿元。经开区GDP、税收来源于《中国商务年鉴》（2019年数据），高新区工业总产值、税收来源于《中国火炬统计年鉴》（2019年数

据），陆家嘴金融贸易区、临港新片区数据来源于政府公开表述（2020 年数据）。加粗的为 GDP 高于 1000 亿元（含），或税收高于 200 亿元（含），或工业总产值高于 4000 亿元（含）的园区

　　资料来源：《中国开发区审核公告目录》（2018 年版），《中国火炬统计年鉴》，《中国商务年鉴》，公开资料，兴业研究

园区的绿色化：重点领域与金融支持模式

一、绿色园区概览

工业园区是我国减污降碳的重要靶点。2020年，全国217个国家级经开区地区生产总值11.6万亿元，同比增长6.4%，全国169个国家高新区生产总值13.6万亿元，同比增长11.7%，增幅均高于同期全国平均水平（2.3%），二者占同期国内生产总值比重合计达24.8%，可见工业园区已成为我国工业发展的主要形态和重要经济引擎。而作为工业生产活动最为活跃与集中的区域，往往也存在资源能源消耗密集、污染物排放量大等问题，根据清华大学（陈吕军等，2020）的测算，2015年，工业园区能源相关二氧化碳排放占我国能源相关二氧化碳排放总量的31%，工业园区水耗占全国总量的7.1%，化学需氧量、二氧化硫、氨氮和氮氧化物排放量分别占全国总量的34.1%、12.5%、83.6%、11.1%，氨氮排放占到了全国总量的80%以上。因此，工业园区仍是减污降碳的重要靶点，是我国环境保护和节能减排工作的重点区域。

在此背景下，工业园区的绿色低碳循环化发展已成为我国绿色发展的重点领域，近年来我国已创建了一系列绿色示范园区，并且随着我国绿色发展战略重点的转变，国家对园区绿色化发展的要求与侧重点也在逐步转变。

（一）绿色园区概念与分类

广义来看，绿色园区可以分为两大类，第一类是绿色产业园区，第二类是绿色化园区。前者主要为绿色环保产业集聚的行业专业性园区，侧重园区内的产业行业类别；后者则是生产经营活动绿色化水平较高的园区，不限园区内产业的行业类别，侧重整体的绿色化发展水平。本节将主要探讨第二类园区。

近年来，我国大力推动工业园区的绿色、低碳、循环化发展，在国家层面，各部委已累计建成了一批各具特色的国家级绿色示范园区，主要包括四大类：

一是园区循环化改造示范试点。国家发展改革委推动园区循环化改造工作，已累计创建了100个园区循环化改造示范试点（其中97个已通过验收）和29个循环化改造重点支持园区。

二是国家生态工业示范园区。生态环境部、商务部和科技部联合开展国家生态工业示范园区创建工作，已批准验收78个园区为国家生态工业示范园区，以及22个园区开展示范园区建设。

三是绿色工业园区。工信部在绿色制造体系下，累计创建了绿色工业园区223个。

四是低碳工业园区试点。工信部和国家发展改革委累计试点建设国家低碳工业园区51个。

此外，在最新国家政策文件中明确提出但尚未出台具体规范要求的绿色示范园区还包括碳达峰试点园区和节能环保示范园区：

- 碳达峰试点园区。《中共中央国务院关于完整准确全面贯彻新发展理念做好碳达峰碳中和工作的意见》、国务院《2030年前碳达峰行动方案》两份双碳顶层设计文件中都明确提出"开展碳达峰试点园区建设"。
- 节能环保示范园区。国务院《"十四五"节能减排综合工作方案》中提出要实施"园区节能环保提升工程"，"到2025年，建成一批节能环保示范园区"。

在地方层面，各地政府也参照国家要求推进了一批省级、市级绿色示范园区建设，同时，部分地方还推进了一批零碳（近零）示范园区的建设，如浙江、四川、上海、深圳等地都开始规划零碳（近零）试点示范园区。

这几类绿色园区①各有侧重。园区循环化改造侧重于实现产业耦合链式发展、固废资源化，能源资源梯级利用与资源效率提升；国家生态工业示范园区更加强调园区通过生态工业、产业共生的发展模式实现减排增效。所谓的生态工业，是指综合运用技术、经济和管理等措施，将生产过程中剩余和产生的能量和物料，传递给其他生产过程使用，形成企业内或企业间的能量和物料高效传输与利用的协作链网，从而在总体上提高整个生产过程的资源和能源利用效率、降低废物和污染物产生量的工业生产组织方式和发展模式。绿色工业园区更具综合性，要求园区在能源利用、资源利用、基础设施、产业发展、生态环境、运行管理等方面均贯彻资源节约和环境友好理念，并强调园区内绿色产业的培育、基础设施的共建共享以及园区信息平台的建设。节能环保示范园区侧重于能源系统整体优化和污染综合整治。低碳工业园区试点、碳达峰试点园区和零碳（近零）示范园区则更加强调园区的低碳化发展，其中零碳（近零）示范园区强调园区通过减源、增汇和替代等路径实现园区整体净零或近零碳排放。

针对我国已经开始创建的四类绿色园区，各部委均出台了相应的标准或指导文件，对各类绿色园区的实施范围、创建内容、评价标准方面都有较为明确的要求。从各类绿色园区的创建要求中可以看出，尽管各类绿色园区各有侧重，但都对工业园区在资源能源节约利用、环境保护、低碳发展等方面有一定的要求，因此部分绿色低碳发展水平较高的园区往往同时符合几类绿色示范园区的标准，从而同时获批成为多种绿色示范园区。

---

① 为避免歧义，除特殊说明外，本节均以"绿色园区"作为各类绿色化园区的总称（不包括绿色产业类的行业专业性园区），包括循环化改造示范园区、国家生态工业示范园区、绿色工业园区、国家低碳工业园区试点、节能环保示范园区等，而"绿色工业园区"则特指工信部绿色制造体系下创建的绿色工业园区，特此说明。

表 3-25　绿色园区分类

绿色园区	目标定位	状态	
园区循环化改造示范试点	强调园区循环化发展，侧重于提高园区资源利用效率	已开始创建	国家发展改革委已累计创建了 100 个园区循环化改造示范试点（其中 97 个已通过验收）和 29 个循环化改造重点支持园区
国家生态工业示范园区	强调园区通过生态工业、产业共生的发展模式实现减排增效		生态环境部、商务部和科技部联合开展国家生态工业示范园区创建工作，已批准验收 65 个园区为国家生态工业示范园区，以及 30 个园区开展示范园区建设
绿色工业园区	强调园区内绿色产业的培育、基础设施的共建共享以及园区信息平台的建设		工信部累计创建了绿色工业园区 223 个
低碳工业园区试点	强调园区低碳化发展		工信部和国家发展改革委累计试点建设国家低碳工业园区 51 个
碳达峰试点园区	强调园区低碳化发展	国家层面尚未出台具体要求	《中共中央国务院关于完整准确全面贯彻新发展理念做好碳达峰碳中和工作的意见》、国务院《2030 年前碳达峰行动方案》提出"开展碳达峰试点园区建设"
节能环保示范园区	强调园区低碳化发展		国务院《"十四五"节能减排综合工作方案》提出"到 2025 年，建成一批节能环保示范园区"
零碳（近零）示范园区	强调园区低碳化发展，通过减源、增汇和替代等路径实现园区整体净零或近零碳排放		部分地方出台了相关规划文件，如重庆、浙江、四川、上海、青岛、武汉、雄安等

资料来源：兴业研究根据公开资料整理

表3-26　现有绿色园区相关要求对比

	园区循环化改造示范试点	国家生态工业示范园区	绿色工业园区	低碳工业园区试点
主管部门	国家发展改革委	生态环境部、商务部、科技部	工信部	工信部和国家发展改革委
实施范围	具备一定的产业基础和产业规模，同时具备循环化改造基础及较大改造潜力	省级以上工业园区		
		重点在发展水平较高的工业园区开展，对园区经济发展水平有明确指标要求	重点在工业基础好、基础设施完善、绿色水平高的园区开展，要求园区是以产品制造和能源供给为主要功能、工业增加值占比超过50%	节能减排、资源综合利用、清洁生产等方面取得了较好的成绩，有较强的低碳技术创新能力，园区在传统产业转型升级或低碳新兴产业发展上有一定的基础
评价标准与方法	实施方案编制指南中给出了参考指标体系	已发布评价标准，符合性评价	已发布评价标准，目标引领性评价	实施方案编制指南中提出了指标类别建议，未给出具体指标
评价指标	资源能源利用、环境保护类指标：包括土地资源产出率、水资源产出率/利用率、工业固废综合利用率、工业用水重复利用率、能源产出率/能耗强度、可再生能源使用比例、单位工业增加值碳排放量削减率、工业固废/废水处置利用率等			
	共21项具体指标，包括园区循环经济产业链管理度等特色指标	共32项具体指标，包括新增生态工业链项目数量等特色指标	共31项具体指标，包括绿色产业增加值占比、基础设施绿色化指标等特色指标	
园区数量	100个示范试点（其中97个通过验收）和29个重点支持园区	73个已验收批准，22个在建	223个	51个

资料来源：兴业研究

（二）各类园区的国家政策要求

1. 园区循环化改造

2005 年起，我国开始在重点行业、重点领域、园区和城市组织开展循环经济试点工作。

"十二五"期间，国家发展改革委联合财政部展开了园区循环化改造示范试点工作。2011 年，国家"十二五"规划纲要将园区循环化改造列为循环经济重点工程。2012 年 4 月，国家发展改革委和财政部联合发布《关于推进园区循环化改造的意见》（发改环资〔2012〕765 号），提出了"十二五"期间园区循环化改造的目标：一是要从空间布局优化、产业结构调整、企业清洁生产、公共基础设施建设、环境保护、组织管理创新等方面，推进现有各类园区进行循环化改造，到 2015 年，50% 以上的国家级园区和 30% 以上的省级园区实施循环化改造；二是国家发展改革委、财政部将组织开展园区循环化改造示范工程，选择一些基础条件好、改造潜力大的园区进行循环化改造示范试点，并给予必要的资金支持，到 2015 年培育百个国家循环化改造示范园区，示范、推广一批适合我国国情的园区循环化改造范式、管理模式；三是循环化改造后园区的主要资源产出率、土地产出率大幅度上升，固体废物资源利用率、水循环利用率、生活垃圾资源利用率显著提高，主要污染物排放量大幅度降低，基本实现"零排放"。"十二五"期间，国家发展改革委和财政部确定了五批、共 100 个园区循环化改造示范试点，截至 2021 年已有 97 个试点通过验收。

"十三五"期间，国家发展改革委和财政部继续支持园区循环化改造。2017 年，国家发展改革委等 14 部委联合发布《循环发展引领行动》，要求推进园区循环化发展，制定实施《园区循环化改造行动》，提出"到 2020 年，国家重点支持 100 家园区进行循环化改造，推动 75% 的国家级园区和 50% 的省级园区开展循环化改造"。2016 年起，国家发展改革委和财政部以京津冀、长江经济带等国家战略区域为重点，择优重点支持一批园区开展循环化改造。2016 年和 2017 年，国家发展改革委和财政部共确定了 29 个园区循环化改造重点支持园区。

"十四五"时期，我国园区循环化改造工作将继续深化。2021年7月，国家发展改革委发布《"十四五"循环经济发展规划》，将园区循环化发展工程列入重点工程，提出"具备条件的省级以上园区2025年底前全部实施循环化改造"。2021年12月，国家发展改革委和工信部联合发布《关于做好"十四五"园区循环化改造工作有关事项的通知》（发改办环资〔2021〕1004号），进一步明确了"十四五"园区循环化改造工作目标："到2025年底，具备条件的省级以上园区（包括经济技术开发区、高新技术产业开发区、出口加工区等各类产业园区）全部实施循环化改造，显著提升园区绿色低碳循环发展水平。通过循环化改造，实现园区的能源、水、土地等资源利用效率大幅提升，二氧化碳、固体废物、废水、主要大气污染物排放量大幅降低。"同时提出，"国家发展改革委、工业和信息化部将统筹利用现有政策资金对园区循环化改造中的重大项目择优予以支持"。

2.国家生态工业示范园区

2007年4月，原国家环保总局、商务部和科技部三部门联合发布《关于开展国家生态工业示范园区建设工作的通知》（环发〔2007〕51号）[1]，提出"推动国家级经济技术开发区、国家高新技术产业开发区（以下简称国家级开发区）建设资源节约型和环境友好型的生态工业园区，促进国家级开发区又好又快地发展"。2011年12月，三部门再次联合发布《关于加强国家生态工业示范园区建设的指导意见》（环发〔2011〕143号）[2]，指出"国家生态工业示范园区建设是实现区域节能减排、保障环境安全的关键支撑。以工业园区为代表的工业集聚区是推动区域节能减排的关键。建设国家生态工业示范园区，通过推进结构调整、工程建设、管理强化和科技创新，

---

[1] 生态环境部官网.关于开展国家生态工业示范园区建设工作的通知（2007-04-05）〔2022-02-14〕.http://www.mee.gov.cn/gkml/zj/wj/200910/t20091022_172456.htm.

[2] 生态环境部官网.关于加强国家生态工业示范园区建设的指导意见（2011-12-05）〔2022-02-14〕.http://www.mee.gov.cn/gkml/hbb/bwj/201112/t20111208_221112.htm.

有利于减少污染物排放、加强污染防治基础设施建设、不断完善环境风险防控机制，是在区域层面和工业领域实现节能减排、保障环境安全的关键支撑"。

2015 年 12 月，原环保部、商务部和科技部联合发布《国家生态工业示范园区管理办法》（环发〔2015〕167 号），同时，《国家生态工业示范园区标准（HJ 274-2015）》也修订发布，明确国家生态工业示范园区是指"依据循环经济理念、工业生态学原理和清洁生产要求，符合《国家生态工业示范园区标准》和其他相关要求，并按规定程序通过审查，被授予相应称号的新型工业园区"。根据《国家生态工业示范园区标准（HJ 274-2015）》，国家生态工业示范园区需符合经济发展、产业共生、资源节约、环境保护、信息公开五大方面至少 23 项具体指标，其中包括节能减排相关具体指标。

2021 年 9 月，国家生态工业示范园区建设协调领导小组办公室发布《关于推进国家生态工业示范园区碳达峰碳中和相关工作的通知》（科财函〔2021〕159 号）①，提出"以习近平生态文明思想为指引，将碳达峰、碳中和作为示范园区建设的重要内容，通过践行绿色低碳理念、强化减污降碳协同增效、培育低碳新业态、提升绿色影响力等措施，以产业优化、技术创新、平台建设、宣传推广、项目示范为抓手，在'一园一特色，一园一主题'的基础上，形成碳达峰碳中和工作方案和实施路径，分阶段、有步骤地推动示范园区先于全社会在 2030 年前实现碳达峰，2060 年前实现碳中和"。

2017 年 1 月，原环保部、商务部和科技部联合发布《关于发布国家生态工业示范园区名单的通知》，公布了 48 个已批准为国家生态工业示范园区的园区名单和 45 个批准开展国家生态工业示范园区建设的园区名单，近年来又陆续验收批准了 25 个园区为国家生态工业示范园区，以及新批准了 2 个园区

---

① 生态环境部官网.关于推进国家生态工业示范园区碳达峰碳中和相关工作的通知（2021-09-01）〔2022-02-14〕. https://www.mee.gov.cn/xxgk2018/xxgk/sthjbsh/202109/t20210901_884575.html.

开展国家生态工业示范园区建设。因此，截至目前，我国共有73个已批准的国家生态工业示范园区，以及22个批准开展国家生态工业示范园区建设的园区。

3.绿色工业园区

绿色工业园区是我国绿色制造体系建设的重要组成部分。2015年5月，国务院《中国制造2025》首次提出绿色制造体系，其中提出了"发展绿色园区，推进工业园区产业耦合，实现近零排放"，"到2020年，建成百家绿色示范园区"。

2016年9月，工信部发布《关于开展绿色制造体系建设的通知》（工信厅节函〔2016〕586号，以下简称《通知》），明确了绿色制造体系建设的主要内容包括绿色工厂、绿色产品、绿色园区和绿色供应链，并提出了到2020年"建设百家绿色园区和千家绿色工厂，开发万种绿色产品，创建绿色供应链"的目标。其中，针对绿色园区，《通知》明确指出："绿色园区是突出绿色理念和要求的生产企业和基础设施集聚的平台，侧重于园区内工厂之间的统筹管理和协同链接。推动园区绿色化，要在园区规划、空间布局、产业链设计、能源利用、资源利用、基础设施、生态环境、运行管理等方面贯彻资源节约和环境友好理念，从而实现具备布局集聚化、结构绿色化、链接生态化等特色的绿色园区。从国家级和省级产业园区中选择一批工业基础好、基础设施完善、绿色水平高的园区，加强土地节约集约化利用水平，推动基础设施的共建共享，在园区层级加强余热余压废热资源的回收利用和水资源循环利用，建设园区智能微电网，促进园区内企业废物资源交换利用，补全完善园区内产业的绿色链条，推进园区信息、技术服务平台建设，推动园区内企业开发绿色产品、主导产业创建绿色工厂，龙头企业建设绿色供应链，实现园区整体的绿色发展。"

《通知》随附了绿色工厂、绿色工业园区和绿色供应链管理的评价要求，其中，绿色工业园区评价要求中除了遵循国家和地方绿色、循环和低碳相关法规、近3年未发生重大污染事故等基本要求外，还包括了六个方面的评价指标：能源利用绿色化指标、资源利用绿色化指标、基础设施绿色化指标、产业绿色化指标、生态环境绿色化指标、运行管理绿色化指标。在《通知》发布当月，工信部和国标委联合发布《绿色制造标准体系建设指南》推进绿色制造标准化工作，提出加快绿色产品、绿色工厂、绿色企业、绿色园区、绿色供应链等重点领域标准制修订。

根据《通知》的要求，工信部从2017年起启动了绿色制造体系建设示范工作，截至2021年已确定了六批绿色制造示范名单，并每3年一复核，目前已入选绿色工业园区示范的有223个。

4.低碳工业园区

2013年10月，工信部和国家发展改革委联合发布《关于组织开展国家低碳工业园区试点工作的通知》（工信部联节〔2013〕408号），提出了低碳工业园区试点工作的总体思路和目标："选择一批基础好、有特色、代表性强、依法设立的工业园区，通过试点建设，大力使用可再生能源，加快钢铁、建材、有色、石化和化工等重点用能行业低碳化改造；培育积聚一批低碳型企业；推广一批适合我国国情的工业园区低碳管理模式，试点园区碳排放强度达到国内行业先进水平，引导和带动工业低碳发展。"通知随附《国家低碳工业园区试点工作方案》。

目前，我国已在2014年和2016年分两批确定了共51个国家级低碳工业园区试点。

5."十四五"时期国家对园区绿色低碳发展的政策要求

一方面，现有绿色示范园区创建工作将继续推进。一是园区循环化改造，《"十四五"循环经济发展规划》《关于做好"十四五"园区循环化改造工作有关事项的通知》（发改办环资〔2021〕1004号）明确提出，到2025年底，具备条件的省级以上园区（包括经济技术开发区、高新技术产业开发区、出口加工区等各类产业园区）全部实施循环化改造。

二是绿色工业园区建设，工信部2021年12月发布的《"十四五"工业绿色发展规划》明确了"十四五"时期工业绿色发展的主要任务，其中明确提出"围绕重点行业和重要领域，持续推进绿色产品、绿色工厂、绿色工业园区和绿色供应链管理企业建设，遴选发布绿色制造名单。……实施对绿色制造名单的动态化管理，探索开展绿色认证和星级评价，强化效果评估，建立有进有出的动态调整机制"。

另一方面，节能降碳将成为双碳目标下工业园区改造的一个重点方向。一是国家生态工业示范园区将率先推动碳达峰、碳中和，2021年9月，国家生态工业示范园区建设协调领导小组办公室发布《关于推进国家生态工业示范园区碳达峰碳中和相关工作的通知》，提出"将碳达峰、碳中和作为示范园区建设的重要内容，……在'一园一特色，一园一主题'的基础上，形成碳达峰碳中和工作方案和实施路径，分阶段、有步骤地推动示范园区先于全社会在2030年前实现碳达峰，2060年前实现碳中和"。

二是开展碳达峰试点园区建设。2021年10月公布的《中共中央国务院关于完整准确全面贯彻新发展理念做好碳达峰碳中和工作的意见》明确提出"开展碳达峰试点园区建设"。随后国务院发布的《2030年前碳达峰行动方案》中再次提出"组织开展碳达峰试点建设。加大中央对地方推进碳达峰的支持力度，选择100个具有典型代表性的城市和园区开展碳达峰试点建设，在政策、资金、技术等方面对试点城市和园区给予支持，加快实现绿色低碳转型，为全国提供可操作、可复制、可推广的经验做法"。

三是实施园区节能环保提升工程，建设节能环保示范园区。2022年1月24日，国务院发布《"十四五"节能减排综合工作方案》，提出10项节能减排重点工程，其中第二项即"园区节能环保提升工程"，具体要求为："引导工业企业向园区集聚，推动工业园区能源系统整体优化和污染综合整治，鼓励工业企业、园区优先利用可再生能源。以省级以上工业园区为重点，推进供热、供电、污水处理、中水回用等公共基础设施共建共享，对进水浓度异常的污水处理厂开展片区管网系统化整治，加强一般固体废物、危险废物集中贮存和处置，推动挥发性有机物、电镀废水及特征污染物集中治理等'绿岛'项目建设。到2025年，建成一批节能环保示范园区。"

表3-27 国家层面绿色园区发展展望

绿色园区	未来发展要求
园区循环化改造	到2025年底，具备条件的省级以上园区全部实施循环化改造
国家生态工业示范园区	分阶段、有步骤地推动示范园区先于全社会在2030年前实现碳达峰，2060年前实现碳中和
绿色工业园区建设	"十四五"时期将持续推进绿色工业园区建设，遴选发布绿色制造名单，并实施动态管理
碳达峰试点园区建设	选择100个具有典型代表性的城市和园区开展碳达峰试点建设
节能环保示范园区	到2025年，建成一批节能环保示范园区

资料来源：兴业研究根据公开资料整理

（三）绿色园区的区域分布与地方政策要求

1.绿色园区区域分布

从国家各部委已开展的循环化改造示范园区、国家生态工业示范园区、绿色工业园区、低碳工业园区试点这四类绿色示范园区的地区分布来看，国家级开发区中，江苏、浙江、广东、江西、山东和湖南等地入选国家示范绿色园区较多，而这些地区本身拥有的国家级开发区数量也较多，如果再考虑到国家级开发中绿色园区占比，则在国家级开发区数量超过10个的地区中，江西、四川和广东省的绿色园区占比较高，均超过了45%，而福建和内蒙古的绿色园区占比则相对较低，均不超过17%。

省级开发区中，山东、安徽、浙江、江苏、贵州、甘肃等地绿色园区较多，如果考虑到省级开发区中绿色园区占比，则在省级开发区数量超过20个的地区中，贵州、山西、甘肃、浙江、安徽、福建和上海绿色园区占比较高，均超过了10%，占比较低的为黑龙江、广东和陕西，均不超过3%。

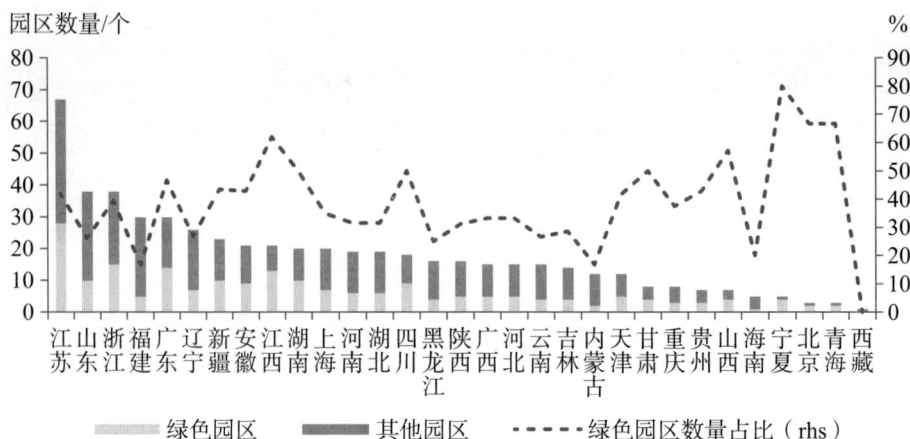

图3-34　国务院批准设立的开发区中绿色园区分布情况

资料来源：兴业研究根据公开资料整理

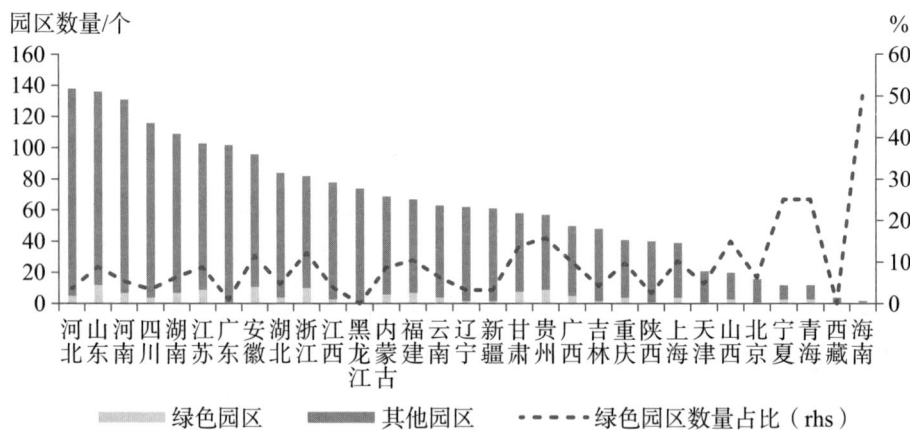

图3-35　省（区、市）人民政府批准设立的开发区中绿色园区分布情况

资料来源：兴业研究根据公开资料整理

2.各地方绿色园区发展政策要求

各地方也在积极推动当地园区的绿色低碳化发展，除了积极申报国家示范绿色园区外，在地方层面也创建了一批省级示范、市级示范绿色园区。随着各地"十四五"绿色发展相关规划陆续出台，各地也对绿色园区发展提出了相应的规划目标。

表 3-28　各省（区、市）绿色园区建设目标规划

省（区、市）	绿色园区建设目标
浙江	• 2022年新增省级绿色低碳工业园区 10 个、市级绿色低碳工业园区 18 个。 • 到 2025 年，建成省级绿色低碳工业园区 50 个；推动制造业类省级以上园区全部实施绿色低碳循环升级。
江苏	• 到 2022 年，实现 95% 以上的省级以上开发区和化工集聚区完成循环化改造，建设 12 个绿色园区。 • 到 2025 年，全省培育绿色工厂 1000 家、绿色园区 15 个。
湖北	• "十四五"时期，新增全国示范绿色工厂 30 家、绿色产品 10 个、绿色供应链 10 条、绿色园区 5 个。
福建	• 到 2025 年，累计创建绿色工厂 300 家、绿色园区 20 个。
江西	• 到 2025 年，建设绿色供应链管理企业，建成省级以上绿色园区 50 个以上。 • 到 2025 年，80% 以上的园区实施循环化改造。
上海	• 到 2025 年，创建零碳工厂 30 家、零碳园区 5 个、零碳数据中心 5 家。
甘肃	• 到 2025 年，力争新创建省级绿色园区 5 个、绿色工厂 100 家、绿色产品 20 种。
黑龙江	• 到 2025 年，创建省级以上绿色工厂 20 家、绿色工业园区 2 个。
广西	• 到 2025 年，创建绿色工厂 60 家以上、绿色园区 20 个以上。
云南	• 到 2025 年，力争全省取得省级及以上部门认定的绿色工厂、绿色园区分别达到 200 家、50 个，绿色设计产品 100 种以上。
湖南	• 到 2025 年，新增创建省级及以上绿色工厂 500 家以上、绿色园区 50 个。
贵州	• 到 2025 年，全省省级以上绿色产品 50 个、绿色工厂 100 家、绿色园区 50 个、绿色供应链 10 条。
四川	• "十四五"时期，力争新创建 200 家绿色工厂、20 个绿色园区，培育 10 个绿色低碳园区、50 家绿色低碳工厂。
海南	• 到 2025 年，全面推广绿色制造，认定一批绿色产品，打造 10 家绿色工厂和 2 个绿色园区。
重庆	• 到 2025 年，建成绿色园区 30 个。
安徽	• 到 2025 年，培育国家级绿色设计产品 100 种，创建国家级绿色工厂 50 家，绿色供应链管理示范企业 10 家，绿色园区 10 个，培育打造省级绿色工厂 300 家以上。

省（区、市）	绿色园区建设目标
河南	• 力争到 2025 年，新增国家级绿色工厂（园区）150 个，省级绿色工厂（园区）500 个。
山东	• 力争到 2025 年，建成国家级和省级绿色工厂 500 家，绿色园区 20 个，绿色设计产品 500 种。
河北	• 到 2025 年，累计创建省级以上绿色工厂 500 家、绿色园区 20 个、绿色设计产品 100 种、国家级绿色供应链企业 10 家。
内蒙古	• 到 2025 年，争取新创建绿色产品 20 种，新创建绿色工厂 50 家，新创建绿色园区 15 个。
陕西	• 力争到 2025 年，创建国家级和省级绿色工厂 100 家、绿色园区 10 个、绿色供应链管理示范企业 20 家以上。
宁夏	• 到 2025 年，培育绿色园区 12 个以上、绿色工厂 100 家以上。

资料来源：兴业研究根据公开资料整理

此外，我国"十三五"规划中提出"实施近零碳排放区示范工程"，在此背景下，部分地方政府出台了专门的政策文件推进近零碳排放区示范建设，零碳（近零）示范园区是其中的重要内容。

表 3-29　部分地区发布的近零碳排放区示范相关政策要求

地区	文件	发布时间	相关内容
四川省	关于开展近零碳排放园区试点工作的通知	2022/4/24	在 2025 年前，建成 20 个左右近零碳排放园区，在近零碳路径探索、场景打造、投资融资、技术应用、数字赋能、统计核算、管理机制等方面形成一批可复制可推广的经验，推荐一批试点园区申报国家近零碳排放区示范工程。
	四川省近零碳排放园区试点建设工作方案		
天津市	关于开展低碳（近零碳排放）示范建设工作的通知	2021/11/1	天津市低碳（近零碳排放）示范建设采用"1+N"的模式，即"1"为行政区域、"N"为多个重点领域，重点领域包括建筑、企业、工业园区、社区等。

续表

地区	文件	发布时间	相关内容
深圳市	关于印发深圳市近零碳排放区试点建设实施方案的通知	2021/11/1	开展近零碳排放园区试点。遴选若干个减排潜力较大或低碳基础较好的园区开展近零碳排放园区试点建设。
	关于开展近零碳排放区试点申报的通知	2021/11/5	
上海市	关于印发上海市低碳示范创建工作方案的函	2021/8/9	到 2025 年，创建零碳工厂 30 家、零碳园区 5 家。
	上海市工业和通信业节能降碳"百一"行动计划（2022—2025）	2022/6/2	
湖北省	关于组织开展近零碳排放区示范工程试点申报工作的通知	2021/1/26	开展近零碳园区试点。申报主体为园区管理委员会、经济开发区管理委员会等。试点应严格实行低碳门槛管理，构建循环经济产业链，培育绿色低碳产业，示范推广碳捕集、利用和封存（CCUS）技术，探索建立节能降碳与生态环境协同治理机制，以单位工业增加值碳排放下降和工业生产过程温室气体排放持续下降为主要目标，形成各具特色的近零碳园区模式。

资料来源：兴业研究根据公开资料整理

二、绿色园区建设的重点领域与业务机会

根据国家各类绿色园区建设标准及创建要求，工业园区绿色低碳、循环化改造的重点内容主要包括以下几个方面：

一是园区能源系统整体优化、提升可再生能源利用比例。推动工业园区能源系统整体优化，推进能源梯级利用，开发能源资源的清洁高效利用技术，开展清洁能源替代改造，提高可再生能源利用率。

二是资源循环高效利用、实现全面清洁生产。根据物质流和产业关联性，优化园区产业空间布局，体现产业集聚和循环链接效应，实现土地

的节约集约高效利用；按照循环经济减量化优先的原则，推行清洁生产，促进源头减量；推动余热余压利用、企业间废物交换利用和水资源循环利用。

三是污染集中治理。加强污染集中治理设施建设及升级改造，加强一般固体废物、危险废物集中贮存和处置，实行园区水污染、固废危废集中治理。

四是公共基础设施共建共享。推进供热、供电、污水处理、中水回用等各类基础设施的共建共享、集成优化，降低基础设施建设和运行成本，提高运行效率。

其中，主要涉及三大重点领域：工业园区能源低碳转型与节能、资源循环高效利用、污染集中治理。

（一）重点领域之一：工业园区能源低碳转型与节能

1.园区是工业领域节能降碳的靶点

工业园区能源消费结构仍以化石能源为主，并且煤炭消费占比高于全国平均水平。从能源消费结构来看，我国工业园区能源消耗仍以化石能源为主，能源消费品种多样化需求更加显著。根据清华大学环境学院（陈吕军等，2020）对213家国家级园区在2015年的能源消费数据的统计，燃煤消耗仍占绝对主导地位，占总消费量的比例高达73%，明显超过同年中国工业部门的燃煤消费份额（56%），原油和天然气消耗占总消费量比分别为9.6%和8%。对于企业聚焦的园区，余热、生物质、煤矸石及工业废弃物相较于非园区有更好的利用环境，但目前工业园区该类非常规能源利用比例不高，仅为2%。电力方面，我国工业园区部分有自发电能力，自发电上网和外购电力平衡后，外购电力占比约为2.8%。从各类园区的能耗对比来看，综合类园区、机械装备类和化工类园区能耗占比最大，均在20%以上。

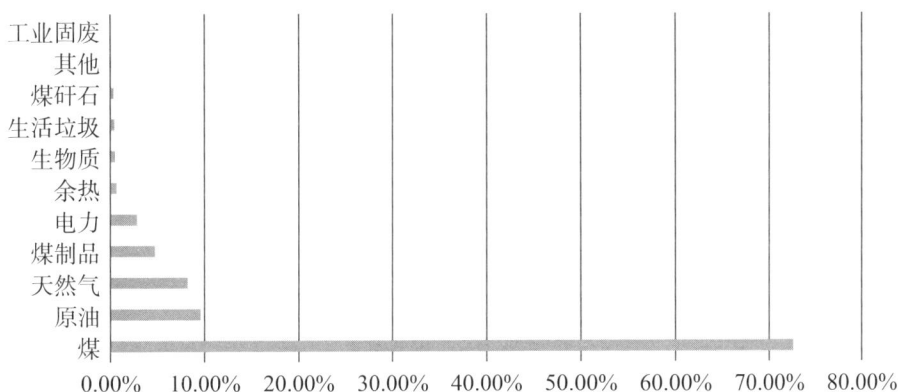

图3-36　工业园区各类能源消费占比

资料来源：清华大学环境学院（陈吕军等，2020），兴业研究

工业园区能源碳排放占全国比例达到31%，其中，直接排放占比较大，煤炭消费和加工运输贡献最大。从温室气体排放方面，根据清华大学环境学院（陈吕军等，2020）的测算，2015年，工业园区二氧化碳排放占我国能源相关二氧化碳排放的比例达到31%，"十三五"时期，我国工业园区快速发展，工业企业入园率进一步提升，因此，工业园区碳排放占比实际已远高于31%，明确园区碳减排路径并推广行之有效的碳减排措施已刻不容缓。从排放类别来看，直接排放占比约85%，间接排放占比约15%，工业园区碳排放中，煤炭消耗和运输加工占比都较大，其中，煤炭相关直接排放占燃料直接排放总量的86%，占煤炭消耗和运输加工间接排放总量的52%。

能源基础设施排放占工业园区排放的75%以上。工业园区的能源基础设施是指在工业园区物理边界内建设的热电厂、发电厂、供热厂等集中式能源基础设施。我国工业园区的能源基础设施中，燃煤机组和天然气机组在能源基础设施中占绝对主导。从排放占比来看，能源基础设施的温室气体排放贡献约占园区总温室气体排放的75%。不同类别的工业园区排放有所差异，化工、纺织、造纸类园区能源基础设施贡献普遍在80%以上，而高新园区能源基础设施排放贡献一般低于80%（陈吕军等，2020）。能源基础设施的低碳化是我国工业园区节能减排的重点环节。

2.工业园区的能源低碳转型和节能的重点领域

基于工业园区的能耗和碳排放特征，工业园区能源低碳转型和节能的重点主要在以下几个方面：能源基础设施的低碳改造、可再生能源替代、能源综合管理系统建设、碳捕集利用与封存。在2035年前，前三项措施将通过能源结构和能效提升优化在工业园区的碳减排方面作出重要贡献；而在2035年以后，碳捕集利用与封存作为末端处理措施将在远期的深度减排中发挥越发重要的作用。

表3-30　工业园区能源低碳转型案例

园区	能源转型方式
苏州工业园区	国家低碳工业园区试点，园区支持光伏、储能、分布式燃机、智慧平台等156个能源互联网项目落地，累计并网、备案分布式光伏容量超170兆瓦，备案充电桩（枪）1430台，建成储能项目6个，此外园区内已投入运营天然气分布式能源站、餐厨垃圾处理产生沼气项目及LNG存储气化站等，基本形成了"光伏—储能—充电桩—天然气分布式"区域能源互联网络。
北京金风科技亦庄智慧园区	首个"碳中和"园区，部署4.8兆瓦分散式风电、1.3兆瓦分布式光伏、锂电池、超级电容等多种形式智能微网，实现2020年清洁能源电量占比50%，通过购买CCER抵消园区内全部温室气体排放。
杭州湾上虞经济技术开发区	国家生态工业示范园区、国家循环化改造示范试点园区。推动绿色智慧电网建设，推广清洁能源接入和消纳。
东营港经济开发区	实施工业能效赶超行动和低碳标杆引领计划，加强高耗能行业能源管控，淘汰落后高耗能设备。建设集中供热项目，以大容量高参数锅炉替代分散式小锅炉，以热电联产形式运行。推动余热回收利用，充分利用企业生产过程产生的蒸汽和低位热，实现热量在园区内的整体平衡与调度。
鄂尔多斯零碳产业园	新型电力系统和数字化体系实现零碳电池智能制造，产业园内的风机、光伏、储能与智能物联网协同形成的清洁、稳定、高效的新型电力系统，为生产提供100%零碳能源供给。
永城经济技术开发区	工业余热利用、工业能效提升、生物质与光伏发电。
江苏华电扬州化工园区	新建燃煤背压热电联产。

资料来源：兴业研究

（1）能源基础设施低碳化改造

基础设施共建共享是工业园区的优势和特点。能源基础设施是工业园区低碳转型的关键，工业园区能源基础设施碳排放平均占工业园区直接碳排放的75%，同时，该类基础设施是园区运营和发展的基础，具有长期的碳排放锁定效应（陈吕军等，2020）。因此，能源基础设施的绿色升级实际上是园区低碳发展的牛鼻子。我国工业园区能源基础设施具有燃煤机组多，小容量机组多，热电联产机组多，年轻机组多的特点。"十四五"时期园区能源基础设施低碳化重点可以放在如下基础设施的改造和替代：燃煤锅炉改造为燃气、垃圾焚烧炉替代燃煤锅炉、抽凝/纯凝汽轮机升级为背压汽轮机、大容量燃煤机组替代小容量燃煤机组、大容量天然气联合循环机组替代小容量燃煤机组。

工业园区能源基础设施低碳化改造和替代也将带来巨大的投资机遇。通过典型项目来看，江苏华电扬州化工园区在2019年启动了新建燃煤背压热电联产项目，将满足现有热电机组服役期满后的供热需求和化工园区现有燃煤锅炉有序关停及新建项目供热需要，该项目总投资15亿元[①]。此外，吉林、山东等地区也有工业园区生物质替代燃煤锅炉的案例，单个园区的投资额也在10亿元以上。

工业园区能源基础设施低碳改造的主体一般为工业园区的开发和运营机构，部分园区也可能由能源供应企业提供。

（2）可再生能源替代（包括"分布式光伏+园区"）

工业园区的可再生能源替代包括两种路径，一是具有燃煤自备电厂的工业园区，可有序配置一批与自备电厂调峰空间相匹配的新能源发电项目；二是有新增负荷的园区，可全部采用或部分采用可能再生能源电力的方式，采用全额发电自用，按需配置新能源装机规模，新增符合实现全清洁能源供电。园区根据区位条件，可以选择风能、太阳能、氢能、生物质能等可再生

---

① 国际电力网．江苏华电扬州化工园区热电联产项目签约［EB/OL］．（2018-12-14）［2022-06-11］．https://power.in-en.com/html/power-2305505.shtml.

能源、清洁能源类别，现阶段可以将其与常规能源融合发展，发挥多能互补和协同供应，实现能源间优化配置。未来在充分挖掘可再生能源、清洁能源利用潜力的基础之上，实现真正的能源替代和绿色供给。

例如，位于蒙苏经济开发区江苏产业园的鄂尔多斯零碳产业园，基于当地丰富的可再生能源资源和智能电网系统，推动能源转型，构建以"风光氢储车"为核心的绿色能源供应体系，实现了高比例、低成本、充足的可再生能源生产与使用，园区80%的能源由本地的风电、光伏直供，20%与电网交易，实现100%绿色零碳能源供给[①]。

园区可再生能源替代的主要投资领域包括风电、分布式光伏、储能、智能微电网等的设备设施，推进的方式可能包括园区整体推进和局部用户推进。工业园区可再生能源替代项目的融资需求可能主要包括两类，一类是园区的运营主体，一类是购买园区厂房的企业。

其中，"分布式光伏+园区"是园区可再生能源替代的重要途径之一。分布式光伏分为工商业分布式和户用分布式，工业园区屋顶面积大，适合建设工商业分布式光伏。据兴业研究测算，"自发自用，余电上网"模式的工商业光伏是收益率最高的光伏装机形式。推动分布式光伏与工业园区融合发展一方面降低碳排放，另一方面将带来投资回报。

表3-31 三种光伏装机模式IRR比较

元/千瓦时	集中式电站	户用分布式	工商业分布式
组件价格	1.85	1.85	1.85
逆变器	0.15	0.25	0.25
固定支架	0.29	0.19	0.19
建安费用	0.63	0.46	0.46
一次设备	0.4	0.24	0.24
二次设备	0.08	0.07	0.07

---

① 中国电力新闻网. 鄂尔多斯：谋划"双碳"布局，锚定零碳未来［EB/OL］.（2022-05-10）［2022-06-11］. http://www.cpnn.com.cn/news/mt/202204/t20220429_1508313_wap.html.

元／千瓦时	集中式电站	户用分布式	工商业分布式
电缆价格	0.22	0.22	0.22
土地成本	0.19	0	0
电网接入成本	0.25	0.13	0.13
管理费用	0.06	0.06	0.06
屋顶租赁	0	0.05	0.05
屋顶加固	0	0.24	0.24
合计	4.12	3.76	3.76
模式	全额上网	全额上网	自发自用，余电上网
燃煤基准价	0.369	0.369	0.369
工商业电价			0.59
IRR	3.6%	5.7%	13.0%

注：发电按 1200 小时测算，自发自用、余电上网模式按 80% 自用计算

资料来源：兴业研究整理测算

2019—2021 年，"分布式光伏＋园区"受补贴政策、商业模式政策影响，投资热情不高，装机增速下降，主要因素包括户用光伏度电补贴较工商业分布式出现溢价、工商业度电补贴下滑幅度较户用光伏大、竞价方式的上网电价较指导电价存在折扣挤压工商业分布式电站收益率等。

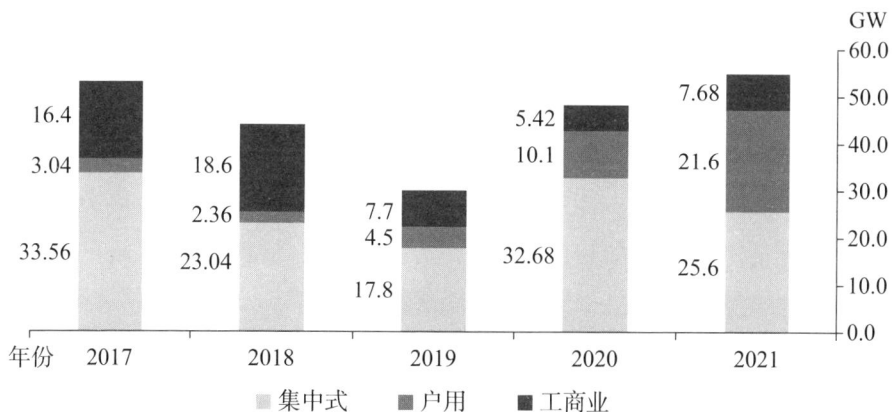

图 3-37　集中式、户用和工商业光伏装机（GW）

资料来源：国家能源局，兴业研究

此外，工商业分布式光伏屋顶业主差异化较大、筛选标准相对较严，也影响了装机规模的增长。三方投资的"自发自用，余电上网"的工商业光伏，其模式一般为向屋顶业主收取折扣电费，因此屋顶业主的持续经营能力、征信情况、用电需求等因素对电站的收益率影响较大。诸如央国企、上市公司、500强等公司厂房屋顶是项目开发投资方的优先选择。以某企业光伏工商业EMC业务模式开发标准为例，经营稳定性、可持续性是基础标准，政府及事业单位、央国企、上市公司、知名外资、民营龙头等是优先选择，且对于自发自用比例要求在70%以上。

	自发自用比例	业主企业性质要求
一类地区	≥70%	企业未被列入被执行人，且具备稳定、持续经营能力
二类地区	≥90%	1）央国企/政府事业单位 2）上市公司、民企/地方龙头企业 3）知名外资/品牌企业、经营特别优质的民企
三类地区	≥100%	无企业性质要求

图3-38　某企业光伏工商业EMC业务模式开发标准

注：一类地区指江苏、浙江、上海、广东、北京；二类地区指山东、河北（冀北）、河南（豫北）、安徽（皖北）、江西（赣州、南昌）、湖南（湘南）、湖北、福建（沿海）海南、广西（钦北防）；三类地区指河北（冀南）、河南（豫南）、江西（其他地区）

资料来源：兴业研究根据公开资料整理

近年来，国家和地方激励政策频出，支持分布式电源开发建设和就近接入消纳，开展源网荷储一体化绿色供电园区建设。一方面，逐步落实工商业电价市场化改革，释放价格信号；另一方面，鼓励具备条件地区统一组织推进分布式发电市场化交易，完善市场交易机制。

在电价改革方面，2021年7月起，随着电力供需形势紧张，各地逐渐取消市场化交易电价"暂不上浮"的规定，允许交易电价在燃煤标杆电价基础上向上浮动至10%。2021年10月，国家发展改革委发布《关于进一步深化燃煤发电上网电价市场化改革的通知》，提出有序放开全部燃煤发电电量上网电价，扩大市场交易电价上下浮动范围，且高耗能企业市场交易电价不受上浮20%限制，同时有序推动工商业用户全部进入电力市场，按照市场价格购电，取消工商业目录销售电价。2021年，以来电力"拉闸限电"导致了电价政策调整，调整后的电价普遍上涨。基准电价上涨是对新能源行业最大利好，尤其是"自发自用，余电上网"模式的工商业分布式，直接拉高了项目的IRR。

在交易机制方面，国家发展改革委、国家能源局从2017年开始推动分布式发电市场化交易试点工作，江苏省2019年率先出台了《江苏省分布式发电市场化交易规则（试行）》并开始试点交易。2020年12月，江苏省常州市天宁区郑陆工业园区5兆瓦分布式市场化交易试点项目成功并网发电，所发电量就近在110千伏武澄变电所供电区域内直接进行市场化交易。

表3-32　分布式光伏市场化交易试点（隔墙售电）相关政策

政　策	要　　点
国家发展改革委、国家能源局《关于开展分布式发电市场化交易试点的通知》（2017年）	明确分布式发电交易的项目规模、交易模式、过网费确定方式。
国家发展改革委、国家能源局《关于开展分布式发电市场化交易试点的补充通知》（2017年）	明确试点组织方式及分工、试点方案内容要求、试点方案报送等。
国家能源局《分散式风电项目开发建设暂行管理办法》（2018年）	允许分散式风电项目向配电网内就近电力用户直接售电。
江苏能监办《江苏省分布式发电市场化交易规则（试行）》（2019年）	规范江苏分布式发电市场化交易，规定了交易主体、项目规模、组织方式、交易价格、结算方式等。
江苏发展改革委、能监办《关于积极推进分布式发电市场化交易试点有关工作的通知》（2020年）	明确7个试点区域：苏州工业园区、常州市天宁郑陆工业园、盐城市现代高端纺织产业园、海门市余东镇、江阴市、姜堰经济技术开发区、兴华市。
国家发展改革委、国家能源局《关于推进电力源网荷储一体化和多能互补发展的指导意见》（2021年）	园区（居民区）级源网荷储一体化。在工业负荷大、新能源条件好的地区，支持分布式电源开发建设和就近接入消纳，结合增量配电网等工作，开展源网荷储一体化绿色供电园区建设。鼓励具备条件地区统一组织推进相关项目建设，支持参与跨省区电力市场化交易、增量配电改革及分布式发电市场化交易。

续表

政策	要　点
国家能源局《能源领域深化"放管服"改革优化营商环境实施意见》（2021年）	完善市场交易机制，支持分布式发电参与市场交易，推动开展分布式发电就近交易，落实相关价格政策。推动分布式发电参与绿色电力交易。
国家发展改革委、国家能源局《关于加快建设全国统一电力市场体系的指导意见》	健全分布式发电市场化交易机制。鼓励分布式光伏、分散式风电等主体与周边用户直接交易，完善微电网、存量小电网、增量配电网与大电网间的交易结算、运行调度等机制，增强就近消纳新能源和安全运行能力。
国家发展改革委、国家能源局《"十四五"现代能源体系规划》（2022年）	积极推进分布式发电市场化交易。支持分布式发电与同一配电网区域的电力用户就近交易，完善支持分布式发电市场化交易的价格政策及市场规则。
国家发展改革委、国家能源局《"十四五"可再生能源发展规划》（2022年）	完善分布式发电市场化交易机制，规范交易流程，扩大交易规模。
苏州工业园区管委会《苏州工业园区进一步推进分布式光伏发展的若干措施》（2022年）	保障分布式光伏电网接入：供电公司做好配电网建设工作，切实保障光伏接入需求。 财政补贴：分布式光伏项目按项目发电量补贴0.1元/千瓦时，补贴1年。储能项目按项目放电量补贴0.3元/千瓦时，补贴3年。 金融支持：对分布式光伏和储能项目提供贷款支持，符合条件的项目可享受"绿色智造贷"专项风险补偿支持。

资料来源：兴业研究

　　此外，还有地方通过财政补贴扶持工业园区分布式光伏的发展。苏州工业园区2022年开展财政补贴扶持，分布式光伏项目按项目发电量补贴0.1元/千瓦时，补贴1年，同时支持光伏项目配置储能设施，按项目放电量补贴0.3元/千瓦时，补贴3年。

　　未来，园区分布式光伏还有广阔的发展空间。笔者根据住建部2020年的统计数据，对我国工业、商业及公共机构屋顶光伏装机空间进行测算。我国工业、商业及公共机构屋顶的光伏理论装机空间接近660GW，截至2021年底，工商业光伏累计装机65GW左右，工商业分布式装机还有很大空间。

表3-33　我国工业、商业及公共机构屋顶的光伏装机空间测算

相关参数	工业	商业	公共管理与服务
建筑用地面积（亿平方米）	139	54	69
建筑密度（%）	40	40	40
屋顶面积（亿平方米）	55.6	21.6	27.6
装机功率密度（W/平方米）	125	125	125
渗透率（%）	50	50	50
装机空间（GW）	348	135	173

资料来源：住建部，兴业研究

（3）综合能源管理

工业园区用能具有用能占比大、用户用能方式多元化、用能需求多样化的特点，工业园区用能的形式涵盖了冷、热、电、蒸汽等多种，因此工业园区具备开展综合能源服务的基础条件和市场需求。综合能源管理系统主要针对工业园区用能的几个方面的问题开展：①能源供应安全保障不足，很多园区供电、供气、供热等能源供应安全保障不足；②能源消费结构不合理，化石能源仍是我国工业园区的主要能源消费品种；③能源利用效率偏低，目前很多工业园区都采用分散式锅炉供热，能源使用效率低；④新能源应用比例不高；⑤能源管理的精细化程度不高。针对上述问题，在工业园区开展一体化电冷热（暖）供应、多能协同供应、综合梯级利用，以及低品位余热利用等综合能源服务，可以有效解决工业园区的能源利用瓶颈。此外，工业园区用户能源消费密度大，用户综合能源服务的驱动力强，是开展增量配电网的最佳选择。

工业园区综合能源管理系统包含多种形态，包括冷热电联供分布式能源站、园区光储微网、小水电＋分散式风电、园区能源互联主动配电网和多能互补综合能源系统等。从投融资的角度看，除了多类型能源生产、存储、传输、消费的物理载体投入，包括可再生能源设备设施、储能设施、智能电网系统等，能源数据中心、能源管理中枢等的建设和运营也是投资的重点。

对于工业园区而言，综合能源管理系统一般是在工业园区建设期就融入建设方案中，也有少数工业园区是对既有工业园区改造增设。综合能源管理系统的融资需求大部分来自建设，少部分来自运营。一般融资的主体是承建工业园区综合能源管理服务的项目公司。据国家电网预测，2020—2025年，我国综合能源服务市场潜力将达到0.8万亿—1.2万亿元；2035年，市场潜力在1.3万亿—1.8万亿元[①]。工业园区综合能源服务资金需求一般来自综合能源服务公司或园区的开发运营商。

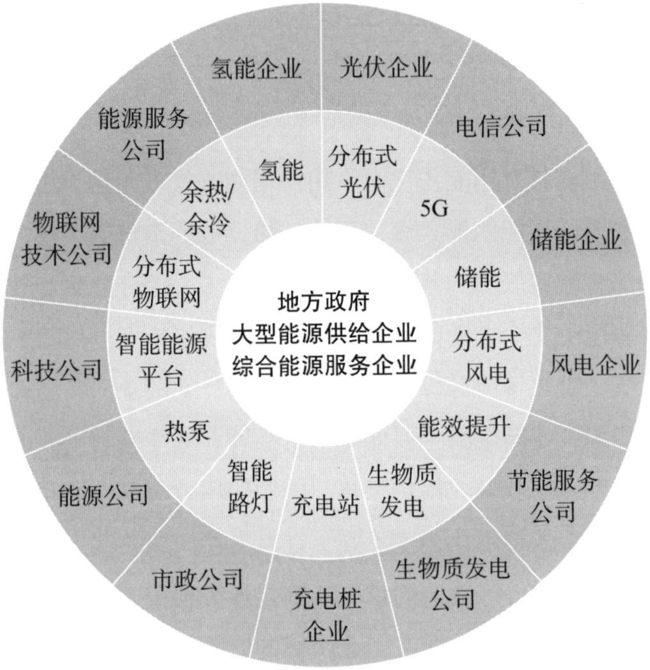

图3-39　综合能源服务生态圈

资料来源：RMI

（4）碳捕集利用与封存

碳捕集、利用与封存（Carbon Capture，Utilization and Storage，CCUS），

---

① 搜狐.国家电网：2025年中国综合能源服务市场将达0.8万亿—1.2万亿元［EB/OL］.（2020-09-10）［2022-06-11］. https://www.sohu.com/a/417718376_240923.

即把生产过程中排放的二氧化碳进行提纯，继而投入新的生产过程中进行循环再利用或封存。虽然CCS或CCUS理论可行，但目前来看其投入成本过高。如加拿大Quest项目从油砂精炼装置进行碳捕集并封存于地下2000米的砂岩构造中，总投入8.65亿加元的政府资金支持；荷兰鹿特丹计划开发的CCS将把二氧化碳注入北海空旷的气田中，总投入需4.5亿至5.5亿英镑，预计于2024年开始使用。达到气候目标所必需的规模发展商业CCUS的一个关键要素是建立CCS枢纽。CCS枢纽靠近封存地点，同时结合二氧化碳工业源集群，通过提高规模效益和共享成本来降低开发风险。

目前，全球有25个国家正在运营或者建设CCUS项目，美国和欧洲在建项目占3/4（IEA，2021）。从历史情况来看，传统天然气处理设施为CCUS的主要项目来源，目前CCUS项目的行业需求在逐步多样化，包括钢铁、化工、制氢行业和发电行业等。随着碳中和目标日益趋近，对低碳水泥和低碳钢等低碳材料的需求不断增加，这也将加速CCUS作为工业脱碳关键技术的应用。

我国目前的CCUS示范项目主要集中在燃煤发电和煤化工领域。

表3-34　我国百万吨级CCUS项目

项目名称	地点	碳捕集规模（万吨/年）	项目进展
齐鲁石化－胜利油田CCUS项目	山东淄博	100	建成
通源石油百万吨二氧化碳捕集利用一体化示范项目	新疆阿克苏	100	成立合资公司
华能甘肃陇东能源公司百万吨级CCUS研究及示范项目	甘肃庆阳	150	完成投资项目备案
中石油CCUS规模化应用示范工程	—	300	提出
广汇能源二氧化碳捕集、管输及驱油一体化（CCUS）项目	新疆哈密	300	开工
延长石油CCUS工程	陕西延安	500	规划设计

资料来源：兴业研究

总的来说，根据我国"十四五"时期现代化能源体系建设的相关要求，我国工业园区低碳改造的主要路径聚焦于：能源基础设施建设、可再生能源替代和综合能源管理体系的建设。具体的投融资需求方向和阶段如表3-35所示：

表3-35　工业园区能源低碳转型的投融资需求

重点领域	具体投融资需求方向	主要融资需求方
能源基础设施低碳化	燃煤锅炉改造为燃气； 垃圾焚烧炉替代燃煤锅炉； 抽凝/纯凝汽轮机升级为背压汽轮机； 大容量燃煤机组替代小容量燃煤机组； 大容量天然气联合循环机组替代小容量燃煤机组。	园区运营主体的改造需求或能源供应企业，如华电、华能等。
可再生能源替代	分散式风电、分布式光伏、储能、智能微电网等设备设施。	园区运营主体或购买园区厂房的企业等。
综合能源管理系统	可再生能源设备设施、储能设施、智能电网系统、能源数据中心、能源管理中枢等。	第三方能源综合系统服务商或园区运营主体。

资料来源：兴业研究

（二）重点领域之二：资源循环高效利用

1.我国工业园区资源利用效率有待提高

化工类园区和冶金类园区是重点耗水类园区。工业作为我国用水的重要领域之一，2020年工业用水量为1028.9亿立方米，占全国用水总量的17.7%；工业园区水耗占全国总量的7.1%，占工业用水的40%，可以说工业园区是工业用水的主体。此外，各类工业园区差异较为显著，化工类园区和冶金类园区的水耗较大，占各类工业园区水耗的80%以上，但两类工业园区的工业产值贡献仅为20%。而相比之下，高新类园区水耗占比仅为1.5%，但工业产值贡献则达到了16.6%。因此，从水耗的角度看，化工类园区和冶金类园区应为管控的重点方向。

重点行业工业园区废水循环利用率需进一步提高。工业园区用水量大，同时，园区工业废水利用率也较发达国家偏低。2020年，我国工业废水排放量约占全国污水排放量的1/5，而规模以上工业用水重复利用率则为92.5%，美国、德国等国家的工业用水重复利用率普遍在98%以上，说明我国工业废水循环利用仍有较大的潜力。从行业来看，国内工业废水排放主要集中在石化、煤炭、造纸、冶金、纺织、制药、食品等行业，其中，造纸和纸制品行业废水排放量占工业废水总排放量的16.4%，化学原料和化学制品制造业排放量占总排放量的15.8%，煤炭开采和洗选业排放量占总排放量的8.7%。"十四五"期间我国对于工业园区废水循环利用提出了更高的要求，工信部等六部门2021年12月发布的《工业废水循环利用实施方案》中，明确提出"到2025年，力争规模以上工业用水重复利用率达到94%左右，钢铁、石化化工、有色等行业规模以上工业用水重复利用率进一步提升，纺织、造纸、食品等行业规模以上工业用水重复利用率较2020年提升5个百分点以上，工业用市政再生水量大幅提高，万元工业增加值用水量较2020年下降16%，基本形成主要用水行业废水高效循环利用新格局"。

工业园区一般大宗固体废弃物利用潜力大。根据中国环境统计公报，2021年，我国一般工业固体废弃物产生量36.8亿吨，综合利用量20.4亿吨，处置量9.2亿吨，一般固体废物综合利用率为55%。"十四五"时期我国对一般工业固体废弃物处理处置也提出了更高的要求，提出到2025年，煤矸石、粉煤灰、尾矿（共伴生矿）、冶炼渣、工业副产石膏、建筑垃圾、农作物秸秆等大宗固废的综合利用能力显著提升，利用规模不断扩大，新增大宗固废综合利用率达到60%。

2.工业园区资源循环利用改造重点领域

结合目前我国工业园区资源循环利用的特征和差距的分析，根据国家"1+N"相关政策文件，我们认为，"十四五"时期，工业园区提升绿色循环水平的重点在于园区工业水资源循环利用和园区工业大宗固体废弃物综合利用两个方面。

（1）园区工业水资源循环利用

近年来，我国大力推动节水型社会建设，工业节水是其中的重点领域。2019年4月15日，国家发展改革委、水利部联合印发《国家节水行动方案》

（发改环资规〔2019〕695号）提出到2022年，万元工业增加值用水量较2015年分别降低28%的目标，工业节水减排是重点行动之一，主要包括三个方面，一是大力推进工业节水改造。完善供用水计量体系和在线监测系统，强化生产用水管理。大力推广高效冷却、洗涤、循环用水、废污水再生利用、高耗水生产工艺替代等节水工艺和技术。支持企业开展节水技术改造及再生水回用改造，重点企业要定期开展水平衡测试、用水审计及水效对标。对超过取水定额标准的企业分类分步限期实施节水改造。二是推动高耗水行业增效。实施节水管理和改造升级，采用差别水价以及树立节水标杆等措施，促进高耗水企业加强废水深度处理和达标再利用。……推进高耗水企业向水资源条件允许的工业园区集中。……到2022年，在火力发电、钢铁、纺织、造纸、石化和化工、食品和发酵等高耗水行业建成一批节水型企业。三是积极推进水循环梯级利用。推进现有企业和园区开展以节水为重点内容的绿色高质量转型升级和循环化改造，加快节水及水循环利用设施建设，促进企业间串联用水、分质用水，实现一水多用和循环利用。新建企业和园区要在规划布局时，统筹供排水、水处理及循环利用设施建设，推动企业间的用水系统集成优化。到2022年，创建100家节水标杆企业、50家节水标杆园区。

"十四五"时期，我国将继续推进节水型社会建设，其中，开展节水型工业园区建设是工业节水的重要内容。《中华人民共和国国民经济和社会发展第十四个五年规划和2035年远景目标纲要》中明确提出"实施国家节水行动，建立水资源刚性约束制度，强化农业节水增效、工业节水减排和城镇节水降损，鼓励再生水利用，单位GDP用水量下降16%左右"。2021年11月，国家发展改革委、水利部等五部门联合发布《"十四五"节水型社会建设规划》（以下简称《规划》），提出目标"到2025年，……万元国内生产总值用水量比2020年下降16.0%左右，万元工业增加值用水量比2020年下降16.0%……"在重点领域方面，《规划》提出"聚焦农业农村、工业、城镇、非常规水源利用等重点领域，全面推进节水型社会建设"；在工业节水领域，《规划》提出："开展节水型工业园区建设。推动印染、造纸、食品等高耗水行业在工业园区集聚发展，鼓励企业间串联用水、分质用水，实现一水多用和梯级利用，推行废水资源化利用。推广示范产城融合用水新模式，有条件的工业园区与市政再生水生产运营单位合作，建立企业点对点串联用水系统。鼓励园区建设智慧水管理平台，优化供用水管理。实施国家高新技术产业开发区废水近零排放试点工程。到 2025 年，创建一批工业废水近零排放示范园区。"此外，在非常规水源利用领域，《规划》还提出"扩大海水淡化水利用规模。……沿海缺水地区将海水淡化水作为生活补充水源、市政新增供水及重要应急备用水源，规划建设海水淡化工程，依法严控具备条件但未充分利用海水的高耗水项目和工业园区新增取水许可"。

表 3-36 《"十四五"节水型社会建设规划》工业节水及园区相关重点工程

工业节水减污重点工程	工业企业废水资源化利用工程。重点围绕火电、钢铁、石化化工、有色、造纸、印染、食品等高耗水行业，组织开展企业内部废水资源化利用，创建工业废水资源化利用示范企业。
	废水近零排放试点工程。选择有代表性的国家高新技术产业开发区，开展技术综合集成与示范，研发集成低成本、高性能工业废水处理技术和装备，打造污水资源化技术、工程与服务、管理、政策等协调发展的示范样板。在长三角地区遴选电子信息、纺织印染、化工材料等国家高新区率先示范。
非常规水源利用重点工程	海水淡化利用工程。沿海缺水城市建设规模化海水淡化工程，示范开展海水淡化水掺混加入市政供水管网。在沿海石化化工、钢铁等高耗水企业和园区，建设一批海水淡化供水工程。推动建设海水淡化示范城市、示范工程、示范工业园区等。

资料来源：兴业研究

针对工业废水循环利用，2021 年 12 月，工信部、国家发展改革委等六部委发布《工业废水循环利用实施方案》（以下简称《方案》），对"十四五"期间全国及重点行业工业用水重复利用率提出了目标要求。《方案》强调园区在工业废水循环利用方面的示范与标杆作用，一方面是在关键核心装备技术工艺方面的示范作用，《方案》提出"选择有代表性的园区开展技术综合集成与示范，研发集成低成本、高性能工业废水循环利用装备技术工艺，打造工业废水循环利用技术、工程与服务、管理、政策等协同发力的示范样板"。另一方面是打造废水循环利用典型标杆，《方案》提出"围绕重点用水行业，组织各地及行业协会、中央企业优先选择水效领跑者企业、绿色工厂、绿色园区、新型工业化示范基地，遴选、发布一批工业废水循环利用示范企业和园区"，"到2025年，形成50个可复制、可推广的工业废水循环利用优秀典型经验和案例"。同时，《方案》通过对打造废水循环利用典型标杆的具体要求，也明确了园区废水循环利用改造的主要领域：（1）"推动企业、园区根据内部废水水质特点，围绕过程循环和末端回用，实施废水循环利用技术改造，完善废水循环利用装备和设施，实现串联用水、分质用水、一水多用和梯级利用，提升企业水重复利用率"；（2）"推动有条件的工业企业、园区与市政再生水生产运营单位合作，完善再生水管网，衔接再生水标准，将处理达标后的再生水回用于生产过程，减少企业新水取用量，形成可复制推广的产城融合废水高效循环利用新模式"。

表3-37　主要行业用水重复利用率目标

序号	行业	2020 年规上工业用水重复利用率	2025 年规上工业用水重复利用率
1	全国	92.5%	94% 左右
2	钢铁	97%	>97%
3	石化化工	93%	>94%
4	有色	94%	>94%
5	造纸	82%	>87%
6	纺织	73%	>78%
7	食品	60%	>65%

资料来源：《工业废水循环利用实施方案》，兴业研究

从投融资需求来看，工业园区工业水资源循环利用聚焦于钢铁、石化化工、有色、造纸、纺织、食品等主要行业集聚园区内的再生水管网、工业废水循环利用装备和设备、工业废水循环利用管理系统等，资金需求的阶段包括建设阶段和运营阶段，资金需求方主要为园区环境基础设施项目公司，部

分园区也可能为园区里的重点排污企业。

（2）园区工业大宗固体废弃物综合利用

"十四五"时期，我国将大力推动重点行业工业固废源头减量和规模化高效综合利用。2021 年 3 月，国家发展改革委等十部门联合发布《关于"十四五"大宗固体废弃物综合利用的指导意见》，提出"到 2025 年，煤矸石、粉煤灰、尾矿（共伴生矿）、冶炼渣、工业副产石膏、建筑垃圾、农作物秸秆等大宗固废的综合利用能力显著提升，利用规模不断扩大，新增大宗固废综合利用率达到 60%，存量大宗固废有序减少"的目标。2022 年 2 月，工信部、国家发展改革委等八部门联合发布《关于印发加快推动工业资源综合利用实施方案的通知》（以下简称《通知》），提出主要目标："到 2025 年，钢铁、有色、化工等重点行业工业固废产生强度下降……力争大宗工业固废综合利用率达到 57%，其中，冶炼渣达到 73%，工业副产石膏达到 73%……"同时，《通知》提出"鼓励有条件的地区开展'无废城市'建设，有条件的工业园区和企业创建'无废工业园区''无废企业'，推动固废在地区内、园区内、厂区内的协同循环利用，提高固废就地资源化效率"。

产业聚集的特征使在工业园区综合循环利用大宗固体废弃物具有天然的成本优势。"十四五"时期，相关政策要求聚焦煤炭、电力、冶金、化工等重点产废行业，建设 50 个大宗固废综合利用基地和 50 个工业资源综合利用基地，推广一批大宗固废综合利用先进适用技术装备，不断促进资源利用效率提升。主导产业不同，工业园区固体废弃物利用有多种模式：①在煤炭行业，国家重点推广"煤矸石井下充填＋地面回填"，促进矸石减量；②在矿山行业重点推广"梯级回收＋生态修复＋封存保护"体系，推动绿色矿山建设；③在钢铁冶金行业推广"固废不出厂"，加强全量化利用；④在建筑建造行业推动建筑垃圾"原地再生＋异地处理"；⑤在新能源行业，国家也鼓励园区针对退役光伏组件、风电机组叶片等新兴产业固废，探索规范回收以及可循环、高值化的再生利用途径。因此，不同类型的工业园区，应因地制宜探索固废综合利用发展新模式。

从投融资需求领域来看，工业园区大宗固体废弃物的投融资需求主要在于大宗和工业固体废弃物处理装备、仓储、物流设施的投资。工业大宗固体废弃物的投融资需求可能来自工业园区建设的不同阶段，应重点关注"十四五"时期国家拟建的大宗固体废弃物综合利用基地和工业资源综合利用基地的建设。该类项目的融资需求主要来自园区生产大宗固体废弃物的企业、第三方服务机构。

总的来说，"十四五"时期，我国对于工业水资源循环利用和工业固体废弃物管理都提出了更高的指标要求。

表3-38　园区资源循环化利用重点投融资需求领域

重点领域	具体投融资需求方向	主要融资主体
工业水资源循环利用	园区再生水管网、工业废水循环利用装备和设备、工业废水循环利用管理系统等	园区运营主体或第三方运营机构
工业大宗固体废弃物循环利用	大宗和工业固体废弃物处理装备、仓储、物流设施	园区生产大宗固体废弃物的企业或第三方运营机构

资料来源：兴业研究

（三）重点领域之三：污染集中治理

1.工业园区仍是污染物减排的重要靶点

从国家要求总量控制的4种污染物（化学需氧量、二氧化硫、氨氮、氮氧化物）来看，通过对全国近60%的省级以上工业园区的调查，2015年，我国工业园区水耗占全国总量的7.1%，化学需氧量、二氧化硫、氨氮和氮氧化物排放量分别占全国总量34.1%、12.5%、83.6%、11.1%，而氨氮占到了全国总量的80%以上。从园区分类来看，除了高新类园区外，其他类别工业园区的污染物排放占比普遍高于其工业产值贡献占比，说明工业园区仍是污染物排放的重要靶点。

重点行业园区工业废水治理值得进一步关注。工业废水具有类型复杂、处理难度大、危害大等特征，主要来源于石化行业、纺织工业、造纸工业、钢铁工业和电镀工业等，以上述产业为主导产业的园区工业废水处理难度较大。

2019年，我国工业废水总排放量约为252亿吨。从水污染物处理方式来看，园区工业废水处理方式分为园区自建集中式污水处理厂和依托园区外的城镇污水厂处理两种方式，通过对长江流域1000余家工业园区的调查，二者的比例分别占总数的40%和60%（郝吉明等，2022）。园区工业废水成分复杂，且差异较大，通过城镇污水处理厂处理工业废水存在较大的环境风险，因此，我国要求不断提高园区工业废水的处置能力。工业废水处理设施，尤其是以重点排放行业为主导产业的工业园区工业废水处理设施是园区污染物减排的关键点。

"十四五"时期，国家首次将VOC纳入管控范围，要求到2025年VOCs排放量比2020年下降10%。挥发性有机物是大气臭氧及细颗粒物污染的重要前体物，2019年全国VOCs排放总量约为2342万吨，工业园区挥发性有机污染物排放约占总排放量的55%，工业园区是我国VOCs排放的重要来源。"十四五"期间，工业园区的VOCs减排是重点，尤其是以纺织、化工、涂装、电子、石化以及其他行业为主导产业的工业园区是挥发性有机物排放重要来源。

化工园区危险废弃物处理处置将进一步强化。工业园区具有利用一般固体废弃物的良好条件。在固体废弃物排放方面，2021年，我国一般工业固体废弃物产生量36.8亿吨，综合利用量20.4亿吨，处置量9.2亿吨；危险废弃物集中处置约1.7亿吨/年①。工业园区固体废弃物排放具有种类多、来源广的特点，工业园区会产生多种多样的产品，因此导致固体废弃物源于不同的生产环节，废弃物种类也多样，工业固体废弃物在园区集中处置难度较大；但同时工业园区企业、产业积聚的特征，使固体废弃物资源化利用相对成本更低。对于一般固体废弃物而言，资源化利用是工业园区一般工业固体废弃物处置方式。

2.工业园区污染治理重点领域

从污染防治的角度来看，"十四五"时期，工业园区应重点聚焦于：

- 挥发性有机污染物防治；

---

① 中国政府网.2021中国生态环境状况公报（2022年1月）[2022-06-24]. https://www.gov.cn/xinwen/2022-05/28/content_5692799.htm.

- 工业废水处理处置；

- 化工园区的危险废弃物处理处置。

（1）工业园区挥发性有机物治理

"十三五"以来，生态环境部陆续印发《"十三五"挥发性有机物污染防治工作方案》《重点行业挥发性有机物综合治理方案》《2020年挥发性有机物治理攻坚方案》，发布《挥发性有机物无组织排放控制标准》以及制药、涂料等行业排放标准，并开展夏季臭氧污染防治监督帮扶，指导各地不断加大VOCs治理力度，取得了积极成效。"十四五"时期，国家首次将VOCs纳入管控范围，加快挥发性有机物VOCs废气排放综合整治，达到氮氧化物和挥发性有机物VOCs废气排放总量分别下降10%以上的目标要求。工业园区是VOCs治理的重点环节，在相关政策中，都强调了将工业园区作为VOCs治理关键节点的要求。

表3-39 "1+N"政策体系及"十四五"相关政策对工业园区VOCs治理要求

政策名称	要 求
"十四五"国民经济发展规划纲要	加快挥发性有机物VOCs废气排放综合整治，氮氧化物和挥发性有机物VOCs废气排放总量分别下降10%以上。
减污降碳协同增效实施方案	优化治理技术路线，加大氮氧化物、挥发性有机物（VOCs）以及温室气体协同减排力度。一体推进重点行业大气污染深度治理与节能降碳行动，推动钢铁、水泥、焦化行业及锅炉超低排放改造，探索开展大气污染物与温室气体排放协同控制改造提升工程试点。VOCs等大气污染物治理优先采用源头替代措施。
"十四五"节能减排综合工作方案	园区节能环保提升工程：推动挥发性有机物、电镀废水及特征污染物集中治理等"绿岛"项目建设。
2020年挥发性有机物治理攻坚方案	以石化、化工、工业涂装、包装印刷和油品储运销等为重点领域，以工业园区、企业集群和重点企业为重点管控对象，全面加强对光化学反应活性强的VOCs物质控制。推进工业园区和企业集群建设VOCs"绿岛"项目，统筹规划建设一批集中涂装中心、活性炭集中处理中心、溶剂回收中心等，实现VOCs集中高效处理。对排放量大，排放物质以芳香烃、烯烃、醛类等为主的企业制定"一企一策"治理方案。

资料来源：兴业研究

重点 VOCs 治理园区类型。工业排放源 VOCs 产生可分为四类，分别是 VOCs 的使用、以 VOCs 为原料的工艺过程、VOCs 的生产以及有机物的存储和运输，其中石油炼制、印刷等行业使用的含 VOCs 的产品贡献了工业源中超过 50% 的排放。根据 VOCs 排放的重点行业，我国在相关的政策中也明确了以石化、化工、制药、农药、电子、包装印刷、家具制造、汽车制造、船舶修造等行业为主导的工业园区是 VOCs 治理的重点。

工业园区 VOCs 治理重点领域。通过对国家相关政策的梳理和 VOCs 治理现状的分析，未来一段时间，VOCs 深度治理重点领域在于以下方面：①工业园区 VOCs 监测信息共享平台建设，将 VOCs 监测纳入园区统一的 LDAR 管理系统。②工业园区和企业集群建设涉 VOCs "绿岛" 项目，包括涂装中心、活性炭集中处理中心、溶剂回收中心等，实现 VOCs 集中高效处理。③园区中排放量大，排放物质以烯烃、芳香烃、醛类等为主的企业的 VOCs 治理相关设施设备。

"十四五" 时期 VOCs 治理需求巨大。工业源挥发性有机污染物排放占总 VOCs 排放的 55% 以上，工业园区是 VOCs 治理的重点。"十四五" 时期，国家首次将 VOCs 纳入管控范围，纺织、化工、涂装、电子、石化等类别的工业园区是 VOCs 治理的重点。工业园区挥发性有机物治理的需求主要来自 VOCs 排放的企业，主要在于 VOCs 收集和治理的相关设施和设备，在部分园区也有区内企业共享的 VOCs 治理设施建设的需求。一般来说，VOCs 治理设施的建设和运营是由第三方专门的环保企业运营。

（2）园区工业废水集中处置

"十四五" 时期强调加强工业废水深度治理回用。在 "十三五" 时期工业废水治理取得的成效基础上，提出到 2025 年，力争规模以上工业用水重复利用率达到 94% 左右，工业用市政再生水量大幅提高，万元工业增加值用水量较 2020 年下降 16%，基本形成主要用水行业废水高效循环利用新格局。针对工业园区，强调了统筹废水综合治理与资源化利用，建立企业间点对点用水系统，实现工业废水循环利用和分级回用，推动电镀废水集中治理等 "绿岛" 项目建设。总的来说，在 "十三五" 时期工业废水达标排放治理的基础上，"十四五"时期政策思路更加强调工业废水的深度治理和回用，并明确了工业废水回用的具体指标要求。

表3-40 "十四五"时期工业废水深度治理的政策要求

政策名称	主要内容
《关于推进污水资源化利用的指导意见》	实施工业废水循环利用工程。缺水地区将市政再生水作为园区工业生产用水的重要来源，严控新水取用量。推动工业园区与市政再生水生产运营单位合作，规划配备管网设施。选择严重缺水地区创建产城融合废水高效循环利用创新试点。有条件的工业园区统筹废水综合治理与资源化利用，建立企业间点对点用水系统，实现工业废水循环利用和分级回用。重点围绕火电、石化、钢铁、有色、造纸、印染等高耗水行业，组织开展企业内部废水利用，创建一批工业废水循环利用示范企业、园区，通过典型示范带动企业用水效率提升。
《工业废水循环利用实施方案》	推动企业、园区根据内部废水水质特点，围绕过程循环和末端回用，实施废水循环利用技术改造，完善废水循环利用装备和设施，实现串联用水、分质用水、一水多用和梯级利用，提升企业水重复利用率。重点围绕京津冀、黄河流域以及长江经济带等缺水地区和水环境敏感区域，创建一批产城融合废水高效循环利用创新试点。推动有条件的工业企业、园区与市政再生水生产运营单位合作，完善再生水管网，衔接再生水标准，将处理达标后的再生水回用于生产过程，减少企业新水取用量，形成可复制推广的产城融合废水高效循环利用新模式。
《"十四五"工业绿色发展规划》	加大废水循环利用。推动炼油污水集成再生回用、钢铁废水和市政污水联合再生回用、焦化废水电磁强氧化深度处理，煤化工浓盐废水深度处理和回用，纺织印染废水深度处理和回用，食品发酵有机废水生物处理和回用。在严重缺水地区创建产城融合废水高效循环利用试点。建设一批废水循环利用示范企业和园区。 水污染防治重点领域，聚焦涉重金属、高盐、高有机物等高难度废水，开展深度高效治理应用示范，逐步提升印染、造纸、化学原料药、煤化工、有色金属等行业废水治理水平。 重点发展高效低耗难处理废水资源化技术装备。 重点推广工业废水深度治理回用、高效提取分离、高效膜分离等工艺装备技术。
《"十四五"节能减排工作方案》	对进水浓度异常的污水处理厂开展片区管网系统化整治，加强一般固体废物、危险废物集中贮存和处置，推动挥发性有机物、电镀废水及特征污染物集中治理等"绿岛"项目建设。

资料来源：兴业研究根据公开资料整理

工业园区废水治理措施。一般来说，工业园区的废水处理包括三个环节：企业分散预处理、管网输送和集中深度处理。其中，集中深度处理环节主要由园区污水处理厂进行，也有少部分园区的污水直接送往城镇污水处理厂进行处理。"十四五"时期，印染、造纸、化学原料药、煤化工、有色金属等行业涉重金属、高盐、高有机物等高难度废水治理仍是园区工业废水治理的重点和难点，国家政策鼓励工业废水集中治理，推进废水治理的"绿岛"项目建设，围绕工业废水治理的"绿岛"的相关设施、管网建设也是"十四五"时期工业园区废水治理的重点。根据对"十四五"时期工业园区治理措施和重点的分析，我们认为投融资需求可能主要来自以下方面：

①印染、造纸、化学原料药、煤化工、有色金属等行业的高难度工业废水集中治理设施建设和运营。

②工业园区废水和再生水管网建设和运营等。

工业废水处理处置市场将在"十四五"期间进一步增大，尤其是随着各地工业园区建设的推进，以及政策的引导，工业废水处理的渗透率将快速提高，市场规模将进入加快增速的阶段。工业园区工业废水处理处置设施一般为共享或部分共享形式的环境基础设施，融资主体为工业污水处理设施的建设和运营企业。2016—2020 年间，中国工业废水处理领域市场规模从 2016 年的 1473.8 亿元增长到 2020 年的 2311.8 亿元人民币，年复合增长率达 56.9%。预计未来中国工业废水处理领域市场规模在 2025 年将达到 5341.1 亿元人民币，年复合增长率达 131.0%（刘顾和彭承玺，2021）。

（3）化工等园区危险废弃物集中处理处置

化工产业园区是危险废弃物产生的重点领域，"十四五"时期，国家鼓励化工等产业园区配套建设危险废弃物集中贮存、预处理和处置设施[①]。"十四五"期间，危险废弃物，尤其是化工园区的危险废弃物处置能力还将大量释放，一批新项目将陆续建成和投运，围绕危险废弃物来源的竞争将加剧，就近建设将成为主导。

---

①　E20 固废研究中心. 危险废物行业仍处于发展爆发期，"十四五"期间市场预计超两千亿［EB/OL］.（2021-04-23）［2022-06-11］. http://wx.h2o-china.com/news/322961.html.

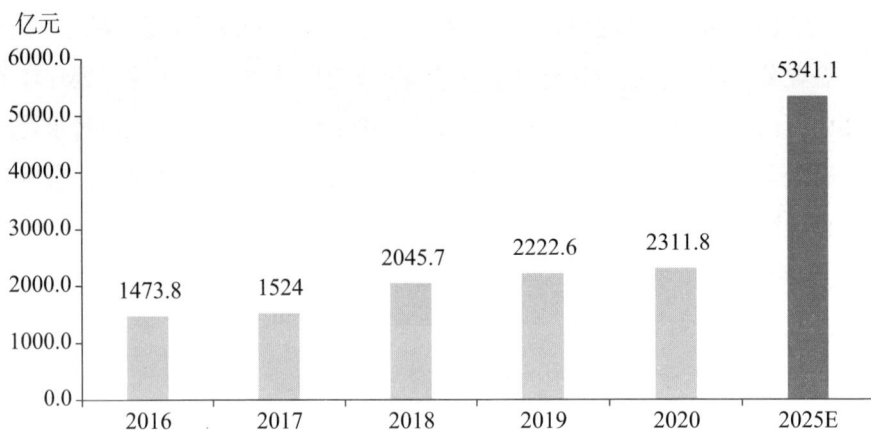

图3-40 "十四五"我国工业废水处理规模预测

资料来源：头豹研究院（刘顺和彭承玺，2021），兴业研究

在园区危险废弃物处理处置方面，建议重点关注化工园区危险废弃物储存和处理处置设施建设的相关融资需求。从融资对象来看，由于危险废弃物的处理处置有严格的资质要求，新建项目也有审批要求，因此可以重点通过审批的项目清单及时获取相关信息。

总的来说，我们建议在污染防治方面，重点关注工业园区的三个方面，挥发性有机污染物治理、工业废水处理和化工园区的危险废弃物处理处置。

表3-41 园区资源循环化利用重点投融资需求领域

重点领域	具体投融资需求方向	主要融资需求方
挥发性有机污染物治理	园区企业的VOCs治理装备装置、园区层面的检测装备	VOCs治理服务的专业第三方企业
工业废水处理	园区再生水管网、工业废水处理设备设施、工业废水管理系统等	园区环境基础设施的运营企业或工业废水第三方治理企业
化工园区的危险废弃物处理处置	危险废弃物贮存、处理设施设备	第三方有牌照的危废处理处置企业

资料来源：兴业研究

3.工业园区污染治理模式

工业园区环境污染治理模式向"谁污染谁付费"转变。工业园区环境污染问题突出，但工业园区在环境污染治理方面则长期面临权责利不清晰的问题，导致很多工业园区环境管理薄弱，环境污染问题突出。针对工业园区污染治理，我国经历了从"谁污染谁治理"到"谁污染谁付费，第三方治理"的政策导向转变。2015年1月，《国务院办公厅关于推行环境污染第三方治理的意见》明确提出"以环境公用设施、工业园区等领域为重点，以市场化、专业化、产业化为导向，营造有利的市场和政策环境，改进政府管理和服务，健全第三方治理市场"。国家发展和改革委员会联合财政部、住房和城乡建设部、原环境保护部联合发文，在全国范围内开展环境污染第三方治理试点示范。以城镇污水垃圾处理、工业园区、重点企业污染治理为重点领域，推进全面放开环境污染第三方治理市场，探索建立有效模式。2017年发布的《环境保护部关于推进环境污染第三方治理的实施意见》明确提出以工业园区为重点领域和突破口推行第三方治理。2020年3月，中共中央办公厅、国务院办公厅印发的《关于构建现代环境治理体系的指导意见》，提出"积极推行环境污染第三方治理，开展园区污染防治第三方治理示范，探索统一规划、统一监测、统一治理的一体化服务模式"。

环境污染第三方治理模式成为工业园区污染物治理的主流模式。环境污染第三方治理（以下简称第三方治理）是传统污染治理模式的创新，是排污者通过缴纳或按合同约定支付费用，委托专业化的环境服务公司进行污染治理的一类治污模式。工业园区污染治理工作内容庞杂，涉及水、气、声、渣、土等各相关介质，主体涉及上级政府、园区层面、企业层面等，业务形式涉及咨询服务、工程建设、运营服务等。第三方治理模式的应用有助于提升环境污染治理的专业化程度，通过配套的绩效考评机制，可以更好地发挥市场治理的效果。工业园区的环境污染第三方治理工作可从多个维度开展，通常包括"测""管""治"三个重要的方面（王世汶等，2021）。

表3-42 园区污染物第三方治理内容

维度	主要内容	需 求
测量	基于环境监测软硬件体系的园区环境质量监测、园区企业污染源监测、污染预警预测、园区环境质量研判等。	基于监测网络建设的监测、管理、预警、决策智慧化平台建设、运维相关项目逐步增加。
管理	协助园区管委会开展的园区环境管理体系建设、园区内企业排污监管、环保工程监理、园区污染隐患排查、相关政策要求的上传下达、人员培训、环保宣传等。	以"环保管家"模式为框架的包括诊断服务、咨询服务、巡查督导等综合服务的相关应用案例增速较快。
治理	集中污水处理设施、污泥处理设施、渣场、危险废弃物处理设施等园区环境基础设施的建设与运营，园区排污企业污染治理辅助等。	在"十三五"时期工业园区废水治理的基础上，"十四五"时期国家进一步强化了VOCs、工业废水和化工园区危险废弃物的治理需求。

资料来源：王世汶等（2021），兴业研究

工业园区环境污染治理合作和投融资模式多元。工业园区环境污染第三方治理涉及的服务内容多样，服务主体也更加多元，由于环境治理的专业性，环境污染第三方治理企业多结合自身优势，聚焦于"测""管""治"的某一环节开展业务。从合作模式来看，工业园区第三方治理包括两种模式，即政企合作模式和企企合作模式。在具体投融资模式方面，既包括传统的EP、EPC、EPC+O、O&M，基于大部分工业园区管理者的政府属性，PPP模式下的BOT、BOO、DBO、BT等多种项目模式也得到了较多应用。具体来说：

（1）政企合作模式。工业园区的公共基础设施建设、环境监测等服务通常具有较强的外部性，且具有项目建设周期长、投资回报率低等特点，该类项目通常会采取政企合作的模式，即PPP模式。在政府与第三方专业企业合作时，采取的方式主要有特许经营、委托运营及环境绩效合同服务。根据园区类型、防治的污染物特征、付费者等差异，采用的具体模式可能也有所

不同。其中，对于经营性好的环境公用设施领域，如城市污水、垃圾处理设施，可采取特许经营（BOT、TOT、BTO 等）、委托运营等方式引入社会资本，主要付费方式是"使用者付费"以及必要的"政府付费"；对于环境公共服务领域，如城镇污染场地治理和区域性环境整治等，可采取环境绩效合同服务等方式引入第三方治理，主要付费方式是"政府付费"。

（2）企企合作模式。部分园区的大型企业由于污染物排放量大，根据相关要求承担着污染治理的主要责任，在这种情况下，企业也通常采用第三方合作的企企合作模式开展环境污染治理。企企合作所采取的方式主要是"合同环境服务"，排污企业与专门提供环境服务的公司通过签订环境服务合同的方式采购特定的环境服务，双方共享节省下来的减排费用。通常根据环境服务公司是否拥有治污设施的产权，"企企合作模式"可分为"委托治理服务"模式和"托管运营服务"模式。"委托治理服务"模式：面向新改建项目的覆盖工程设计、采购、安装、运营全过程，第三方全部或部分拥有治污设施产权；"托管运营服务"模式：针对现有的治污装置、设施，第三方不拥有产权，只接受排污企业托管，负责其治污设施运营管理。

表 3-43　园区污染物环境治理的合作模式

合作模式	政企合作模式			企企合作模式
投融资模式	服务外包（政府购买环境服务）	特许经营、委托运营（BOT/TOT 等）	私 有 化（BUO/BOO）	合同环境服务（委托治理、托管运营）
主体	园区管委会、第三方	园区管委会、第三方	园区管委会、第三方	园区企业和第三方
主要应用领域	园区的工业污染集中治理、环境集中监测	园区的环境治理基础设施，如工业废水集中治理、VOCs 集中治理等	部分园区公共基础设施	企业污染治理
主要付费模式	政府付费	使用者付费或政府付费	使用者付费	企业付费

资料来源：董战峰等（2016），兴业研究

工业园区环境污染治理案例。2015年以来，我国在全国范围内开展了工业园区的环境污染治理试点示范工作。在试点开展过程中，相关配套制度不断完善，治理模式创新不断涌现，在投融资模式、付费机制方面都形成了典型案例。

表3-44　园区污染物环境治理的合作模式

维度	案　例
服务外包	重庆巨科环保有限公司为入驻重庆巨科环保电镀工业园的23家电镀企业提供审批咨询、原料供应、物料存储、物业管理、技术指导、环境监测、电镀废水治理和污泥处置的一体化服务，形成了环境责任主体清晰、市场化程度较高、全产业链循环经济治污的工业园区综合环境治理模式。
委托运营	江苏省无锡市芦村污水处理厂将污泥处理设施委托给第三方运营，第三方治理企业发挥自己市场和技术方面的优势，改进了原有的污泥处置工艺方案，将经处置后的污泥制成园林肥料基质出售，产生了良好的经济效益。
PPP	江苏省镇江新区大气污染综合防治项目采用了PPP模式，镇江新区管委会与第三方治理企业签订了环境绩效服务合同，除了资产有效性、财务健康性、社会满意度等常规指标，还将大气环境质量指标纳入运维绩效考核，如挥发性有机物减排量、空气质量达到二级以上天数的比例、PM2.5平均浓度等大气环境质量改善指标，按环境绩效付费，有效保障了园区和第三方的利益。
BOT	江苏省新沂市经济开发区污水处理厂改扩建项目由第三方治理企业建设并运营，第三方对园区内化工企业的污水治理设施现状、产品结构、特征污染物等进行"一企一评"，逐一确定企业污水纳管标准，污水处理费则根据排放水质、特征污染物种类、毒性等分别定价，并由物价部门核发，实现"一企一价"。 河北省邢台市清河经济开发区污水处理厂由第三方治理企业进行技术改造和运营，园区内企业排口均安装排污总量自动监控系统，既可控制超标污水排入园区污水处理厂，又可督促排污企业按时缴纳污水处理费。

资料来源：国家发展改革委，兴业研究

三、金融支持园区绿色低碳转型的模式与建议

（一）金融支持园区绿色低碳转型的模式与案例

1.设立风险补偿基金

第一种模式为与地方政府、园区管委会合作设立园区绿色发展风险补偿

基金。由管委会和各县（市、区）财政、合作银行（和社会资金）共同出资设立园区绿色发展风险补偿基金，专项用于园区内中小微企业在节能技术改造、能源清洁化利用、数字能效提升、资源循环利用、节能环保装备制造、节能环保服务型企业和节能环保设备采购等领域的资金需求。作为一种担保方式和手段，通过设立园区节能风险补偿基金，可以通过风险分担的方式大幅提高中小微企业贷款代偿容忍度，促进园区内各类企业能源资源使用效率水平的提升，促进产业转型升级。

在该模式下，对金融机构来说，风险补偿基金能够为其分担风险，降低金融机构为园区内中小企业绿色低碳转型提供融资的门槛，提升授信意愿；对园区来说，风险补偿基金可以循环使用，能够有效发挥财政资金的杠杆作用，撬动更多社会资金支持园内企业的绿色低碳转型发展；对园内企业来说，则可以以更低的成本获得绿色低碳转型发展的资金。

案例 1　苏州工业园区建立风险补偿资金池支持园区绿色制造

苏州工业园区设立风险补偿资金池，通过与金融机构合作开发金融产品，以贷款风险共担模式，鼓励银行为中小型科创企业以及绿色制造项目等提供金融支持。自设立以来，苏州工业园区风险补偿资金池以 3 亿元财政资金累计"撬动"20 余家金融机构发放贷款超 250 亿元，惠及企业近 4000 家次[①]。在该模式下，创新推出了"苏科贷""科技贷""园科贷""扎根贷""知识贷""绿色智造贷"等金融创新产品。

其中，"绿色智造贷"是由园区风险补偿资金、银行两方合作，通过"园区资金池＋银行"的风险分担模式面向园区绿色制造和智能制造项目提供贷款支持的金融产品，园区风险资金池最高补偿单笔贷款本金损失的40%。具体支持方向包括：（1）已备案的绿色制造和智能制造相关技改项目的实施（面向园区内所有制造业企业）；（2）绿色制造和智能制造产品的生

---

① 搜狐网.科技园区 | 苏州工业园区探索科技金融激活创新动能的园区经验（2022−03−30）［2022−06−11］. https://www.sohu.com/a/533972543_121106832.

产和服务的提供（面向园区绿色制造和智能制造行业企业）。同时，为了优化绿色智造贷款业务流程，苏州工业园区与智造社和绿色产业联盟协会等第三方机构合作，由第三方机构提供绿色智造和智能制造行业目录企业名单，并在企业提交绿色制造贷款申请材料后，提供第三方评估认证[①]。

2.绿色供应链金融

第二种模式为与园区合作开展绿色供应链金融业务。银行与工业园区中的核心重点企业以及园区管委会合作，对园区内上下游中小企业开展绿色评价，银行依据绿色评价结果对核心企业的上下游企业提供差异化融资服务。工业园区绿色低碳循环化改造的任务之一即提升园区内产业之间的耦合，从而在总体上提高整个生产过程的资源和能源利用效率、降低废物和污染物产生量，因此工业园区内往往产业链集聚，供应链金融模式符合其融资需求。而通过绿色供应链金融的方式还可以为工业园区内中小企业绿色化改造提供激励，一方面，对于工业园区管委会来说，随着我国对工业园区绿色低碳化发展水平要求的提升面临绿色低碳改造的压力，然而从政府角色来看，园区管委会作为派出机构，并不是真正意义上的一级政府，大多数园区管委会职能较为单一，力量相对薄弱，对园区内企业的绿色化改造普遍缺乏有效的约束管理手段和激励措施；另一方面，园区内的中小微企业本身也面临融资难的问题。通过绿色供应链金融的方式，银行、园区内核心企业、园区管委会共同制定企业绿色评价标准与方案，可以通过提供差异化融资服务的方式激励上下游中小企业进行绿色化改造。

案例2　广州开发区绿色供应链金融发展

广州开发区鼓励基于服务平台推动绿色供应链金融的发展。2021年，广州开发区金融工作局发布了促进金融科技高质量发展十条措施实施细则，其

---

① 苏州工业园区.关于绿色智造贷流程优化的相关通知［EB/OL］.（2019-11-05）［2022-06-20］. http://sme.sipac.gov.cn/epservice/techsub/Apps/sme/index.php?s=/Home/Notice/noticeDetail/id/302014.

中明确提出支持供应链金融发展，指出"对持牌金融机构、金融科技企业与供应链企业合作共建的供应链金融服务平台，按不超过平台建设运营费用的30%给予一次性补贴，最高补贴300万元"。在绿色供应链金融方面，广州开发区发布的促进绿色金融发展政策措施中，也明确提到鼓励发展绿色供应链金融，指出"支持绿色供应链金融服务平台及其他绿色金融服务平台建设，综合考虑平台建设投入及其产生的社会经济效益等情况，经审核认定，给予每家平台运营主体最高500万元奖励"。

广州开发区基于自身新能源产业链发展优势，依托广东省绿金委发布的绿色供应链金融相关标准，积极开展绿色供应链金融创新。汽车产业是广州开发区三大千亿级支柱产业之一，开发区对新能源汽车产业同样布局甚早，在产业集群上，目前已形成以小鹏汽车、百度阿波罗智能网联汽车等为代表的新能源汽车产业集群。根据黄埔区、广州开发区"十四五"规划，计划打造两千亿级汽车制造企业。在重点项目中，对小鹏汽车智能网联汽车智造基地投资总额最大，高达110亿元，用于建设新能源汽车试验室、自动驾驶试验室、研发大楼等；针对广汽本田新能源车产能扩大建设项目，特别指出将新增12万辆/年新能源车产能[①]。

2020年9月，广东金融学会绿色金融专业委员会发布《大湾区绿色供应链金融服务指南（汽车制造业）》，以整车制造企业（即供应链核心企业）现有供应链管理体系为基础，结合绿色供应链相关管理要求，制定绿色供应链管理评价标准，并组织专家对整车制造企业进行资质评审，通过评审的整车制造企业获得绿色供应链金融核心企业"白名单资质"，获得"白名单资质"的整车制造企业，其供应链上下游企业可向金融机构申请绿色融资，且无须对其绿色资质进行再次审核，大大提高上下游企业融资效率、降低融资门槛。

---

① 21世纪经济报道.科技实力"最牛"经开区又有大动作　广州开发区加速布局新能源产业集聚发展［EB/OL］.（2021-08-06）［2022-06-21］. https://baijiahao.baidu.com/s?id=1707352234755256753&wfr=spider&for=pc.

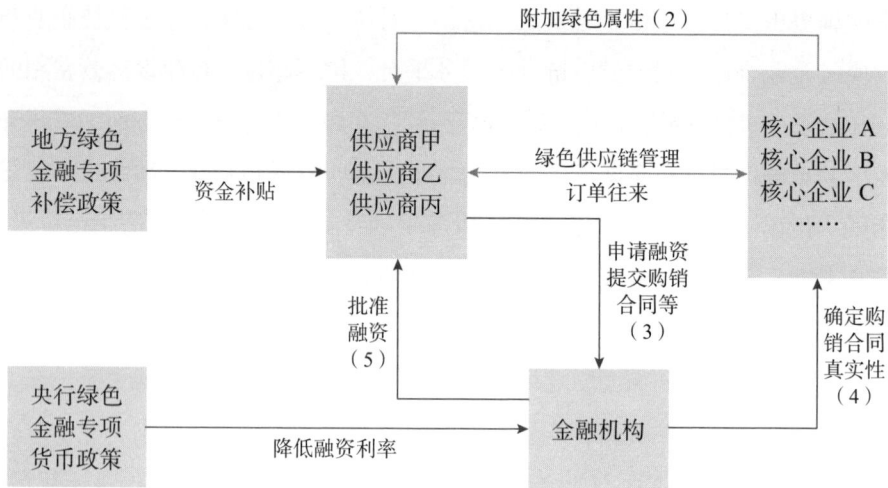

图3-41 广东绿色供应链融资模式

资料来源：《大湾区绿色供应链金融服务指南（汽车制造业）》

2020年12月，广州开发区落地了首笔汽车行业绿色供应链金融业务，兴业银行广州分行参照《大湾区绿色供应链金融服务指南（汽车制造业）》相关认证标准，为广州开发区一家重点汽车装备制造企业提供绿色供应链融资授信额度1.5亿元，有效解决了开发区内企业在绿色发展过程中的融资需求，充分发挥了绿色供应链金融在促进园区产业链绿色发展方面的重要作用[①]。

3.园区绿色化发展综合金融服务

第三种模式为深度参与工业园区绿色化改造，提供综合金融服务方案。银行可充分发挥银行业金融机构的平台与枢纽作用，一方面，银行能够为工业园区企业提供资金支持；另一方面，银行多年来的绿色金融业务发展为其积累了大量绿色企业客户，可充分利用银行业务范围广、客户连接多、整合能力强等优势，深度参与园区的绿色低碳循环改造方案设计、项目申报、引

---

① 万联网.广州开发区成功落地首笔汽车行业绿色供应链金融业务［EB/OL］.（2020-12-15）［2022-06-21］.https://www.10000link.com/newsdetail.aspx?doc=2021082490006.

资招商等工作，与工业园区签署战略合作协议，提供综合金融服务方案。

（二）对金融机构支持园区绿色低碳转型的建议

工业园区对经济社会发展贡献巨大，工业增加值贡献大多超过所在省（市）的一半，园区不但是经济增长的主力军，也是经济稳定的压舱石。金融支持是园区绿色低碳转型的重要保障，为进一步强化金融支持，对金融机构有以下建议：

第一，科学理解工业园区绿色低碳转型的内涵，参与全生命周期绿色园区建设。工业园的绿色转型实质上包含了工业系统、能源系统、生态环境系统的全面转型，建议工作重点：一是从全生命周期角度推进污染防治、生态环境保护和资源能源管理，"一园一策"针对性地了解工业园区的融资需求，尤其是结合"十四五"政策要求，明确工业园区低碳转型的重点领域、主要融资需求来源等；二是从产业链的视角理解园区金融服务，以大企业、大园区为核心，把握园区产品间、企业间、区域间协作的动—静脉耦合产业链接和共生网络，积极寻找业务的突破点。

第二，精准把握时机，积极参与智慧化工业园区建设。一是应抓住企业入园契机，实施入园化工企业和合规接纳园区共同改造提升，提前规避产能过剩、同质化竞争等问题。二是要参与建设智慧工业园区，寻找金融参与的突破口，努力打造绿色化、智慧化高质量发展示范区，持续提升园区管理运行的精细化和智慧化。

第三，对标国际，参与金融支持园区绿色低碳改造的标准建设。世界银行等多边机构在支持园区绿色低碳改造时都非常重视标准的制定和应用，通过标准引领高水平的园区低碳转型。在金融支持工业园区绿色低碳改造标准方面，国内仍较为欠缺，金融机构可积极参与相关标准的制定。积极跟踪碳达峰示范园区、节能环保示范园区的建设进展，参与重点示范园区的建设。